중국
민족성의
이해

이 연구는 2017학년도 경희대학교 연구비 지원에 의한 결과임.
(KHU-20171480)

중국 민족성의 이해

펴낸날 | 2017년 10월 31일

지은이 | 이준태

편집 | 김관호

펴낸곳 | 도서출판 평사리 Common Life Books
펴낸이 | 홍석근
출판신고 | 제313-2004-172 (2004년 7월 1일)
주 소 | 서울시 마포구 성산로 2길 39 금풍빌딩 7층
전 화 | 02-706-1970 팩 스 | 02-706-1971
전자우편 | commonlifebooks@gmail.com

ISBN 979-11-6023-230-1 (03910)

잘못된 책은 바꾸어 드립니다.
책값은 뒤표지에 있습니다.

중국
민족성의
이해

이준태 편저

평사리

책을 내면서

일주일 동안 중국을 다녀온 사람은 '중국은 이러이러하다'고 3년을 읊을 수 있지만, 3년을 중국에서 살다가 온 사람은 '중국은 이렇다'라고, 즉 '중국만의 특징은 이 거다'라고 꼽을 수 있는 것이 하나도 없다고 한다. 중국하면, '사람이 많고 역사가 오래되고 땅이 넓은 나라다'라고 답해도 크게 이의를 제기할 사람은 없을 것 같다. 이 지대박물(地大博物)한 나라의 현재는 결국 그 땅에서 살아온 사람들에 의해 이룩된 역사와 문화의 총체인 것이다. 중국이란 땅에서 경험한 어떤 현상을, 특히 사람과 관련된 특정한 경험을 중국만의 특징이라고 말해 놓고 보면, 중국 땅의 또 다른 곳에서는 그와 상반되는 현상이 존재함을 흔히 발견할 수 있기에, 위의 이야기가 그냥 농담으로 들리지는 않는다.

그럼 이 지구상의 국가들 중에서 최대의 인구를 점하고 있는 중국 사람들은 '무엇으로 살아왔고 또한 무엇으로 살아가고 있는 걸까?' 이 질문은 '중국이 어떤 나라인가'를 알기 위하여 가장 먼저 이해되어야

할 것이 무엇인가를 말해준다. 그럼 이 질문은 중국인이 아닌 외국인들만 궁금해 할까? 또 중국인은 그 질문에 대한 답을 가지고 있을까? 감히 단언컨대 '아니다' 이다.

일찍이 많은 중국의 학자들도 이 질문에 대한 스스로의 답을 정리하여 책자로 발간하였고 국내에도 『중국인도 다시 읽는 중국 사람 이야기』이라든지 『추악한 중국인』 또는 『중국 남녀 엿보기』와 같은 책으로 소개되었다. 책 제목은 다르지만 궁극적으로 이 책들은 중국인 학자들의 중국인관(觀)을 정리한 것이라고 할 수 있다. 국민성(國民性) 또는 민족성(民族性)으로 명명되어지는 각 국가 구성원의 개별성은 항상 그 국가의 정체성으로서 이해되어지기에 '중국 민족성의 이해'는 중국이라는 나라를 이해하는 데에 가장 중요한 키워드와 같다. 그래서 다른 나라 사람들은 물론이거니와 중국인 스스로도 자기들의 민족성을 어떤 식으로든 정리하고 이해하고자 하였다.

중국인의 중국인관에 대해 오래 전부터 항상 관심을 가지고 있던 중 우연히 장홍지에(張宏杰) 선생의 『중국인의 성격 역정(中国人的性格历程)』을 접하게 되었다. 장 선생의 책은 이전에 접했던 중국학자들의 중국 민족성에 대한 이해의 접근 방식과는 다소 차이를 보인다. 이 차이점이 책을 펴내게 된 최초의 동기였다. 현재 중국의 여러 매스컴을 통해 왕성한 강연 활동을 하고 있는 장 선생은 한국과 일본 등 동아시아 국가의 역사와 문화에도 이해가 깊다. 장 선생의 책에서는 중국 민족성의 특징을 한국과 일본의 국민성 및 민족성과 비교하여 설명해 놓고 있다. 기존의 중국 민족성 관련 저술 등이 다분히 중국인 내부의 시선으로 본 자기반성적인 특징을 가지고 있어서, 한국의 일반 독자에게는 각각의 논의 내용이 그렇게 선명하게 와닿지는 않았다. 그런데 『중국인의 성격 역정』에서는 각각의 주제에 어울리는 한국의 역사 사실뿐만 아니라 현재 한국인의 생활에서 흔히 접할 만한 사실들을 다루면서 중국인들의 의식과 비교하고 있어서, 중국 민족성에 대한 매우 구체적이고 사실적인 이해가 가능하게 하였다.

이 책은 중국 민족성의 이해를 주제로 하는 교양 강좌의 교재로 쓸 목적으로 세 개의 부로 구성하였다. 1부와 2부는 번역 자료이고 3부는 그 동안 저자가 발표하였던 중국 민족성 연구 논문을 단행본 체제에 맞게 수정한 것이다.

먼저 1부는 위에서 설명한 장홍지에 선생의 『中国人的性格历程』 내용 중에 「우리가 한국인들로부터 반드시 배워야할 것은 무엇인가(我们应该向韩国人学习什么)」와 「서울 유랑기(汉城散记)」를 번역하였다. 책 전체를 번역한 것은 아니어서 저자인 장홍지에 선생의 동의를 따로 얻어서 이 책에 실을 수 있었다. 1부의 특징은 무엇보다 현대 중국 학자의 시선으로 본 중국 민족성, 특히 한국과 한국민과의 비교를 통해 본 중국 민족성의 특징이라는 점에 있다.

2부는 19세부터 20세기 중국에 와서 중국인을 경험하였던 외국인의 시선에 비친 중국 민족성에 대한 자료들을 부분 번역하였다. 3부의 논문 자료인 19세 말엽 중국에 왔던 영국인 선교사 아더 스미스(Arthur H. Smith)의 「중국인의 성격(中国人的性格)」을 살펴보면서 생각해 낸 것이다. 2부에 수록된 자료는 원문 전체가 아닌 중국 민족성과 관련된 부분만을 발췌하여 번역하였다. 그래서 전체 문맥을 통한 이해에는 미치지 못하겠지만 단편적이나마 근대 시기 타자로서 외국인들의 눈에 비친 중국인의 모습을 그들이 사용한 단어와 간단한 표현을 통해 엿볼 수 있을 것으로 판단하였다.

3부는 그동안 저자가 중국 민족성과 관련하여 발표하였던 연구 논문들을 단행본의 틀에 맞추어 정리하여 수록하였다. 첫 번째 자료는 중국에 와서 중국인을 경험한 서양인 선교사 아더 스미스의 중국인에 대한 인식과 중국인이면서 근대 서양을 경험하였던 중국인 구홍밍(辜鴻銘)의 중국인 인식을 대변하는 두 권의 저술을 비교하여 중국 민족성을 살펴보았다. 또한 중국인의 인간관계라면 떠오르는 단어로 '꽌시'를 들 수 있는데, 두 번째 자료는 현대 중국에서의 '꽌시'의 사회적 현상을 정리한 자료이다. 그리고 세 번째 자료는 중국의 강대국화를 바로 보는 서구 학자들의 시선은 중국 국민성을 '민족주의(nationalism)'와 '애국주의(patriotism)'로 나누어져 있음을 통계기법을 활용하여 분석해 본 것이다. 분석 결과는 아이러니하게도 중국민의 국민성 내지는 민족성은 '민족주의'와 '애국주의' 속성 모두를 아우르는 특징을 보였다.

앞서 언급한 바와 같이 이 책은 중국 민족성의 이해를 위한 교양 강좌의 교재로 사용하고자 출판하였지만, 위에서 언급한 몇 가지 책의 특징은 기존의 중국 민족성과 관련한 책들과는 다소간의 차이점을 가지고 있는 만큼 일반 교양서로서도 충분히 가치가 있다고 생각한다. 다만 원서의 전체가 아닌 부분을 발췌하고 있어서, 독자들의 아쉬움을 예상하게 한다.

끝으로 부분 번역이지만 번역 출판을 동의하여 준 장홍지에 선생께 감사 드리며, 그동안 출판을 위하여 애써준 도서출판 평사리 홍석근 사장과 관계자들께도 감사 드린다.

차례

2부. 근대 시기 이방인의 눈에 비친 중국인과 중국 민족성

3부. 중국 민족성의 특징 고찰

1부.

중국인의 눈으로 본 한국과 중국의 민족성

(張宏杰,『中国人的性格历程』 중에서)

1장.

왜 한국을 배워야 하는가?

중국보다 더 중국적이었던 조선

일찍이 조선은 중화제국의 문화를 받아들이면서 스스로 가장 충직한 주변 왕조로 인정을 받고자 하였다. 즉 조선은 중국(당시는 명明 왕조)의 모든 것이 다 완벽하다고 생각하며, 중국의 일거일동 모두를 본받고 가르침을 가장 잘 지키는 학생 같았으며, 스스로를 '소중화(小中華)'라고 자임하였다. 조선이 오랜 시간 동안 일본을 경시하였던 까닭은 일본 천황이 감히 중국 황제처럼 '皇(황)'이라고 자칭하면서 중국에 대한 존중도 부족하였기 때문이다.

조선은 중국을 철저히 배웠는데, 굳이 조선과 중국의 차이를 말한다면 조선은 중국에서 배웠던 것들을 중국보다 더 철저하게 지켰다는 것이다. 조선 왕조를 개국한 태조 이성계는 송나라 태조 조광윤(趙匡胤)을 모방하여 군사반란을 통해 왕이 되었다. 그리고 이성계는 왕조의 영구적 통치를 위해 중국 황제들의 통치 방식을 그대로 답습해서 문(文)을 중시하고 무(武)를 경시하며 유교사상을 근간으로 하는 전제적 정치를 추진하였다.

또한 조선은 과거 시험을 통해 관리를 선발했는데 조선의 과거제도는 명나라와 같이 철저하게 선비들의 사상을 속박하고자 설정한 것이었다. 규정에 따르면 선비들은 사서오경(四書五經)만 공부할 수 있고 자기 의견의 표출은 금지되었다. 또한 조선의 관리들은 중국의 관리들과 달리 '몸을 움직여 일할 줄도 모르고 오곡(五穀)을 분간할 줄도 모르면서 정치권력, 사회영예, 물질적 부를 독점하였다. 노동하지 않아도 풍요를 누리는 권력을 장악하였으며 이러한 기득권 이익을 위해 관료들은 가장 보수적 집단이 되었다.'(尹保雲, 『儒教國家的現代化』)

조선의 조정도 명나라처럼 끊임없이 권세를 잡은 신하, 왕후, 외척, 환관들 간의 복잡한 정치투쟁에 빠졌고 이들은 또한 모두 기득권 집단이 되었으며 명나라와 같이 관리들이 부패하였다. 사람들이 관리가 되고자 하는 이유는 돈 때문이었다. 관리가 되기 전에는 목숨을 걸고 돈으로 관직을 사고 관리가 된 후에는 목숨을 걸고 재물을 수탈했는데 관리 사회의 부패는 감옥까지도 퍼졌다.

뿐만 아니라 붕당들 간의 정치투쟁도 그대로 모방하였는데 붕당을 결성한 관리들은 조정에서 결탁하여 사리사욕을 꾀하고 권력과 이익을 다투었다. 명나라의 동림당(東林黨)과 엄당(閹黨) 간의 당쟁같이 조선도 '동인', '서인', '노론', '소론' 간의 당쟁도 격화되었다. 어느 당파를 막론하고 정권을 잡으면 무조건 다른 당파들을 숙청하여 걸핏하면 일가 전부가 참형을 당하고 목숨을 걸고 싸웠다. 명나라는 붕당 정치의 폐해로 인해 망하였고, 조선도 16세기 일본의 침입(임진왜란) 때 제대로 저항할 힘을 잃어버렸던 것이다.

명태조 주원장(朱元璋)은 효율적인 통제를 위해 백성들을 이갑제*(里甲制)에 따라 편성하여 노인제(路引制), 즉 통행증 제도를 실시하였다. 일반 백성들은 자기 출생지로부터 100리 밖으로 나가려면 관청이 발행한 통행증이 있어야 되고 없으면 모두 탈주범으로 처리되었다. 명나라의 백성이 된다는 것은 마치 죄수가 된 것과 같다고 보아도 무방할 것 같다. 그런데 조선은 명나라보다 더 철저하게 실시하여 아예 백성을 죄수들처럼 호패제(號牌制)에 의거하여 사람마다 호패를 차야 하며 거기에 자신의 성명, 나이, 출신과 주소가 쓰여 있어서 지방 아전(衙前)들은 지나가는 사람들의 호패를 수시로 검사할 수 있었다.

조선과 명나라가 모두 정권 안정을 최고의 목표로 삼아 관리체계를 이용하여 사회를 완전히 통제하면서 정권에 대한 소요와 저항의 움직임에 항상 두려워했다. 백성들의 자발적 모임이 사회 안정에 부정적 영향을 미칠 것을 염려하여 조선은 수도이외에 다른 곳에서의 정기적인 시장 형성을 금지시켰다. 조선 초기 호남지역에서는 기근으로 도망친 농민들이 자발적으로 시장을 형성한 적이 있었는데 조선 조정은 이것이 소요의 요인으로 작용할 소지가 있다는 이유로 단속해버렸다.

또 다른 한 가지 주목할 필요성이 있는 것은 조선 사상의 전제(專制)에 관한 부분이다. 새로운 왕조의 강력한 주도와 조선민족의 강한 성격 때문에 조선의 선비들은 중국의 지식인보다 더 완고하게 주자학의 교조를 지키려고 하였다. 조선 선비들은 종교의 근본주의자(fundamentalist)들처럼 중국의 주자학을 철학으로 간주하지 않고 어느

* 명초에 창시된 역법(役法). 110호(戶)를 1리(里)로 하고 1리(里)를 10갑(甲)으로 나눔.

곳에 놓아도 꼭 들어맞는 만고불변의 진리로 인식하고 전 조선인들에게 주자학을 조금도 빈틈이 없이 실천하라고 요구했다. 한국학자 황병태(黃秉泰)가 말한 바와 같이 한국 유학의 '목적은 사회 제도나 백성의 문화 수요를 만족시키기 위함이 아니라 백성들로 하여금 (왕조의 존립을 위한) 보편적 도덕 · 정치 규범으로 받아들이고 반드시 준수해야 하는 덕목으로서의 역할을 필요로 했다'. 그런데 실상 주자학은 중국에서도 이런 숭고한 예우를 받지 못하였다. 그렇기 때문에 조선 지식인들의 유학에 대한 이런 태도는 예교(禮教)로서 사람을 잡아먹었던 중국 명나라 유생보다 더 극단적이었으며 인지상정에도 매우 어긋난 모습이라고 할 수 있다. 또한 이들 조선의 유학자 주도하에 행해졌던 조정의 붕당정치는 중국보다 더 잔혹하고 타협이 되지 않았다. 즉 유학의 가치를 교조적으로 실천하였던 조선의 지배 계층은 있는 힘을 다해서 사상적으로 절대적 통일과 전제 정치를 추구하였고 그 어떤 이단 사설(異端邪說)에 대해서 조금도 여지를 주지 않았다. 조선 유학은 사회 각 방면을 철벽처럼 두르고 어떠한 변화에 대해서도 본능적으로 배척하였다.

정리하자면 조선의 지배계층들이 표출한 '모든 것의 안정을 위해서다', '천년만대 행복을 누리리라'라는 정치적 슬로건 하에 모든 것을 중국에서 배우고 중국보다 더 튼튼하고 보수적인 전제주의 사회를 만들어나갔다. 그리고 이러한 체제가 성공적으로 정착됨으로써 조선왕조를 거의 오백년 가까이 유지시켰다. 그러나 이러한 체제가 안고 있는 심각한 결점은 바로 제도적 변혁의 어려움이었다.

근대 서양의 충격이 오기 전에, 중국 사회에 존재하였던 모든 폐단은 조선 사회에서도 똑같이 존재했었다. 유일하게 다른 점은 조선의 폐단이 중국보다 더 심각하고 완고하였다는 점인데, 이는 중국 사회의 발전을 가로막는 모든 문화요소들을 조선이 그대로 복제하고 더욱 뚜렷하게 발전시켰기 때문이다.

그렇기 때문에 중국의 현대화 과정에서 한국은 분명 중국의 매우 훌륭한 거울이 될 수 있다. 한국이 어떻게 전통 문화의 부정적 요소를 타파해 나갔는지를 관찰하고 어떻게 전통 문화의 긍정적 요소를 현대 사회 변혁의 요구와 결합시켰는지, 변혁의 과정에서 발생한 희비를 참고하여 한국의 경험을 배우고 교훈을 받아들이는 것은 중국에게 대단히 유익한 일이다.

푸대접 받는 한국의 발전 경험

한국의 각성은 애당초 일본인의 성장 발전과 같이 세상을 놀라게 하였다. 오랜 시간 동안 깊이 잠들어 있었던 '은돈의 왕국'이 이런 놀라운 잠재력이 있다는 것을 아무도 예상하지 못하였다. 1962년부터 1995년까지 30여 년 사이에 한국의 1인당 GNP는 83달러에서 10,037달러로 늘었다. 1988년 한국은 저개발국가 중에서 최초로 올림픽대회를 개최하였고 역대 올림픽 사상 관리가 가장 잘된 올림픽대회라는 평가도 받았다. 현재 한국의 경제력은 세계 11위를 차지하고 있으며 머지않아 세계 10위로 진입하기를 한국인들은 절박하게 기대하고 있으며 야심차게 세계 5강(미, 일, 중, 러, 한)에 진입하여 아시아 및 전 세계의 중심이 되려 하고 있다.

또한 정치적인 면에서 한국은 경제 발전 속도와 같이 빠르게 성장하고 있는데, 경제 발전보다는 많은 우여 곡절과 격렬한 갈등의 과정을 거쳤다. 1997년, 10년 넘게 감옥 생활을 하였던 김대중이 73세의 나이에 대통령에 출마하여 1948년 대한민국 건국 이후 최초로 야당 출신 대통령이 되었고, 이후 한국 지방 시민 단체도 활발하게 발전해 나갔다. 1987년 민주화 투쟁과 1993년부터 실시된 지방 자치 선거를 거쳐 풀뿌리 민주주의를 시행하게 되었고, 시민사회가 대거 등장하면서 주민들의 생활과 밀접하게 연관된 지방 자치, 환경 및 지역발전 등의 측면에서 매우 중요한 역할을 하였다. 2005년, 미국의 한 연구기관의 발표에 따르면 한국의 정치자유도는 세계 최고 수준이며, 시민 인권은 세계 전체적으로 볼 때 매우 높은 수준이라고 한다. 여기에서 한 가지 주목하여야 할 사항이 있다. 한국은 권위주의 정치에서 민주 정치로 변화한 후 경제적 발전이 후퇴하기보다는 오히려 가속적으로 발전하는 모습이 나타났다는 점이다. 그렇기 때문에 한국의 경우를 두고 보면 민주적인 정치 발전이 경제 발전에 지장이 되지 않는다는 사실을 알 수 있다.

한국의 비약적 발전[崛起]과 관련된 일련의 책들을 읽은 후 필자는 문득 이런 생각이 들었다. 작은 한국은 이천 년 가까운 시간 동안 중국 문명의 영향 속에서 살아왔는데, 이제 '문화적 모국(母國)'에 대해 보답하고 있는 것은 아닐까. 그리고 그 보답하는 방식은 유교 전통의 사회도 현대화 물결의 충격 하에서도 발전을 이룰 수 있다는 또 다른 가능성을 보여주었다는 것이다.

그러나 한국인이 사회 발전이라는 측면에서 이처럼 중국인들에게 매우 훌륭한 모범적 사례를 보여주면서 옆에 있는 문화적 모국을 위해 굉장한 위험을 무릅쓰며 성공적인 실험을 했지만 정작 중국인들은 이러한 점을 알아차리지 못하고 있다. 이러한 점을 통해 볼 때 중국인이 정말 남다르다는 점에 대해 회의를 가지지 않을 수 없다. 지금까지 중국은 미국이나 일본을 통해 열심히 배우고 돌을 더듬어가며 강을 건너듯이 발전하는 방법을 모색하였지만 정작 요긴한 가능성을 보여준 옆에 있는 한국은 쳐다보지도 않고 있다는 사실이다. 1978년 이래 30년간 중국도 커다란 사회 변혁을 겪으면서 큰 성과도 이루기는 했지만 동시에 많은 문제도 표출되고 있다. 그렇기 때문에 중국은 한국의 경험에서 참고할 만한 중요한 가치를 유념하여 찾아야만 한다.

중국의 변혁과 한국 발전과의 격차를 간단하게 요약하면 다음과 같다.

첫째, 한국의 발전은 그 출발점에서부터 시야를 멀리 내다보고 정책 또한 확고하였다. 한국은 교육, 과학기술, 환경 분야를 특히 중시한 반면 중국의 사회 발전은 여전히 눈앞의 성공과 이익에만 급급하다. 식량 문제와 연결하여 농업 및 중공업이 모든 산업의 중심에 위치하고 있기 때문에 교육과 환경 및 자원 분야를 희생시킨 대가로 말미암아 국가 발전의 잠재력과 지속력은 계속 훼손되어 왔다.

교육을 예로 들면, 한국은 국민의 소양 향상을 발전의 바탕으로 삼고자, 건국 초기에 이미 '교육 최우선'을 제기하고 굶으면서도 교육을 강조한 결과 한국의 교육은 지속적으로 발전되어 왔다. 오랜 동안, 한국정부의 교육 분야의 지출 비율은 개발도상국가들 중에서 계속해서 1위를 차지하여 왔다. 하지만 주지하다시피 중국의 1인당 교육 분야 지출 비율은 오랜 기간 동안 전 세계에서 가장 낙후한 수준에 머물러 있다. 심지어 개발도상국가과 비교해도 중국정부의 교육 분야 지출 비율은 낮은 나라에 속하며 심지어 아프리카 우간다(Uganda)보다도 못하다. 유엔 주재 BBC기자의 2003년 9월 20일자 보도에 따르면 유엔의 관계자들로부터 중국의 교육 현황은 매우 호된 비판을 받은 것으로 알려졌는데 '중국은 전 세계에서 공공교육 경비 비율이 가장 적은 나라일 뿐만 아니라 교육 문제에서 빈곤 계층에 대한 차별 대우를 하고 있으며 그들에게 감당할 수 없는 고액 학비까지도 받고 있다'고 지적을 받았다는 것이다.

중국과 한국의 현대식 교육의 시작은 비슷하였다. 1945년 당시 한국의 문맹률은 78%이고 중국도 그와 비슷하였다. 하지만 51년이 지난 1996년, 한국의 인구 중 대학생의 비율은 37%로 미국과 호주를 뛰어넘어 세계1위를 차지하여 전 세계에서 교육이 가장 발달한 나라로 분류되었다. 반면 중국의 대학생 비율은 5% 미만의 낮은 수준에 머물러 있어 여전히 전 세계에서 교육 수준이 가장 낙후된 나라중의 하나로 평가되고 있다.

돌이켜 보면 한국의 교육을 통한 높은 국민의 의식 수준은 경제 발전에서 매우 크게 기여하여 '한강의 기적'을 이루어 내었고 1990년 말 아시아에 덮쳤던 IMF 금융위기를 가장 빨리 극복한 나라가 되었다. 한국은 지식 경제 영역에서 더욱더 큰 우세를 이루고 있다. 한국의 1인당 특허권 수는 세계에서 일본에 버금가는 나라다. 그와 반대로 중국에서는 저학력 인구수가 늘어갈수록 취업문제가 심각해지고 있다. 한국은 이미 고등학교 교육까지 보편화되어 있는 반면 2001년 중국 중학생의 고등학교 진학률이 겨우 52%다. 다시 말해, 거의 절반의 중학생이 직접적으로 취업 경쟁에 참여하거나 백수가 된 것이다. 매년 소양이 낮은 인구의 누적은 갈수록 지금 빠르게 발전하고 있는 중국 경제에 지장이 될 것이다.

이러한 격차를 형성하는 근본적 원인은 중국 사회 발전 과정 중 눈앞의 이익만을 보아서 시야가 좁기 때문이다. 공사에 투자하면 즉시 이익을 받을 수 있지만 교육에 투자하면 몇 년 기다려야 그 성과가 나올 것이다. GDP를 발전시키면 정치적 업적으로 나타나지만 교육은 관원 심사의 주요 기준이 아니니까 중국 지방 정부가 교육에 투자하려고 하지 않는 이유다.

둘째는 한국 정부가 명확한 계획과 유력한 수단으로 사회 발전의 과정 중에 나타난 사회문제, 예를 들어 빈부격차, 농촌문제를 제때에 엄격하고 신속하게 처리하여 발전 방향의 편차를 바르게 조정했다. 그러나 중국의 발전 방식은 눈을 감고 돌을 더듬어 가며 강을 건너는 듯이 발전하는 방법을 모색했다. 이것이 결국 문제가 누적시키고 지연 처리하게 하는 것이다. 정치적 규율이 해이해진 결과 사회문제가 대량으로 나타나면서 고치기가 어렵게 되었다.

중국은 개혁개방 과정 중에 나타난 문제들의 처리 과정을 보면 항상 그 문제들을 방치해 두었다가 더 이상 놔둘 수 없는 상태가 되고 나서야 겨우 개선책을 모색하기 시작해 왔다. 삼농(三農)문제*도 그렇고 부정부패를 처리할 때도 그렇고 금융 개혁도 모두 그렇다.

사회 발전에 따른 환경문제와 관련하여 다소 역설적이지만 한국인은 중국인에 비해 인내심과 여유가 모자라지 않나 하는 생각을 해본다.(중국인의 참을성에 대한 다소 희화적이고 역설적인 표현이다—역자) 농촌문제를 예로 들어 보자. 2002년 중국의 도시와 농촌 간 소득 격차가 처음으로 3:1을 넘어 3.1:1로 나타났는데 이 숫치는 세계 평균인 1.5:1

* 삼농이란 '농민', '농촌', '농업'을 의미하는 단어로 개혁개방으로 인한 경제적 발전을 이룬 상황에서 농촌 발전이 소외받는 현상을 말함.

보다 훨씬 더 높은 것이다. 현재 중국 농촌에서는 병원과 학교와 같은 사회기반 시설이 매우 열악하여 농민들이 교육과 의료시설 뿐만 아니라 사회간접자본에 해당되는 공적 자원의 지원 문제에 있어 심각한 차별 대우를 받고 있다. 이러한 상황에도 불구하고 아직까지 중국 정부는 삼농문제 해결을 위한 획기적 방안을 제시하지 못하고 있다.

과거 한국도 농촌문제를 경험한 적이 있다. 박정희 정권이 들어서면서 공업의 발전이 농업보다 훨씬 더 빨랐다. 당시의 도농 간 수입 격차를 보면 1962년에 한국 농민의 평균 수입은 도시 주민 수입의 71%였으나 1970년에 들면서 도시 주민 수입의 61%로 떨어졌다. 당시 한국 농촌의 사회기반 시설이 낙후하였기 때문에 당연히 농민들의 생활환경은 열악한 문제에 직면해 있었다. 물론 지금의 중국 상황과 비교한다면 당시의 한국 농촌문제는 심각한 수준이라고 할 수 없다.

'不患寡而患不均'(적은 것을 걱정하지 않고 고르지 못한 것을 걱정한다.『논어(論語)』「계시(季市)」편)이라는 유가 사상의 영향으로 한국 사회는 사회 불공평한 현상에 대해 매우 민감하다. 일찍이 한국의 박정희 전 대통령은 한국적 특징을 지닌 농민운동인 '새마을 운동'을 통해 농촌문제를 해결하려고 하였다. 한마디로, '새마을 운동'은 정부가 공업에서 번 돈을 농촌에 투자하는 것이고, 또 도시 주민 수입의 일부분을 농민에게 나누어 주는 것으로 1972년부터 1978년까지, 정부 지출 비용 중 농업 관련 비율이 4%에서 38%로 성장하였다. 물론 정부가 도시에서 벌은 돈을 농촌에다가 균등히 나누어 준 것은 아니지만 진취적이고 노력하는 사람들에게는 지원을 해주지만 게으르고 과거의 타성에 젖어 있는 사람들에게는 벌을 주는 방식으로 농민들의 정신적 측면에 큰 변화를 일으켰다. 이것이 바로 '새마을 운동'의 핵심이다. 역사적으로 항상 사회 밑바닥에 처했던 한국 농민들은 대체로 쉽게 현실에 굴복하고 보수적이며 연약하며 운명을 하늘에 맡기는 특징을 가지고 있었다. 그렇기 때문에 그들은 사회 발전 과정에서 정부 정책에 대해 수동적으로 따라하고 자기의 권리를 몰랐기 때문에 주인으로서 시민의식이 결여되어 있었다. 이것은 농촌의 발전에 가장 큰 걸림돌이었기 때문에 '새마을 운동'의 첫째 목표는 '농촌 계몽'이었다. 즉 새마을 운동이 지향하였던 농민들의 마을 운영에 실제적 참여, 자력갱생, 협력, 우정, 그리고 부지런한 정신은 새마을 운동 성공의 중요한 요건이라 할 수 있다. 이러한 이유로 정부가 보조금을 분배할 때도 농민들의 농촌 개조에 대한 자신감과 적극적인 추진을 강조하였다.

'새마을 운동'은 한국 농촌의 발전에 지대한 공헌을 하였다. 도농간의 소득 면에서1965부터 1969년까지 도시 주민의 평균 수입은 14.6%를 증가하였고 농촌 농민은 3.5% 증가에 그쳤으나 1970년부터 1976년 사이에는 상황이 전도되었다. 즉 도시 주민의 년 평균 수입은 4.6% 증가한 반면 농민들의 수입은 9.5%가 증가를 보여 도시와 농촌간의 수입 격차가 많이 축소되었다. 그리고 도시 문화 요소들이 빠르게 농촌에 유입되면서 농민들의 심리와 관념 그리고 태도 등에 대한 많은 영향을 미쳤고 과거 한국 농민들의 기본 성향으로 인식되었던 낙후함, 보수적임, 우매함 등은 점차 현대적 시민의식으로 대치되어 갔다. "한국 정부 주도의 진행되었던 다양한 '새마을 운동' 사업과 각종 수출 목표의 달성은 한국 국민들의 사유방식 전환에 결정적 역할을 하였다."

한국은 정치의 부정부패를 처리하는 부분에서도 한국인의 과단성과 굳은 의지를 여실히 드러내었다.

민족성의 특징으로 인해 한국인들은 일할 때 온량공검겸(溫良恭儉

謙)* 등이 부족하다 든지 또는 나쁜 사람을 벌하고 싶어도 도리어 다른 큰 손해를 볼까봐 못하는 결기의 부족은 없다. 앞뒤 모두 살피고 매사를 온당하게 차근차근 전진한다. 한국의 대통령들은 집권 초기 늘 부정부패의 근절을 천명하였다. 주지하다시피 부정부패를 차단하는 데에 가장 효과적인 방법은 '공직자 재산공개'이다. 김영삼 대통령은 집권 초기 커다란 용기로 한국에서 이 판도라의 상자를 열었다. 1993년 2월20일, 김영삼 대통령은 자기와 직계 가족들의 재산을 먼저 공개하였고, 1993년 5월 20일 임시 국회에 고위공직자의 재산 공개를 주요 내용으로 하는「공무원 윤리법」수정안을 제출하고 통과시켰으며, 이 법은 1993년 7월 11일부터 발효되어 그 효력을 발생하였다.

그런데 이 부정부패 방지법 발효로 인해 가장 먼저 손상을 입은 것은 김영삼 정권 자신들이었다.

고위 공직자의 첫 번째 재산 공개한 후 김영삼 정부의 장관 2명과 서울시장이 자신의 재산 형성 과정에 대해 명확하게 설명하기 어렵게 되자 어쩔 수 없이 사임하였다. 이와 동시에 여당 국회의원과 야당 국회의원의 재산상 빈부의 차이도 확연하게 드러났다. 여당 국회의원의 평균 재산이 25억 원인 것에 비해 야당 국회의원은 14억 원이었다. 100억 원 이상을 가진 국회의원이 8명으로 야당보다 6명이 더 많았다.

이러한 결과에 대한 대규모의 조사 시작되었는데 여당 내에「재산공개 진상조사 특별위원회」가 성립되었다. 조사 결과로 인해 여당 소속의 국회의장(김재순)과 국회의원 두 명이 사임하였을 뿐만 아니라 소속 집권당으로부터 출당 조치를 당하였고 또 다른 여러 명의 의원들

* 온화, 선량, 공경, 절검, 겸양의 다섯 가지 덕.

이 공개 경고를 받았다. 정부의 고위공직자 5명도 면직 조치를 당하고 10명이 다른 처벌을 받았는데 이로 말미암아 집권 여당은 국민들의 신망을 상실하게 되었다.

비록 이런 엄중한 대가를 치렀지만 「공무원 윤리법」의 실시는 한국 정치의 부패, 특히 고위 공직자들의 부패를 차단하는 데 근본적인 도움이 되었다.

김영삼 대통령의 부정부패 척결 조치는 한국 정치사에서 일찍이 볼 수 없었던 중요한 업적이었지만 아이로니컬하게도 이 법으로 인해 제일 많이 상처를 입은 사람은 바로 김영삼 대통령 자신이었다. 비록 김영삼이 부정부패의 척결을 위해 '윗물부터 깨끗이 정리하라'는, 즉 '(집의) 대들보부터 바르게 하라'고 강조하고 그 스스로 청렴하고 공정하게 행동하고 소박하게 생활했지만 결과적으로는 그때까지 오랫동안 한국 정치에 깊이 뿌리 내리고 있었던 부정부패를 완전 척결하지는 못하였다. 당시 대통령의 최측근과 그의 아들이 모두 부패에 연루되어 구속되었다. 이 일은 김영삼 대통령의 정치적 신망에 치명적인 충격을 주었으며 또한 한국 사회에서 부정부패를 근원적으로 차단한다는 것이 얼마나 어려운 것인가를 확실하게 보여주는 것이었다.

다행히도 한국인은 의지가 굳건하기로 유명하다. 김영삼 대통령이 부정부패 척결로 인해 자신까지 화를 입었지만 그의 후임 김대중 대통령도 그것 때문에 부정부패 척결의 뜻을 중지하지 않았다. 김대중 대통령도 계속하여 부정부패 척결을 위한 제도적 장치를 마련하기 위해 많은 노력을 하였다. 김대중이「부패방지법」을 제창하고 재산 등록과 공개 범위를 확대시켜 재산 공개 심사와 사법기관의 독립성을 강화시켰다. 김대중 대통령은 실질적인 부패방지 활동에 시민단체를 참여시켜 시민들이 부정부패 척결에 직접 참여할 수 있는 계기를 마련하였다. 즉, 일정 수 이상의 시민들이 연합하여 공직기관에 대한 감찰 신청을 할 수 있도록 하였다. 또한 김대중 대통령은 중 · 하위직 공무원들의 부정부패 차단도 강조함으로써 고위공직자들에게만 주목하지 않았다. 실제로 중 · 하위직 공무원의 부패가 고위공직자들보다 더 심각하고 더 보편화되어 있어 사회에 더 큰 위해가 된다고 보았던 것이다.

김대중 대통령의 부정부패 척결 정책의 효과는 매우 현저하였다. 1999년 9월부터 2000년 6월까지 부패 혐의가 있는 2,246명을 수사하고 810명을 구속하였다. 2000년 미국 통상부가 발표한 세계 각국의 경제협력과 발전 조직의 「뇌물방지협의서」 이행 상황에 대한 평가 보고서를 보면 한국 정부의 부정부패 척결을 위한 노력에 대해 높은 평가를 하고 모범국 중의 하나로 소개하고 있다.

울 수도 웃을 수도 없는 해프닝과 같은 일은 김대중 대통령의 부정부패 척결의 성과가 결국 자신의 집에서 나타났다는 것이다. 비록 김대중 대통령 본인이 청렴하고 전임 김영삼 대통령의 아들까지 감옥에 보냈지만 김대중 대통령의 세 아들 중 2명이 부정부패에 연루되어 투옥되었다. 둘째 아들 김홍업은 48억 뇌물과 탈세 때문에 2년의 징역형을 그리고 셋째 아들 김홍걸도 35억 뇌물을 받았다는 혐의로 2년간 옥고를 치러야 했다. 머리가 희끗희끗해진 김대중 대통령이 집권 말기에 아들의 스캔들 때문에 국민 앞에 나와 5번의 공개 사과를 해야 했다. 여기서 한 가지 사람들이 마음으로 의미 있게 여기는 것은 그들 모두 김대중 대통령이 재임기간에 수사를 받고 최종 판결을 받았다는 것이다.

이상의 사실을 통해 한국인이 걸어가고 있는 부정부패 척결의 길은 그 과정상에서 꽤 시간이 필요하다는 것을 확인할 수 있다. 하지만 이는 또한 한국인은 자신의 의지를 쉬이 굴복하지 않는다는 것을 재차 확인시켜 준 것이라고 하겠다. 한국의 『검사일보』에 실린 기사를 보면 한국 청와대 고위 관계자는 2003년 3월 2일에 아래와 같은 내용을 밝혔다고 나와 있는데, 노무현 대통령은 본인의 친인척들이 부정부패와 연관되는 것을 방지하기 위해 관계 기관에 대통령의 모든 친척들을 대상으로 24시간 감시와 통제를 실시하게 하였다고 한다.

한 고위관계자의 전언에 따르면 지금부터 대통령 부정부패척결위원회 등 관련 공무원들이 경찰과 함께 계속적인 협력 감독기관을 구성하여 공동으로 임무를 완성할 것이며 이 밖에 청와대도 하나의 독립 기관을 구성하여 대통령의 친척과 고위 공직자들을 감독하고 그들의 부정부패행위를 척결하도록 하게 한다는 내용이었다.

앞선 몇 명의 한국 대통령들의 부정부패 척결의 의지와 용기는 모두를 탄복케 하고 있다. 그들이 속한 단체의 이익과 정당의 이익을 떠나 진정으로 국가와 민족의 일을 자신의 소임으로 생각하고 제일 어렵고 도전적인 문제부터 해결하는 용기와 고위공직자 등 사회지도급 인사들부터 척결하는 용기를 보여 주었다. 비록 최종적으로 자기 정파의 이익을 심하게 훼손하고(예: 김영삼), 심지어 재임 기간 중 자신의 아들까지 희생시켜(김영삼과 김대중)도 결코 멈추지 않았다. 한국 지도자들의 이러한 자기희생 정신은 한국 사회를 민주화시키고 발전시키는 가장 중요한 요소라고 볼 수 있다.

셋째는 한국 사회는 강한 유교적 전통의 영향으로 발전의 과정 중에 사회 윤리 가치를 매우 강조하고 사회 풍조의 순결성과 애국주의 그리고 개인의 정신 면모를 강조하고 있다는 점이다. 이와 반대로 중국은 개혁개방 전에는 이런 것에 대해 매우 강조하였지만 개혁 개방 이후로는 포기해버렸다. 그로 인해 사람들은 믿음이 없어지고 도덕적 기준도 상실하여 배금주의와 GDP만이 사람들의 유일한 신앙이 되어 버렸다. 한국 사회에서는 전통적인 것을 많이 보존되고 있다. 한국은 전 세계에서 유일하게 옛 의례대로 공자의 제사를 지내는 나라이며 장유유서의 질서도 한국 사회에서는 매우 뚜렷하게 존재하고 있다. 한국인들은 여전히 '인의(仁義) 충효(忠孝)'라는 전통적 도덕 신조를 성실하게 지키고 있으며 한국의 사회 풍조, 사회 구성원의 도덕 수준은 중국보다 훨씬 높다. 또한 애국과 민족주의는 한국인의 가장 뚜렷한 민족적 특징이기도 하다. 이와 관련한 구체적인 사례로 들 수 있는 것이 IMF 외환위기 때 한국인의 '금모으기운동'이다. 한 시민단체의 주도로 사람들에게 자기 집에 보관하고 있는 금을 나라에 팔아서 나라가 이 외환위기를 극복할 수 있도록 도와주자고 호소하였다. 한국 돈이 대폭 평가 절하된 상황에서 금을 판다는 것은 경제 논리로만 보면 매우 어리석은 일이며 게다가 나라에 판 금값도 한 달 후에나 받을 수 있었다. 그럼에도 불구하고 많은 한국의 은행에는 매일 금을 팔러 온 많은 사람들이 줄을 서 있었는데 이중에는 신혼부부도 있고 실업자도 있고 정부 공무원도 있고 심지어 승려도 있었다. 거의 70세 가까운 연세 드신 한 분은 은행에 가서 자신의 한복 조끼에 있는 금단추를 뜯어서 직원한테 주고 자신의 조그마한 힘이라도 보내고자 하였고 2살배기의 어린이 한 명은 부모에게 안기어 와서는 자기의 금 목걸이를 기부했는데 그 목걸이는 어른들이 그에게 준 생일 선물이었다.

현재 중국은 이데올로기의 결여 상태에 있다. 사회주의 계획경제 시대의 이데올로기는 이미 호소력을 상실하였고 사람들의 마음을 서로 협력시킬 수 있는 능력도 상실해버렸다. 공자와 맹자의 사상, 온량공

검겸은 백여 년 동안 수차례의 정치운동으로 말미암아 이미 손상될 대로 손상되어 그 흔적을 찾기조차 어렵다. 경제가 성장하면 할수록 동시에 서로에 대한 신앙을 잃은 중국인은 도덕과 전통적 가치도 급속히 상실되어 왔다. 중국의 사회는 이전에는 찾아 볼 수 없던 도덕의 위기를 맞이하고 있으며 '물질주의'와 '배금주의'를 빼고 나면 사람들의 정신은 매우 공허하다. 민족주의가 결여된 상태에서 중국사회는 엉망진창이 된 가족과도 같아서 가족 구성원들 간의 배려와 가정에 대한 충성도 찾아보기 어려운 지경이다. 이러한 가정이 번창해질 수 있겠는가?

물론 한국도 뜻대로 되지 않는 일이 많다. 그리고 한국의 뜻대로 되지 못한 일은 중국과 매우 비슷하다. 즉 한국에도 가짜 상품이 많고 온 세상이 놀랄 정도로 가짜 상품을 만들고 있다. 또한 한국에서도 다리가 무너지는 사고가 있었고 이 또한 세계를 놀랍게 하였다. 그리고 한국의 부정부패도 그 뿌리가 깊어 철저하게 고치기가 쉽지 않다. 어느 측면에 보면 이러한 뜻대로 되지 못하는 일은 한국과 중국 양국의 공통적 문화요소와 관계가 있다. 이런 연유로 해서 한국의 경험과 교훈은 중국인들에게 그 자체로 중요한 사례가 될 수 있다는 측면을 증명하는 것이기도 하다.

그런데 여기에서 한 가지 중국인이 가장 예민하게 느끼는 것이 있는데 바로 한국인들의 중국인에 대한 '차별 대우'이다. 이 '차별 대우'의 원인 중의 하나는 한국인의 솔직한 성격으로 말미암음이며 또 하나는 '벼락부자'가 자신보다 낙후한 이웃에 대한 우월의식 때문으로 본다. 하지만 한국인의 중국인에 대한 이러한 '차별대우' 때문에 중국이 한국에게서 배우기를 꺼려하거나 부정적인 영향을 받는다면 이는 중국 스스로 지혜롭지 못한 선택을 하는 것이다.

2장

중국인이 한국인보다 부족한 것은 무엇인가?

자전거

(1)

일본에서 활동하던 한 중국인 작가(方军)에 의해 씌어진 『我认识的鬼子兵(내가 알고 있는 침략군)』이 베스트셀러가 되자, 이후 많은 '(일본)침략군'과 관련된 책들이 우후죽순처럼 출간되었다. 예를 들면 『鬼子的兽行(침략군의 잔악한 행위)』, 『军妓血泪(종군위안부의 피눈물)』과 같은 책들이다. 언젠가 한 번 읽어봤는데 뜻밖에도 처음부터 끝까지 저질 문학과 같은 저속한 묘사로 일관되어 있었다. 관능적 자극을 추구하려는 제목과 자세한 세부 묘사 등을 통해 저자와 독자의 내재된 욕망의 단면을 확인할 수 있었다.

중국인이 망가뜨리지 못할 것은 그 어떤 것도 없다. 이 민족은 성격적으로 장엄함이 결여된 민족이다. 이것 때문에 의분에 찬 중국 사람을 찾아보기 힘들다. 중국인은 모두다 실용주의자이며 이 민족은 지난 몇 천 년 동안 세상에서 일어날 수 있는 거의 모든 시련을 다 겪고 왔다고 해도 과언이 아니다. 그렇기 때문에 중국인의 마음속에는 더 이상 뜨거운 기운을 찾아 볼 수 없어 그 어떤 상황에 대해서도 다 참고 견뎌내어 받아들일 수 있게 되었다. 그렇다. 이 민족은 자기 민족 영웅의 몸에서 도려낸 살을 가지고도 서로 싸울 수 있다. 왜냐하면 그 살이 병을 치료할 수 있다는 소문 때문이다. 이 민족은 그렇게 잔학한 정복과 통치 하에서도 참으며 그냥 간신히 억지로 살 수만 있으면 되었다. 그렇기 때문에 자기 조상의 고통과 치욕을 돈으로 판다고 해서 뭐 크게 놀랄 만한 일은 아니지 않겠는가?

(2)

언젠가 고향에 내려갔을 때 겪은 일이다. 나이 드신 분들이 방구들에 모여 앉아서 수다를 떨다가 '자전거' 얘기가 나왔다. 삼촌이 말씀하시길 '우리 마을의 첫 자전거는 나의 큰 아버지가 현(縣)에서 가져온 것이라'고 했다. 큰아버지가 그 자전거를 타고 돌아온 날 온 마을이 들썩거렸는데 사람들은 마치 축제에 온 것처럼 자전거를 둘러싼 채로 구경하고 있었다고 하셨다.

내가 물어봤다: 큰 아버지는 어떤 일을 하시던 분이셨어요?

삼촌: 통역관이셨다.

저자: 통역관이요? 누구를 위한?

삼촌: 일본인이지. 그 당시에 누가 또 있었냐?

나는 깜짝 놀랐다.

저자: 그럼 큰아버지가 매국노이셨단 말씀인가요?

삼촌은 그렇지 않다는 듯이 입을 빼죽하시며

삼촌: 지금으로 치면 매국노이지. 하지만 그때는 정말 어마어마했거든. 나쁜 짓도 별로 안 했어. 백성들은 어떤 사람이 누구를 위해 일하는 것에 대해 그다지 신경 쓰지 않아. 누군가가 취임하면 그 사람을 위해 일하는 거지. 어느 시대나 다 밥벌이 위해 일을 하는 것이 아니겠니?

이 순간 내 마음이 쿵쿵 뛰었고 눈앞의 이 농민의 소박한 얼굴이 갑자기 달라 보였다.

내 머리를 스치듯 생각난 것처럼, 1945년 전, 그러니까 이 나이 드신 분들이 말하는 '사변' 이전의 내 고향의 땅은 '만주국'이라고 불렀다.

그러니까 나의 할아버지, 할머니, 삼촌, 큰아버지들은 일찌기 일본에 순종하는 국민들이었다. 내가 있던 바로 옆방의 옛날식 창틀에는 새까만 만주국 동전 하나를 매달아 손잡이처럼 쓰고 있다.

이야기가 점차 경험하였던 일본인에 관한 방향으로 나갔는데 어르신들은 일본인이 어떤 생김새인지에 대해 말하는가 하면, 누구누구는 어떤 일 때문에 현에 끌려가 강제적으로 고춧물을 마시게 되었고 머리끝에서 피가 나도록 고문을 당하였다는 이야기로 이어졌다. 그리고 일본인이 강제적으로 촌민들에게 아편을 심게 한 이야기를 하는가 하면 전쟁에 패배한 일본인이 쫓겨 갈 때 온 마을 사람들은 다 나와서 구경한다는 이야기를 하기 도 했다.

여러 차례 나는 고향에 내려갈 때마다 이전부터 사람들 사이에 전해져 내려오던 얘기를 들었고 또한 많은 옛날이야기를 들었으며 이웃 마을의 많은 놀라운 이야기를 들었었지만 그들이 일본인에 대해 이야기하는 것은 처음이었다. 자전거 이야기가 아니면 그들은 이미 일본인에 관한 일들을 잊어버린 것 같았다.

왜 그럴까?

아마도 마을 사람들은 모두 다 보통 백성들이었기 때문이다. 일본인들은 이미 떠났다. 눈에 보이지 않는다. 더 이상 돌아오지도 않을 것이다. 그럼 더 이상 신경을 쓸 필요가 없지 않은가? 이곳 사람들의 생활하는 이유는 그저 생존하기 위해서 이다. 살아남을 수 있다면 다른 것에 대해서는 개의치 않는다. 몇 천년동안 늘 그렇게 해왔다.

소박하고 건망증이 심한 우리 부모 형제들이여! 그들은 자신에게 상처를 준 사람들조차도 이렇게 너그럽게 받아들인다. 과거는 과거다. 그들은 지금 다만 눈앞만을 본다.

지혜에는 여러 종류가 있다. 가장 높은 단계의 지혜로는 노자가 말하는 상선약수(上善若水)가 있다. '물은 온갖 것을 모두 이롭게 하면서도 다투지 않는다. 대개 사람들이 싫어하는 곳도 마다하지 않는다. 고로 도에 가깝다. …… 또한 다투지 아니하니 허물이 없도다.' 정리하면 물은 좋고 나쁜 것을 고집하지 않고 모든 환경에 잘 적응하고 또한 모든 모양으로 압축하고 변형도 될 수 있어 모든 더러운 것을 받아들일 수 있으니 모든 모난 것을 갈아 없앨 능력도 있다. 그러므로 물의 생명력이 가장 완강하다고 하겠다.

중국인이 전 세계에서 제일 총명한 민족 중의 하나라고 일컬어지는 이유는 바로 중국인의 성격이 물과 같기 때문이다.

(3)

그러나 중국인의 옆에서 있으면서 일본인의 죄에 대해 단단히 기억하고 있는 사람들이 있다. 그들은 이렇게 말한다: '용서할 수 있지만 잊지

않겠다.'

한국 국회는 몇 년 전 한 가지 결의 사항을 통과시켰다. 한국 침략 전쟁에 참여한 모든 일본인 노병들의 한국 입국을 금지한다(얼마나 많은 현금이나 수표를 갖고 있는 것과는 아무 상관없이)는 것이다. 이것은 일본이 자신들이 저지른 침략 전쟁의 죄행에 대해 반성하지 않고 있는 태도와 적절하지 않은 발언에 대한 항의의 표시였다. 한국 국회는 중국의 인민대표대회에 대해 중국도 같은 방법과 수단을 강구하라는 의견도 전달하였다.

2004년 4월, 일본이 교과서 문제로 다시 한 번 중국과 한국을 분노하게 했다. 중국 정부는 관례대로 대변인을 통해 분노와 분개의 심정을 표출했다. 그러나 한국 정부는 곧 바로 주일 대사를 본국으로 소환하는 외교상 초강수로 항의 표시를 하였다. 또한 분노한 한국인들은 일본 국기를 불태우는 등 많은 도시에서 대규모 반일 시위가 벌였고 40여 개의 시민단체가 일본문화와 일본상품을 배척하자고 호소했다.

오늘까지도 보통의 한국인은 과거 일본의 만행에 대해 여전히 격분하고 있으며 이를 부득부득 갈고 있다. 일제강점기의 치욕에 대한 기억은 한국사회의 모든 방면에 스며들어 있으며 일제에 대한 치욕감은 몇 십 년이 지나도 여전히 한국인의 마음을 불처럼 태우고 있다. 한국인이 한국을 오늘날과 같이 성공적으로 발전시킬 수 있었던 배후에는 이러한 집단적 의식이 숨어 있다. 즉 한국인이 절대로 열등 민족이 아니라는 것을 증명하기 위해서다. 이를 확인할 수 있는 한 사례를 들면: 동아시아 축구 경기에서 한국은 일본과의 경기 때마다 항상 팽팽한 긴장감이 감돌고 선수들은 목숨을 걸고 경기를 하는 듯 하다. 한국 팀은 전 세계 다른 나라 팀한테 질 수는 있지만 절대로 일본에게 질 수 없다. 만일 일본팀에게 지면 전 국민들이 분노한다. 과거에 그들은 전쟁터에서 일본인을 막지 못하였기에 오늘날 그들은 축구장을 전쟁터의 연장으로 생각하고 일본인에게 한국인이 절대로 약자가 아니라는 것을 확인시키는 기회를 놓치지 않겠다는 결기로 가득 차 있지 않은지!

이전에 동아시아 10강대회가 있었던 때, 한일전 개막전 한국 국내 포털 사이트 '천리안'의 '모두 애기하자'코너에 한국 축구 팬들이 잇달아 자신의 의견을 올렸다:

'한국은 꼭 승리해야 조상에 면목이 선다. 얄미운 일본인들이 우리 할아버지의 목숨을 빼앗아갔다.'

'일본은 아직까지도 한반도 침략에 대해 공식적으로 사과를 하지 않고 있다. 그러니 우리는 축구장에서 그들을 훈계해야지.'

이러한 사례를 통해 볼 때 한국인은 정말로 하찮은 원한이라도 반드시 갚아야 직성이 풀리는 열정적인 민족이다. 그들은 그렇게 많은 용서도 도량도 복잡한 지혜도 없다. 그들의 태극기는 비록 노자의 팔괘도안을 사용하고 있지만 그들의 성격은 결코 물을 떠올릴 수 없으며 오히려 흡사 바위와 같아서 조금도 양보하지 않는다.

중국 동북지역의 많은 도시에는 아직도 일본식 건물이 남아 있다. 대부분이 1945년 이전 일본인들이 지은 건축들이다. 정교하게 지어진 건물들이 많아서 아직까지도 완벽하게 남아 있고 아직도 도시 경관에 남은 힘을 발휘하고 있다. 즉 도시 경관의 이국 분위기를 만들어주고 심지어 가끔은 도시의 특징을 표현하는 풍경이 되기도 한다.

하지만 30여 년 동안 일본의 식민지였던 한국에서 이러한 꼭대기가 뾰족한 일제의 잔재를 느낄 수 있는 모양을 하고 있는 건물은 거의 볼 수 없다. 한국인들은 예전에 있었던 몸의 상처를 지워버린 듯이 그것을 철거해 버렸다. 설령 선택적으로 몇 군데를 보존하고 있어도 이는 국치의 기념관 용도로 남아 있다.

의외의 한국

(1)

중국의 역사적 시선으로 볼 때 한국은 동아시아 여러 나라 중 작은 형제였으며 몇 천 년 동안 조용히 아시아 대륙의 동북 방향의 언저리에 자리하고 있기에 자칫 간과하기 쉬웠다.

그렇다. 얼핏 보면 이 작은 나라는 그다지 큰 특색이 없고 평범하여 눈에 잘 띄지 않는다. 한(漢)문화의 큰 파급력으로 인해 이 작은 나라는 중국과 거의 비슷하게 변모하였고 그의 독특함은 비슷함에 파묻혔었다. 청나라가 망하기 전까지 중국 관리들이 조선에 갈 때 조선의 공식 문자가 한자였기 때문에 굳이 통역관을 데리고 갈 필요가 없었다. 공식 문자로서 한자의 기능이 폐기된 오늘날에도 한국의 대표적인 신문 중의 하나인 『조선일보』나 대그룹인 '현대'그룹의 공식 명칭을 여전히 한자어로 표시하고 있다. 또한 한국의 민족 복식에는 당나라, 송나라의 유풍을 상당히 발견할 수 있다. 한국인의 이름도 또한 중국과 같은 방식으로 사용하고 있다. 세계 각 나라 중 중국인이 한국에서 느끼는 문화상 이질감은 매우 낮다고 할 수 있다.

하지만 이러한 표면적인 공통점으로 인해 한중간 민족성의 큰 차이가 그 속에 감추어져 버렸다.

오랜 시간 동안 교통의 불편함으로 인해 중국인들은 한반도에 살고 있는 사람들의 이러한 점을 쉽게 발견할 수 없었다. 그런 연유로 해서 중국의 옛 서적에는 조선(한반도)에 대한 기록이 그다지 많이 남아 있지 않으며 또한 많지 않은 중에도 조선을 방문해 본적이 있는 중국인은 이 작은 나라의 빈곤에만 주목하였다.

청나라 광서(光緖)제 때, 섭사성(聶士成)은 조선을 방문하고 와서 다음과 같이 묘사하고 있다.:

'조선의 민가는 대부분이 사합(四合)형이고 문에 들어가자 땅바닥에 앉는다. 남자가 성격상 게으르고 여자가 자기 역할 하느라 고생이 많다.'

'조선인은 지식을 숭상하고 좋은 환경을 추구하지만 관원과 백성들이 성격상 게으르고 부지런하지 못해서 걱정스럽다.' (섭사성, 『동유기정(東遊紀程)』)

청나라 말기, 천조대국의 종속국들을 하나씩 상실하고 마지막으로 남은 조선도 일본이 병탄하려고 호시탐탐 넘보고 있었다. 이러한 상황에서 이홍장(李鴻章)이 의외의 다음과 같은 구상을 제안하였다: 조선을 중국의 한 성(省)으로 편입하여 보호하며 일본의 욕망을 차단시킬 수 있다. 그는 이렇게 하여야 이 약한 민족을 보호할 수 있다고 생각했다.

이러한 구상이 오늘날에 와서 볼 때 외교 상식과 전략적 가능성이 얼마나 결여되어 있는지는 굳이 말할 필요는 없고 다만 이 사실을 통해 우리가 알 수 있는 것은 당시 중국 사람들이 한민족에 대한 얼마나 몰랐는지 그리고 그들의 성격에 대해 얼마나 인식이 부족하였는지를 지적하지 않을 수 없다. 역사적으로 보면 중국은 몇 차례 한반도를 지배하려고 하였는데 중화제국 역사상 가장 강대한 수나라와 당나라 때, 수양제와 당태종이라는 두 명의 큰 뜻을 품고 있던 황제가 전국의 병사를 모여 조선으로 출정했지만 결국에는 이 해동의 작은 나라의 변경도시에서 참패하고 돌아왔다. 이홍장이 아마 이 점을 잊어버린 것 같고 일본인도 이 점을 잊어버린 것으로 보인다.

이 민족은 절대로 가만히 정복을 당하지 않는 민족이다.

그리고 지금에 와서 보아도 한국인은 그 자체로 전 세계가 한국인을 재인식할 만한 충분한 이유가 있다고 본다.

(2)

필자의 한국에 대한 조그마한 인식은 축구에서 비롯되었는데 중국 축구의 '공한증(恐韓症)'에서 시작되었다.

비록 전 세계 1/5 인구를 가진 강한 대국이지만, 중국의 축구 국가대표팀은 몇 십 년 동안 아시아에서 이류 수준의 팀이라는 현실을 받아들이지 않을 수 없다. 몇 십 년 동안 중국인들은 이 스포츠 종목에 거대한 인력과 예산을 투입했지만 발전했다고 할 수 있는지 명확하게 답을 못하겠다.

모든 스포츠 종목 중, 축구는 각 나라의 민족성을 가장 잘 대표할 수 있다. 브라질의 화려함, 프랑스의 낭만, 영국의 용맹, 태국의 완강함. 그렇다면 축구에 중국인의 성격은 어떻게 반영되어 있는가?

중국 축구를 대표하는 최고 수준의 11명의 사나이들은 한국의 패기 충만한 기세를 만나면 안절부절 못하고 당황하는 모습이 역력하다. 어쩌다 한 골을 앞서면 역전당하면 어쩔까 하며 노심초사하여 진취심을 잃어버리고 수비만 한다. 이러한 장면이 얼마나 체면을 구기는지 알면서도 그 골 하나만 지키려고 억지를 부린다. 낙후한 상태가 되면

투지를 잃어버리게 되고 오히려 조금도 조급하지 않고 승부는 그들과 무관한 것 같아 보인다.

한 번 졌다, 두 번, 세 번 그리고 열두 번까지.

부족한 점이 무엇일까? 중국에서 프로팀을 지도한 적이 있는 최은택(崔殷澤) 감독의 해석을 한번 들어보자. 중국 축구와 한국 축구에 대해 모두 잘 알고 있는 이 전 한국국가대표팀 감독에 따르면 중국 팀에게 특별히 모자라는 것은 없다고 한다. 굳이 모자라는 것을 지적한다면 그는 '정신력'을 지적하였다. 그는 다음과 같이 말했다. 한국 축구 선수들은 영예를 위해 축구를 하기 때문에 프로 선수들도 축구를 자신의 생명으로 여긴다는 것이다. 경기를 이기기 위해 축구장에서 죽어도 상관없다고 까지 생각하는데 반면 중국 팀은 필승의 신념과 끝까지 버티는 결의가 부족하다는 것이다.

축구장에서, 비록 중국 팀도 최선을 다하고 제대로 된 팀플레이를 할 수 있고 또한 때로는 부분적으로 우세하게 시합을 이끌 수 도 있다. 그러나 매 경기마다 주의가 부족할 때가 있고 실수도 항상 있을 수 있다. 즉 90분 동안 계속해서 집중력을 유지하지 못하여 원하는 목표를 얻지 못하는 것과 비슷하다.

이 점에 대해 최 감독은 느끼는 바가 많다고 한다. 그는 다음과 같이 말했다. '중국 선수들의 신체적 조건, 기초적 기술은 아시아 전체에서 최고의 수준이다. 그런데 아무리 생각해도 이해가 안 되는 것은 왜 훈련 중에 성실하게 전력으로 몰입하지 않고 또한 경기장에서 왜 그렇게 진취적이지 못한가? 그들은 프로 선수들이 아닌가?'

그런데 이 한국 분이 모르시는 게 있다. 그들은 프로 선수가 맞다. 하지만 중국의 프로 선수들은 경기를 위해 목숨을 내던지지 않는다.

중국인이 보기에는 축구는 그냥 축구이기에 축구를 위해 목숨을 내던질 만한 가치가 있나? 하는 것이다.

그럼 중국인은 무엇을 위해 목숨을 내던질 수 있는가?

이 한국 어르신처럼, 모든 한국인은 중국인과 비교하면 다 원활하지 않고 순진한 것 같다. 좋게 죽는 것보다 좋지 않게 살아 있는 것이 낫다. 이 말은 중국인이 몇 천 년 이래 생명에 대해 가지고 있는 독특한 결론이며 중국인의 특유의 생존 지혜이다.

비교해 보면 한국인은 매우 까다롭고 완고하고 고지식한 것 같다. 이러한 성격은 중국 사회에서는 쉽게 배척당할 수 있는 성격이다. 이런 사람 한 명이 있으면 주변 사람들이 모두 편안하지 못하다. 중국 축구 선수도 경기에 지면 물론 슬프긴 하다(상금에 대한 아쉬움도 포함). 하지만 하룻밤 지나면 바로 잊어버리고 편안해진다. 져본 적이 없는 사람이 있나? 브라질도 진 적이 있잖나! 이렇게 생각하면 마음이 편해진다.

하지만 한국인은 이것 때문에 잠도 못잘 수도 있고 부끄러워서 눈물도 흐릴 수 있다. 바로 이 때문에, 인구는 중국의 1/30도 안 되고 국토 면적도 중국의 1/100인 작은 나라가 축구장에서 계속 중국 팀을 이기게 된다.

축구뿐만 아니라 이 작은 나라는 올림픽과 동계올림픽, 그리고 각종 세계선수권 대회에서 항상 사람들로 하여금 괄목상대하게 하여 명실상부 체육 강국으로 인정받고 있다. 한국 선수들의 강한 정신력과 포기하지 않고 끝까지 최선을 다하는 정신은 상대방에게 깊은 인상을 남겼다. 아시아권에서 거의 모든 체육 종목에서 중국과 맞설 수 있는 나라는 신체조건 면에서 뚜렷하지 않는 이 작은 나라이다.

이와 관련하여 한 가지 정신이 있다.

60년대의 월드컵 예선 경기 때, 한국 팀은 일본에 가서 경기를 했다. 출발하기 전에 한국 대통령이 전체 멤버들을 접견하는 자리에서 간단하게 치사를 하였는데 마지막 말의 한 마디가 '경기에 지면 대한해협을 다시 넘어오지 마라!'라고 했다는데 즉 그 뜻은 일본과의 경기에서 지면 너희들은 모두 바다에 투신자살하여 국민들에게 사죄하라!라는 뜻이다.

하지만 중국인은 절대로 그렇게 하지 않는다. 이것은 너무도 성급하고 치밀하지 못하며 진중하지도 성숙하지도 않다. 무엇 때문에 이러는가? 너무도 지혜롭지 못하고 고명하지 못하게 보인다. 한 나라의 지도자로서 축구란 게임 때문에 그렇게까지 할 필요가 있는가? 머릿속에 있었던 국제관계, 세계 영향, 국가 의식은 어디 갔는가? 우정이 경기보다 더 중요하다는 기품은 어디로 갔는가? 비록 그때 한국과 일본의 축구 실력은 한국이 우위를 점했지만 축구 경기는 변수가 매우 많다. 만약에 한국 팀이 정말로 졌으면 어떻게 해야 하는가?

사실은 대통령이 그렇게 말했을 때 한국 팀이 질 수 있다는 생각은 전혀 하지 않았다. 특히 일본에서 진다는 것에 대해. 한민족은 깨끗이 죽을지언정, 너절하게 살지 않는다는 정신이 있다. 이 민족은 이처럼 생명보다 영예를 더 중시하기 때문에 목적지까지 죽어도 포기하지 않는 정신이 있다. 한민족의 몸에는 젊고 열렬하고 오염되지 않는 피가 흐르고 있다.

(3)

일본의 식민지 착취에서 벗어난 한국인들은 전후의 폐허를 딛고 자신들의 경제 발전을 시작하였다. 1967년, 옷으로 몸을 가리지 못할 정도로 가난하였던 한국인은 논밭에서 자신의 자동차산업을 건설하려고 하였다. 미국 GM자동차의 대표(本徇)는 현대자동차의 구상을 듣고는 다음과 같이 말했다. "현대가 자동차를 만들어 내면 내가 손가락으로 촛불을 붙이겠다." 20년이 지난 뒤 GM 대표의 말이 여전히 귀에 쟁쟁한데 현대 그룹은 이미 세계 자동차 산업의 거두가 되어 있다.

짧은 몇 십 년 사이에, 몇 천 년의 빈곤과 연약함이 누적되어 남들에게 무시를 당하던 옛 조선은 사라지고 없다. 1인당 국민소득 92달러는 이미 과거가 되어 버렸다. 한국은 이미 누에에서 나비가 되어 한국 어디서든 우뚝 솟은 고층 건물이 서 있고 차들은 끊임없이 오가고 있다. 황금색 광택과 네온사인의 빛을 발하며 전 세계를 향해 자기의 존재를 선언하고 있다.

중국인은 아마도 이 시기에 한국이라는 나라를 접하게 된 듯하다. 중국의 대·중도시의 거리에서 점점 현대와 대우자동차를 찾아보기 쉬워지기 시작했다. 한국의 질 좋은 옷감으로 만든 옷들이 백화점 진열대에 많아지고 또 한국음식점의 표시등이 중국 도시의 밤거리에 번쩍거리고 있다. 한국은 현대화의 길에서 중국의 모범이 되었다.

지금, 중국도 열정을 품고 현대화를 향해 달리고 있다. 현대화! 너무나 매력적인 말이다. 현대화되어 가는 과정은 진화의 과정과 흡사하다. 마치 원시인에서 지금의 인간으로 진화한 것처럼. 그러나 지금의 우리 중국에서 벌어지고 있는 현대화란 '베이징(北京)의 사합원, 쟝수(江蘇)와 저장(浙江)의 하얀 벽 검은 기와집으로 이루어져 있던 작은 읍, 푸지앤(福建)의 토루(土樓), 윈난(雲南)의 수상 가옥을 모두 지구상에서 지워버리고 유리창이 달린 고층 빌딩으로 가득 찬 도시로 바꾸고 밥상에서 죽과 반찬을 맥도날드 햄버거와 코카콜라 그리고 아이스크

림으로 바꾸는 것'으로 보인다.

생각이 '중국'이라는 지리적이고 인문적인 종합적 총체에 얽혀 있을 때, 중국은 항상 방황하고 갈피를 잡지 못했다. 중국 민족은 참 파악하기가 어렵다. 멀지 않은 과거에 중국은 고집이 센 노인처럼 자기의 생활방식을 완강하게 고집했고 심지어 나라가 망하는 곤경에 처해 있어도 변화하기를 싫어했다. 나라가 망할 수 있지만 문화를 망치면 안 된다는 문화지상주의적 생각을 가지고 있었다. 하지만 겨우 몇 십 년 지나 중국은 전 세계에서 자기 나라의 문화유산에 대해 가장 무관심한 나라 중의 하나가 되어 버렸다. 중국에서 문화적 특수성을 이야기하는 것은 마치 시대에 뒤떨어지고 남과 어울리지 못하는 상징처럼 되어 버렸다. 중국 사람들은 언제부터인가 무심코 항상 자신의 문화적 특성을 지워버리고 있다. 도시에 들어온 시골의 아낙네가 광목으로 만든 자신의 촌스러운 옷을 황급히 벗어 버리려고 하는 듯하다.

지금의 중국인들은 모든 면에서 가장 적극적이고 우호적인 태도로 전 세계와 비슷해지려고 한결같이 노력하며 자신의 특수성을 너무도 쉽게 포기해버린다. 많은 사람들이 크리스마스가 어떤 날인지 모름에도 불구하고 중국의 대도시에서 가장 시끄러운 명절은 크리스마스다. 역사적이고 문화적 의미를 가진 수많은 건축물들이 조용히 무너져도 거기에 참견하는 사람은 아무도 없다. 전 세계적으로 가장 많은 고전들이 중국의 도서관에서 깊이 잠들고 있다. 마치 조상들이 쓰다가 내버려둔 헌 신발이나 닳아 헤어져 버린 양말들이 즐비하게 쌓여져 있는 우아한 전당에는 올라가지 않겠다는 듯이 사람들은 그곳을 일부러 피하는 것 같다. 현재의 중국인들이 세계에서 이류 공민이 된 이유 중의 하나가 마치 이 무능한 조상의 탓 인양 하는 것과 같다. 그래서 이러한 것을 더욱 대단하지 않게 보이려고 하고 심지어는 창피한 흉터와 같이 여긴다. 마치 아큐(阿Q)의 머리에 난 흉터와 같이.

이것은 참으로 몇 천 년의 시련을 겪어낸 민족이 해야 할 행동은 아니다.

현대화된 한국에서는 역사에 대한 존중과 보호가 도처에서 찾아 볼 수 있다. 고층 빌딩, 대기업, 고속도로사이에도 많은 전통적 요소를 일부로 보존하고 있다. 건축물에서 부터 생활양식까지. 심지어 역사상 한(漢)문화권의 독특한 문화요소도 한국에서는 아직 살아남아 있다. 처음으로 그걸 알게 된 후 나는 그 놀라움에 감동받게 되었다.

중국학자 팽림(彭林)이 한국 방문 소감을 보면 한국에 가서 몇 분의 한국인 학자의 집을 방문하고 놀랐던 상황을 적어 놓았다.

팽림(彭林)은 한국 전통문화 대가 김태인(金兌仁) 씨의 집을 방문하였는데 이 중국학자는 자기의 노트에서 놀라운 감정으로 다음과 같이 적고 있다: 김 선생의 댁은 경상남도 '계팔(桂八)'이라는 시골 마을에 있다. 김 선생은 옛날 은사들처럼 농사를 지으면서 독서를 하고 살았다. 혼자서 60묘의 논밭을 경작하고 있다. 이 김씨 댁에서 바깥으로 통하는 문 위에 '소학세가(小學世家)'란 네 글자를 적혀있었다. 김 선생의 조상은 한국에서도 유명한 유학자였고 중국의 소학에 대해 상당히 많은 연구를 했다고 한다. 그 옆에 김 선생이 친필 쓴 '용인당(用因堂)'이라고 편액이 하나가 있었는데 『효경(孝經)』의 '용천인지(用天因地)'의 뜻에서 취한 것이었다.

주인은 전통 한국식 상을 차려서 팽림 선생을 접대했었다. 식사 후에는 고전문화에 대해 이야기를 나누었는데 서로 잘 이해하고 통했다고 한다. 김 선생의 부인은 특별히 중국에서 온 손님을 위해 소동파(蘇

東坡)의 「적벽회고(赤壁懷古)」를 옛 창법으로 읊어주었다. 이러한 옛 창법은 아마 중국에서 이미 사라졌을지도 모른다. '노래가 때로는 구성지고 때로는 격렬해졌다. 일사천리의 기세를 갖고 단번에 노래 다하고 가득 찬 갈채를 받았다.' 이어서 부인은 또 주희(朱熹)의 「소학서(小學序)」를 노래했지만 이 중국학자가 이러한 상황에서 중국 민요 하나밖에 할 수가 없었다고 한다.

또 팽림 선생은 하유즙(河有楫)이라는 다른 학자도 방문했다고 한다. 이 학자는 오늘날에서도 여전히 전통의례대로 생활하고 있는데 일상생활, 교우접대, 조상제사 등 모든 일상을 모두 그렇게 하였다. 어머니께서 돌아가셨을 때 그는 전통의례대로 3년상(喪)을 입었다 한다. 팽림이 하 선생 댁에 간 날은 마침 추석날이었다. 추석과 단오, 그리고 설은 한국의 3대 명절이고 한국에서 매우 중요시하는 날이며 대부분 가정에서는 이 날 제사를 지낸다. 제사 전 날 하 선생은 목욕재계하고 다음 날 아침 하 선생 주관 하에 온 집안 식구가 모여 제사를 지낸다. 온 식구들이 촌수대로 조상 신위 앞에 무릎을 꿇었고 제사 순서는 살아 있는 사람한테 술을 올리고 음식을 올리는 것과 똑 같이 진행되었다. 하선생의 장남이 순서대로 먼저 조상에게 술과 밥을 올렸는데 살아있는 사람이 식사를 하는 시간과 똑같이 1시간 넘게 진행되었다. 이것은 바로 공자가 말하는 祭如在祭神如神在(조상을 제사 지낼 때 마치 계신 것같이 지내며, 신을 제사 지낼 때 마치 신이 계신 것같이 지낸다)를 그대로 실천하는 것이다.

하유즙 선생은 유명한 의례 전문가이다. 매년 봄가을 두 계절에 한국의 서원에서 전통 제향을 거행할 때는 항상 그에게 지도해 주기를 청한다 한다. 그날은 하유즙 선생이 유관을 쓰고 검은색 제복을 입고 평온하게 지도하는데 한국학생들은 매우 공손한 태도로 그의 지도에 따라 공자와 맹자에게 예를 올린다.

한국에는 아직도 완전히 전통 방식으로 교육하는 서원이 있다. 예를 들면 경기도 남양주시에 있는 '태동고전연구소'를 들 수 있다. 이 학교의 수업은 사서오경을 위주로 하는데 학생들이 조선시대의 서생들처럼 1년째 될 때 '사서'를 외운다. '사서' 중 『맹자』는 가장 길어서 두 번에 나누어서 외울 수 있다. 한 번에 4시간씩 걸리는데 모두 한 번에 외워야 한다. 이곳의 공부 방식은 완전히 옛날과 같이 암송할 때 '송(誦)'을 한다. 소리의 고저와 기복과 곡절을 고려해서 외워야 하는데 이러한 방식으로 해야 학생들이 고전을 착실히 파악할 수 있다고 한다.

이곳에 입학하려면 반드시 대학 학부를 졸업해야 하며 공부하는 학생들의 학부 전공은 다양하다. 예를 들어 신승용(申承容)이라는 서울대 경제학과 학생에게 왜 고전을 배우러 왔냐고 물었더니 그는 '경제 형세가 짧은 시간에 많은 변화를 일으키고 매우 복잡하다. 고전 중의 심오한 철학을 담고 있기 때문에 제 통찰력을 향상하는 데에 도움이 된다'고 대답했다 한다.

한국의 지금까지의 공통된 사회도덕은 여전히 중국 송나라 때 제시한 '팔덕(八德)' 즉 '인(仁), 의(義), 예(禮), 지(智), 충(忠), 신(信), 효(孝), 제(悌)'이다. 한국인은 가보를 매우 중시하며 추석 3일 연휴 때 모든 사람들이 집에 모여 제사를 지내고 조상들이 가져다준 풍작에 감사한다.

이것은 정부가 의도적 유발시킨 제창이 아니라 완전히 자발적인 사회 현상이다.

서양 문화의 강세는 오늘날 세계에서 분명히 압도적으로 우월적인 위치를 차지하고 있고 또한 우월적 자세로 전 세계를 일소하며 물질주의적 세계관과 그의 부산물인 허무주의를 피부색이 다른 사람들의 머릿속에도 심어주었다. 서양 문화의 생기 넘치는 도전 앞에 다른 문화 생태는 약화되어 일격이 가해지면 견디지 못하고 피었다가 지고 마는 꽃과 시든 버드나무처럼 신속하게 메말라 버린다. 이러한 모습은 일종의 문화생태 균형의 파괴로 볼 수 있지 않겠는가? 그러나 한국인이 현대화 과정 중에 나타난 자국문화에 대한 자신감은 정말 존경스럽다.

한국인은 일부러 그런 자세를 의도한 것도 아니고 문화상반주의 때문에 주목을 받기 위함도 아니다. 한국문화인의 행동은 전통에 대한 깊은 이해와 자심감에서 온 것이고 그들의 성격인 순진함과 소박함 그리고 언행의 일치함과 끝까지 버티는 신념에서 온 것이다. 고층 빌딩이 도처에 세워지고 있고 고속도로가 사방으로 확장해 나가는 상황하에서도 그들의 신념은 존귀한 의미가 담겨있다.

TV에서 일본 천황이 영국을 방문하였을 때의 뉴스를 보았다. 환영식에서 영국 주인은 옛 사륜마차를 이용해 동양에서 온 손님을 맞이했다. 황실 근위병들은 잉글랜드의 전통적 군복을 입고 버킹검 궁전 앞에서 근위병 교대 의식을 몇 백 년 동안 그대로 유지해 오고 있다. 인도인들은 외교의식에서 독특하게 코끼리를 이용하여 손님을 맞이한다. 한국인과 일본인들도 전통 명절 때 전통 복장을 입는다. 인도네시아도 외교 장소에서 항상 검정색 통 모양의 모자를 쓴다. 또 아프리카에 있는 나라를 방문해 보아도 다소 이상한 긴 옷을 입고 있다. 이 아프리카 사람들은 어쩌면 자기 나라에 있을 때 이러한 옷을 안 입을 수도 있다. 하지만 전 세계 앞에 나오면 그들은 꼭 정중하게 그들의 전통의상을 입는데 이는 단지 하나의 정신을 표현하려고 하는 것이다.

마오쩌둥(毛澤東)은 다음과 같이 말했다. 사람은 정신이 있어야 한다. 마찬가지로 중국 민족도 정신이 있어야 한다.

중국인이 한국인보다 부족한 것은 무엇인가?

(1)

1960년대의 한국은 국토의 곳곳이 민둥산이었으나 지금은 이미 완전히 녹화되어 푸르름이 가득하다. 그리고 한국의 도시나 농촌 그 어디에도 모두 다 깨끗하고 함부로 쓰레기를 버리는 경우는 매우 드물다.

한국인은 환경보호를 매우 철저히 한다. 식당의 식탁 위에 있는 초록색 이쑤시개는 모두 전분으로 만든 것이다. 아무리 고급 호텔에서도 일회용 칫솔 및 치약과 슬리퍼를 제공하지 않는다. 또한 한국에서 쇼핑해 보면 물건을 담을 비닐 봉투를 공짜로 제공하지 않기 때문에 돈을 지불하고 사야 한다. 한국인들은 마치 자기 집의 거실을 아끼듯이 자기 나라의 국토를 아끼며 사용한다.

중국의 여러 지방을 여행해 보면 철도와 도로에 따라 하얀 폐비닐 오염대가 보이고 비닐 봉투와 패스트푸드를 담은 일회용 그릇들이 곳곳에 흩어져 있다. 또한 중국 북방의 철도 옆에 있는 산들은 민둥산이 푸른 산보다 더 많음을 보게 된다.

중국인들은 미국의 대작 영화를 좋아하는데 최근 몇 년 사이에는 한국의 영화와 드라마도 중국에서 큰 인기를 끌고 있다. 과거 미국 영화 「Titanic」은 중국 영화 관람료 수입의 최고 기록을 갱신하였고 그 어느 영화보다 많은 수입을 올렸다. 그러나 한국에서는 많은 사람이

이 영화를 외면하였다. 이유는 매우 단순했다. 당시 IMF외환위기에 있던 한국에서 만약 300만 명의 한국인이 이 영화를 본다면 간신히 확보해가고 있던 한국의 외환이 외국으로 유출되는 염려하였기 때문이다. 영화 관련 분야 학자들의 분석에 따르면 '한국인은 상당 정도 할리우드나 유럽 영화보다 자기 나라의 영화를 더 선호하고 있다'고 한다.

이러한 모습은 비단 영화에만 그치지 않고 한국인들은 '신토불이(身土不二)'를 제창하여 자국 상품을 쓰는 것을 영광스럽게 생각한다. 하지만 중국인들은 수입품을 더 선호한다.

중국인은 아이를 교육할 때 어렸을 때부터 손해를 보면 안 된다고 교육한다. 중국 대학교의 구내식당에서 식사 시간이 되면 학생들은 먼저 식사하기 위해 서로 밀친다. 하지만 한국으로 유학 온 중국 학생들은 구내식당에서 한국 학생들이 자발적으로 줄을 서고 식권도 스스로 알아서 박스에 넣고 이를 검사하는 사람도 없다는 것을 발견할 수 있다. 한국에서 생활한 중국인은 한국 공원에서 아이들이 서로 자기가 먹고 있는 과자를 나누어 먹는 것을 발견할 수 있다. '처음에 왔을 때 이런 모습에 좀 익숙하지 못해서 아이들한테 먹지 말라고 했다. 하지만 시간이 지나면서 나도 점점 자기 아이에게 다른 아이와 나누어 먹으라고 하게 되었다'고 한다.

축구와 관련하여서는 더 이상 비교하지 않겠다. 다만 축구장에 온 팬들은 비교할 만하다. 2002년 한일 월드컵 때, 한국의 축구팬들은 전 세계 사람들에게 매우 깊은 인상을 남겼다. 그들은 관람석에서 붉은 단체옷을 입고 같은 도구를 쓰면서 또한 같은 구호를 외쳤다. 몇 만 명 사람들이 붉은색 파도를 불러일으키고 '대~한민국'이라는 구호를 외치던 모습은 그것을 보는 사람들에게 강력한 인상을 줬다. 그런데 중국 축구팬의 인원수도 적지 않았지만 모두 40~50명씩 각자 소그룹을 만들어 응원한다. 복장에서 구호까지 모두 다 다르고 하나가 되지 못하여서 난잡하고 무질서한 느낌을 줬다. 또 경기가 끝나고 나서 한국 축구팬들은 자기 자리와 옆의 것을 치우고 나가는 반면 중국 축구 팬이 앉은 곳에는 곳곳에 쓰레기로 흩어져 있었고 심지어 그 쓰레기 중에는 소형 중국 국기도 많이 떨어져 있었다.

(2)

한국에는 고풍스러움이 남아있다고 생각한다. 한국인들은 전통적 도의(道義)문화를 숭상한다. 소위 도의문화는 예전 중국 전통문화 중의 충의와 절조와 같은 것이다. 중국인들도 예전에는 충의와 절조를 매우 중요시 하였던 민족이다. 하지만 중국인들은 과거 언제부터인가 충의와 절조는 시대가 바뀔 때 나타나는 영웅들이 개별적으로 지켜야 하는 책임이라고 생각하였다. 그리고 이것은 보통 백성들에게는 몽매에 대한 극단적 반항이거나 연극 중에 다루어지는 이야기에 지나지 않는 것이라고 생각하게 되었다. 혹은 깡패들이 술자리에서 부리는 허세에 불과하다고 생각한다. 보통의 백성들은 이미 일찍이 그러한 이름뿐인 좋지만 실용적이지 못한 정신적 장식물을 내다 버렸다. 모든 힘은 오로지 먹고사는 일에 투입했다. 나는 항상 중국인의 이러한 모습에 대해 '이것은 중국인들이 오랜 시간 동안 살아오면서 세상의 온갖 고난과 허위와 사기를 다 겪어 왔기 때문이라'고 생각해왔다. 한 장의 종이가 너무 많이 주무르면 점점 애초의 깨끗함이나 매끈함을 찾을 수 없게 되는 것과 같이 그리고 하나의 강물이 통과하는 곳이 너무 많아서 오염이 심해지면 원래의 색깔을 구별할 없는 것처럼.

여기까지 쓰다 보니 예전에 읽었던 한 편을 글을 생각난다. 그 글에는 다음과 같이 말한다.

진(秦)나라 이전의 이야기를 보면 그때의 중국인은 매우 호걸스럽고 강직하게 살아왔다는 느낌이 든다. 정말로 진정한 사람인 것 같다. 그래서 동방문화 속에 일종의 춘추정신이라든지 춘추 인격이 있었는지 의심이 든다.

이러한 인격의 특징 중의 하나가 '자기를 존중한다', '염치를 안다', '헌신적이다', '남을 이롭게 한다'는 것이다.

이러한 정신은 오늘날 중국인에서 매우 찾아보기 드문 것이다.

이 글의 저자는 IMF외환위기 때의 중국인과 한국인의 행위를 언급하여 마지막으로 질문을 했다.

'춘추정신은 이미 동쪽으로 넘어 갔는가?'

동쪽으로 넘어간 것이 아니라 이 정신은 원래 옛 한중 양국 인민들이 공유하였던 정신이었는데 백두산 남쪽에서 3천 년 동안 상대적으로 소외되었던 3천 리의 소박한 강산에서 이 정신의 본색이 그대로 보존되어 있다.

중국인, 당신은 언제 본색을 회복할 수 있겠는가?

3장

한국인의 변화로 본 국민성 개조 방법

중국 국민성의 변천

(1)

강산은 바꾸기 쉬워도 타고난 본성은 바꾸기 어렵다는 속담이 있다. 하지만 민족성은 끊임없이 변화하는 것이다. 『춘추열국전(春秋列國傳)』을 보면 당시의 중국인은 매우 혈기가 가득 차 있었다는 점을 발견할 수 있다. 조씨 고아, 칠백 장사, 섭정(聶政)이 협누(俠累)를 암살하기, 형가(荊軻)가 진시황을 암살하기와 같은 많은 심금을 울리는 이야기들이 그 시대 사나이들의 장렬함과 단호함을 표출하고 있다. 후손들에게 생명보다 의협심이 더 중요하다는 것과 생사를 함께하는 정의가 무엇인지를 보여준다.

춘추시대의 이야기를 읽다보면 그들의 순진함과 투명함이 의아할 수 있다. 춘추전국 시대의 중국인들은 다채롭게 살았고 시원하게 죽었다. 후인들의 시각에서 보면 그들은 아마 조금은 유치하고 간단하지만 소년처럼 사람들로 하여금 생명의 힘과 빛을 느끼게 하고 있다.

주변 민족이 아직 깊은 잠을 자고 있던 시대에 중국인은 이미 사상적 계몽을 경험하고 있었다. 그때의 중국인은 사유가 활발하고 지혜가 넘쳤으며 지식인과 학설도 많이 쏟아져 나왔다. 사상의 청춘기에 들어선 그들은 창조하는 동력과 본인만의 학문적 성과를 펼쳐보고자 하는 욕망이 충만해 있었기에 중국 문명사 형성기 하늘에서 찬란한 아침놀을 분출하는 형상이었다.

아쉽게도 좋은 시기는 오래 가지 않는다. 영정(嬴政)이라고 한 외모적으로 허약하였지만 내면적으로 냉혹하였던 한 남자가 중국 문명의 청춘기를 너무도 빨리 끝내어 버렸다. 진시황의 잘못은 그가 천하를 통일시키거나 만리장성을 건설하는 데에 있는 게 아니라 온 천하의 사람들을 자기의 포획물로 여겼다는 것이다. 그의 스승이기도 하였던 한비자(韓非子)가 그에게 이렇게 말했다. 인간의 본성은 비열하다. 그들이 갈망하는 것은 이익을 얻는 것에만 있고 두려워하는 것은 폭력에만 있다. 그렇기 때문에 인간을 존경할 필요도 없고 믿을 수도 없다. 천하를 통치하는 방법 바로 '執長鞭以御宇內(회초리를 갖고 나라를 통치한다)'이다. 법, 책략, 세력으로 인민을 속박하고 조종하면 되는데 마치 마차 앞에 매여 있는 짐승을 대하는 것처럼 인민을 대하면 된다고 하였다.

이처럼 역대로 뛰어난 재능과 원대한 계략을 갖고 있는 사람이라고 중국인들이 여겼던 진시황은 폭력적 수단으로 통치방법을 확립하고 모든 사람을 자신의 마차를 끄는 짐승으로 만들었다. 그는 '분서 갱유(焚書 坑儒, 시서유경을 불태우고 유학자를 생매장했다.)', '이이위사(以吏爲師, 관리를 스승으로 모셔야 한다)', '이우검수(以愚黔首, 백성을 우둔하게 만들다)'

를 하고 민중의 자존심과 사상을 모두 짓밟아 버렸다. 결국은 '우연이라도 불만을 말하면 사형을 당하여 시체는 시장에 버림을 당하게 되고 다른 의견을 말하면 사형을 당하게 됨으로 사람들은 길에서 눈빛으로만 교류하게 될' 정도에 이르렀다. 중국인의 집단적 인격이 처음으로 학대를 받게 된 것이다. 수단과 방법을 가리지 않는 실용주의자들만이 이 암흑 같은 세상에서 더 잘 적응하고 살아남게 되었다. 한고조 유방(劉邦)이 그 대표적 인물이다. 초한(楚漢)전쟁 중에 유방이 전투에 패하고 두 자녀와 모사 등(騰)선생과 함께 한 대의 전차를 타고 도망가는 일이 있었다. 마차를 더 빨리 달리게 하기 위해 유방은 몇 번을 두 아이를 마차에서 밀어서 떨어뜨리려고 하였지만 그때마다 등 선생이 아이를 다시 잡아 끌어올렸다. 이에 유방은 화가 나서 '열 번 넘게 등 선생을 죽여 버리고 싶었다'고 하였다. 항우(項羽)가 유방의 아버지를 볼모로 잡고서 유방에게 그의 아버지를 죽여서 고깃국을 만들겠다고 위협하자 유방은 웃으면서 국이 끓여지면 자기도 그 국을 맛보고 싶다고 대답했다고 역사서에 전해지고 있다.

사서에는 다음과 같이 묘사하고 있다. '고조는 문학을 배우지 않았지만 성격은 명철하였다. 계책을 잘 세우고 다른 사람의 의견도 잘 들려주었다. 비록 계급이 낮은 병사들과도 친구처럼 친하였다'며 그의 친근감을 강조하고 있다. 문지기 병사들과도 친하게 지낼 수 있었지만 필요한 순간 배은망덕 행위도 서슴지 않았다. 유방은 천하를 통일시키자마자 통일 과정에서 자기를 위해 목숨을 걸고 싸웠던 전우들을 숙청하기 시작했는데 이 저속한 깡패의 승리는 중국인 정신 쇠락의 최초의 상징이라고 할 수 있다. 그는 항우의 고귀함, 자중함, 이상주의 같은 관념은 진시황 이후 중국에서 더 이상은 적합하지 않다는 것을 증명하였다.

진시황의 수명이 짧은 것은 다행이라 할 수 있는데 황제와 노자를 숭상하는 한나라가 무위(無爲, 자연에 맡겨 인위적인 힘을 가하지 않는 도가의 정치사상)를 통해 점점 민족의 원기를 회복시켜 나갔기 때문이다. 흉노를 쫓아내고 한나라의 위상을 확립함으로써 중국이 향후 '왕패잡용(王覇雜用, 왕권과 패권을 같이 사용하다)'의 통치제도가 정착되어 갔다. 중국인들은 유목민에 비해 상대적으로 폐쇄적인 환경에서 아침에 나가서 농사짓고 저녁에는 집으로 돌아간다는 습관이 형성되어 상고 사회 때부터 전해져 내려온 순진함과 소박함을 그대로 유지하였다. 중화문명이 이웃나라보다 크게 앞서고 중국인들 스스로 대국으로서의 자신감과 자부심을 느낄 수 있게 되었다. 이러한 자심감은 당나라의 전성기 때에 이르러 가장 높이 표상되었다.

당나라의 전성기는 중국인의 영원한 추억이라 할 수 있다. 그때, 중국은 전 세계에서 가장 부강한 나라였으며 중화문명의 빛은 유럽까지 확장되었으며 중국의 이웃은 모두 중국에 존경을 표시하고 중국의 모든 것을 배워갔다. 장안(長安)의 거리에는 유라시아 각 나라의 물건들이 진열되었고 각 나라에서 온 피부 색깔이 서로 다른 상인과 학자들이 도처 보였다. 그때 중국인의 인격은 강건, 개방, 낙천, 건강, 진취라 표현할 수 있다. 그들은 아직 전족(纏足), 성리학, 패방 같은 것을 하지 않았고 그렇게 많은 규율과 제도를 제정하지 않았다. 여자들은 남편이 죽으면 다시 시집을 갈 수 있었고 문인들은 공개적으로 화려한 부(賦)를 통해 성애를 노래하고 시인들은 상쾌한 시를 통해 생명의 열정을 표현하였다. 중국 역사상 인격적으로 가장 건강한 황제인 당태종이 그 시대에 나타났다. 그는 이성적이었고 인간적이었다. 뛰어난 재능과 원대한 계략을 갖는 동시에 백성들을 존중했는데 가장 위대한 시인 이태백도 당나라의 전성기에 나타났다. 그의 풍채가 뛰어난 시는 그 시대의 도량과 정신을 충분히 보여주고 있다.

(2)

하지만 재앙이 많은 것은 항상 중국의 운명이었다. 당나라 이후 천 년 동안, 중국의 넓은 땅에는 계속하여 왕조의 주인이 바뀌었고 이는 중국인의 심리와 성격에 지대한 영향을 미쳤다.

'왕조가 바뀐다'라는 말이 중국인에게 의미하는 바는 다른 민족과 다르게 쓰인다. 중국 도덕적 기초는 '충'과 '효'였다. 왕이 살아 있으면 같이 살고 왕이 죽으면 같이 죽는다는 의미로 천지의 대의였다. 한 여인이 두 명의 남자에게 시집을 가지 않듯 왕조의 대신은 두 명의 왕을 섬길 수 없다. 왕조가 바뀐다는 사실은 사람에게 특히 사대부에게는 하나의 시련이다. 왕조가 바뀐다는 것은 거대한 형구처럼 매 왕조가 존립하였던 일이백년동안 중화민족은 그 형구 위에 올려 져서 산채로 껍질을 벗기는 것처럼 한 가족의 권력이 다른 집단으로 이식 당하는 것에 비유된다. 그럴 때마다 수많은 사람이 '우물에 뛰어들거나 성벽에서 투신하거나 온 집안이 함께 분신자살을 했다.' 하지만 대부분 사람들은 굴욕적으로 살아남을 수밖에 없었다. 이러한 일들로 인해 대부분의 중국인은 인격적으로 좌절을 겪어야 했으며 또한 자기부정의 과정이었다.

안타깝게도 중국의 왕위는 대단히 매력적이었다. 역대의 황제들은 왕조를 지키기 위해 온갖 지혜를 다 짜내었지만 왕조 교체의 속도가 여전히 빨라졌다. 일본과 같이 만년일조(萬年一朝)는 고사하고 조선 왕조보다 훨씬 안정적이지 못하였다. 당나라가 망한 후, 한반도에는 고려와 조선 두 개의 왕조 밖에 경험하지 않았는데 중국은 오대십국(五代十國), 송, 원, 명 청의 왕조 교체를 겪어야 했다. 당나라와 송나라 짧은 교체시기 54년 동안 중국의 화북지역에는 양(梁)-당(唐)-진(晉)-한(漢)-주(周)의 5개 왕조가 바뀌었다. 그중에서 가장 짧은 후한(後漢)은 고작 4년 존재하였다.

아무리 질이 좋고 강한 금속이라도 반복하여 깎게 되면 그 금속은 훼손되기 마련인 법이다. 아무리 소박한 민족이라도 이러한 끊임없는 난감한 상황 앞에서는 결국 냉담해지는 법이다. 중국인의 자존심과 자심감은 원래 충효를 기초로 한 도덕에서 건립한 것이었다. 하지만 왕조가 바뀔 때마다 '충과 의'는 파괴되고 '투항'을 강요받을 수밖에 없었다. 즉 중국의 정사 '이십사사(二十四史)'는 스물네 번 파괴되었음 말하는 것이다. 주마등처럼 왕위 약탈의 혈기는 비웃음거리가 되거나 풍자거리가 되었다. 많은 사람들은 예전처럼 견디거나 믿거나 진지해질 수가 없었다. 중국인의 순수함과 강열함은 한 번 한 번의 곡절과 함께 점점 사라져 갔고 이 사회를 유지시켜 주던 도덕과 강상(綱常)도 점점 사라지게 되면서 사람들은 점점 교활해져 갔다. 어느 쪽을 막론하고 군대가 밀어 닥치면 백성들은 익숙하게 '귀순민'이라는 간판을 걸어 놓고 향을 올리고 성문 옆에 무릎을 꿇고 군대를 영접하였다.

하지만 더 큰 재앙은 그 뒤에 왔다. 송나라 이후 중국인들은 냄새나는 이족 정복자 군대를 두 번이나 영접하여야 하였다. 이 사실은 왕조 교체에 익숙한 중국인에게도 새로운 심리적 충격이었다. 몽골인들은 야만스럽게 도시를 점령한 후 그 도시의 주민을 모두 죽인다는 사실 앞에 그리고 원래 천조(天朝)대국의 자손들이 '하층 계급 백성'이 된다는 치욕을 받아들일 수밖에 없었고 백 년 가까운 시간동안 몽골인의 폭정을 참고 견딜 수밖에 없었다. 만주인이 남쪽으로 내려온 후, 중국인들은 더욱 난감함을 겪어야 했는데 사람마다 전통적인 '신체발부수지부모'의 도덕조차 지키지 못하고 머리를 깎고 꼭대기에 동전만큼의 머리만 남는 변발을 하여야만 했다. 이른바 '금전서미(金錢鼠尾)'식 머리 양식이다.

치욕스럽고 구차하게 살아남는 상태 하에서 인격적 건강은 존재할 수가 없다. 원나라와 청나라 두 이민족 왕조의 통치를 겪고 나서 중국인의 성격 중 자존심과 자신감은 치명적인 충격을 받았다. 송나라가 군사력이 약하긴 하였지만 악비(岳飛), 양가장(楊家將), 문천상(文天祥) 등 위대한 민족 영웅이 나왔고 민중들의 저항도 거세게 일어났었다. 그 이후에 굳센 기개를 가진 중국인은 역사의 무대에서 사라지고 많은 사람들은 영혼과 육체를 분리시키는 데 익숙해졌다. 그들이 도리와 실제 행동을 익숙하게 나누고 망설이지 않고 동물적 생존 방식을 선택하였다. 이후 많은 현실 타협적인 중국식 지혜가 발전하게 되었는데 예를 들면 "좋게 죽는 것보다 너절하게 사는 게 더 낫다", "얼굴에 침을 뱉어도, 닦지 않고 저절로 마르기를 기다린다(인내가 지극히 강하다)", "한걸음 물러서면 더 없이 넓다", "사람마다 자기 집 문 앞의 눈은 쓸어도 남의 지붕 위의 서리는 신경 쓰지 않는다(자기 일에만 신경을 쓰고 남의 일에는 무관심한 이기주의)"와 같은 말들이다. 춘추시대의 중국인이 깨끗한 백지 한 장처럼 시원하였다면 이천오백여 년의 시간이 지나는 동안 이 백지는 너무 많이 주물러서 더럽고 너덜너덜해져 애초의 모습은 찾아볼 수가 없게 되었다.

(3)

왕조가 바뀌고 다른 정치 집단들이 들어옴과 함께 전제 통치가 갈수록 엄격해졌다.

진시황부터 이후 역대 황제들은 모두 거의 같은 문제를 고민하였다. '어떻게 하면 왕조를 영원히 지킬 수 있을까?'라는. 황제마다 모두 다 이 문제 때문에 잠도 제대로 잘 수가 없었다.

답은 매우 쉬웠다. 바로 온갖 수단과 방법을 동원하여 백성들의 활력을 억제시키고 어떤 대가를 치르더라도 사회의 안정을 유지하는 것이었다. 이를 위해 사람의 독립적 사고 능력을 차단시키고 사람들의 자발적 조직을 막고 왕권에 위협을 줄 수 있는 세력들은 모두 다 없애 버려야 했다.

통치자와 그 주변 집단의 숫자가 사회 전체 인구 비중에서 매우 적었음에도 불구하고 절대적 권력만 가지게 되면 사회가 피할 수 없게 그가 원하는 방향으로 몰아갈 수 있었다. 이 방향이 아무리 황당하고 대부분 사람에게 불합리해도 상관없었다. 그래서 2천년 동안 중국 사회는 점점 더 엄밀해진 전제정치로 사회는 갈수록 숨조차 쉴 수 없을 만큼 경직되어 갔다.

진시황이 대일통제를 확립한 이후, 한무제(漢武帝)는 백가의 학문을 모두 배척하고 오로지 유학만 존중하는 사상적 전제정치를 추진하기 시작하였다. 당태종은 과거제를 통해 전사회의 지적 자원을 부귀공명에 집중시켜 지적 활동의 다양성을 억제시켰다. 그리고 원나라 황제들은 이갑제와 연좌제를 강화하여 한인들의 무기 소지 심지어 부엌칼을 쓰는 것조차도 금지시켰다. 문맹이었던 명나라 황제 주원장은 승상(丞相)제를 취소하고 농민적 본능으로 중국 사회 전체를 하나의 마을로

퇴화시키고 그 스스로 매사를 참견하는 촌장이 되었다. 전국의 백성들이 어떤 옷을 입어야 하고, 어떤 집에서 살아야 하고, 집 뒤에는 무슨 나무를 심어야 하며, 마당에는 닭 몇 마리를 키워야 하는 것까지도 그가 모두 결정하였다. 청나라는 아예 내각을 폐지시켜 버리고 철저히 온 천하를 한 사람의 천하로 만들었다. 사람들이 막말을 하지 못하도록 하기 위해 청나라의 가장 위대한 황제 삼대 인 강희(康熙), 옹정(雍正), 건륭(乾隆)황제는 문자옥(文字獄)을 정점으로 삼았다. 한 도사가 사람이 뇌로 사고하지 마음으로 사고하지 않다고 얘기 했는데 강희황제는 그 도사가 '위험한 인물'이라는 이유로 사형시켜 버렸다. 정신병 환자들이 병으로 인해 스스로 황제라고 칭하는 경우도 있는데 건륭황제는 그런 환자를 능지처참에 처했다. 문자옥의 성행은 조정 대신들로 하여금 남에게 약점이 잡힐까 봐서 서로 편지도 주고받지 못하였다.

황제들의 지적 능력의 대물림으로 중국의 전제정치 제도는 거의 완벽한 수준에 이르렀다. 중국사회는 결국 하나 철판과 같이 되었다. 이 사회의 본질적 특징은 매우 안정적인 것이었으며 개혁을 모색하는 모든 동기에 대해서 날카로운 공격이 가해졌다. 아무런 대가도 지불하지 않고 얻은 안정이었기 때문에 몇 천 년 이래 무수한 폐단이 누적되어 왔다. 이 점을 바꾸려고 하였지만 거의 불가능하였다. 몇 억에 이르는 사람들의 지혜는 단단히 속박되어 활력은 완전히 제한되었다. 사회 구성원들은 저마다 무거운 질곡을 찬 죄수처럼 청나라 말에 어느 외국 관찰자의 표현을 빌면 극단적으로 무감각하지만 인내심은 대단히 강했다.

중국은 시간이 흘러 왕조의 역사가 뒤로 갈수록 인문 정신은 희박해지고 고귀, 인자, 관용, 존중과 같은 아름다운 단어는 사라져 가고 그 대신 의심, 사욕, 잔인, 비겁함이 갈수록 심해졌다. 중국문화는 높은 경지로 성숙해진 후 썩은 냄새가 났다. 정치가들은 모두 음흉하고 잔인하였으며 사대부들은 날로 쇠약해져 갔다. 문학예술 작품이 점점 의기소침해지고 창의력을 결여되어 갔고 일반 백성들은 물질적으로 지극히 가난한 환경을 겪을수록 인내성은 강해져 갔다.

(4)

물론 이상의 분석은 대략적이고 감성적이며 성숙하지 못하고 엄밀하지 못하며 전면적이라고 할 수는 없다. 하지만 한 가지만은 증명할 수 있다: 모든 증세에는 배후에 유전자가 있는 것처럼, 중국 국민성의 모든 부정적인 면은 기나긴 중국 역사에서 그 원인을 찾아 볼 수 있다.

중국인이 인내성이 강하고 무감각하게 된 원인은 몇 천 년의 역사가 그들에게 저항이라는 것은 소용이 없다는 것을 가르쳐 주었다는 데에서 찾을 수 있다.

역사를 보면 이전에는 열정에 불타는 의기를 가졌던 어진 많은 사람들이 이 사회의 많은 폐단을 보고 용감히 나서 개혁을 하고자 하였다. 하지만 왕안석(王安石)의 변법에서 부터 장거정(張居正)의 개혁 그리고 강유위(康有爲)의 유신에 이르기까지, 거의 모든 개혁가의 결말은 지위도 명예도 모두 잃어버리는 것이었다.

폭력과 전제 앞에서 중국인들은 강한 저항을 시도해 보았다. 중국 역사상 무수히 장렬한 봉기가 일어나 많은 전제 왕조를 폐망시켰다. 몽골인들이 유라시아대륙을 정복하는 과정에서 만난 가장 완강한 상대는 중국인이었다. 만주인이 입관 초에 체발령(剃發令)을 반포했을 때도 중국 남방의 무수히 많은 도시에서 반대가 일어났었다. 하지만 아무리 완강하게 반대해도 중국은 결국 이민족한테 정복을 당하는 운명에서 벗어나지 못했다. 무수히 많은 봉기와 피가 흘러 강이 되고 인구가 절반으로 줄어드는 대가를 치르고도 인민 권리를 찾지 못해 전제제도는 더욱 엄밀하게 공고해져 갔다.

몇 천 년의 경험을 통해 중국인들이 얻은 교훈은 중국 사회를 조금이라도 바꿀 수 없다는 것을 인식하는 것이었다. 여러 차례 탈옥하여 도망을 시도했지만 매번 실패하는 죄수처럼 감옥의 규정을 꼼꼼히 지키는 것밖에는 그가 할 수 있는 게 무엇인가? 그래서 아편 전쟁 이후 중국에 왔던 많은 서양 관찰자들의 목격담을 보면, "이러한 인내력은 중국에서 본 가장 비참한 현상이었는데, 부자들은 음식이 다 먹을 수 없을 정도로 많고 또 쉽게 빼앗을 수 있지만 그 인근에는 수 천 명의 사람들이 묵묵히 굶어 죽었다. 이러한 이상한 현상에 대해 중국인은 이미 익숙해져 있는 것 같다"고 전하고 있다. 외국인들이 또 이상하게 생각하였던 것은 흉년에 굶어 절망에 빠진 난민들이었는데 "하지만 단결하지 않았고 지방 관리들에게 구조를 청하지도 않았다"고 하였다. 외국인들이 난민들에게 반복해서 물어보았을 때 그들에게서 들은 답은: "용기가 없다"였다.

중국인은 안팎이 다르고 아무 원칙이 없다. 그 이유는 원칙은 항상 생존의 지장이 되기 때문이다. 통치자는 모든 것을 포기하고 오로지 사회 안정만 추구하기 때문에 불합리한 제도를 제때 조정하고 개혁하지 못하였다. 사회제도는 점차 경직되고 통하지 않게 되었다. 그래서 표면적 제도 하에서 하나의 비공식적이지만 유효한 잠재적 규칙이 생겼다. 원칙을 지키는 사람들은 "도학가"나 "바보"가 되고 사회의 경쟁에서 도태된 자가 되어 버린다. 하지만 구호만 외치고 실제 행동을 할 때는 이익이 되는 원칙만 준수한 사람들이 쉽게 성공하게 되었다. 그래서 중국인은 중용과 화합을 추구하게 되었고 원칙이 없는 사람만이 이 규칙적으로 기형화된 사회에서 갈등하지 않고 잘 지낼 수 있다.

중국인에게는 확고한 신앙이 없다. 역사상 중국은 몇 천 년 동안 악성 경쟁의 무대였기 때문이다. 마음이 사납고 악독하여 신의를 저버리고 안팎이 다른 사람들, 예를 들어 유방(劉邦), 주원장(朱元璋), 자희태후(慈禧太後)같은 사람들만이 성공할 가능성이 더 높다. 물론 그들에게는 충분한 연기가 필요하다. 인의로 가득한 사람처럼의 연기를 한다. 하지만 순진하고 인자한 사람은 무참하게 패배할 수밖에 없었다. 예를 들면 체면을 중요시하였던 항우(項羽)나 성현(聖賢)들의 책 읽기를 좋아 했던 명나라의 두 번째 황제 주윤문(朱允炆)과 같은 인물이다. 황제들의 몰염치한 연기와 폭력성의 사용으로 인해 인의도덕과 삼강오륜의 효용은 이미 일찍부터 부분적으로 산산이 부서져 버렸다. 중국인은 역사적으로 너무나 많은 사기를 당했기 때문에 아무도 안 믿게 되고 서로를 못 믿게 되어 버렸다. 그래서 나온 유명한 유행어가 있다. “한 명의 중국인은 용(龍)이고, 세 명의 중국인은 충(蟲)이다”라는.

중국인이 공중도덕이 없고 너저분함에 대해서는 역사적으로 더 쉽게 해석을 찾을 수 있다. 노신(魯迅)의 말처럼, 중국 역사에는 두 가지의 시대만 있다. 하나는 노예가 되고 싶지만 노예가 될 수 없는 시대고 다른 하나는 잠시 노예가 된 시대다. 중국인은 지금까지 주인이 될 감각이 없다. 나라는 나의 재산이 아니다. 그는 남의 노예이기 때문에 남을 위해 무엇인가를 아낄 필요가 없다. 중국인은 자기 마당안의 것만 아끼고 마당 밖의 것에 대해 강한 파괴 욕망이 있다. 가로등이 자기한테 아무 방해가 되지 않지만 꼭 파괴하려고 한다. 아름다운 광장도 아끼지 않고 더럽히고 만다. 집에 벽돌하나만 얻어도 뇌봉탑(⊠峰塔)은 꼭 밀어 넘어뜨리려 한다.

중국인이 잔혹하고 동정심이 없는 이유는 중국인의 생활환경이 너무 잔혹하고 살아오면서 학대를 받았기 때문이다. 중국인은 장애인을 배려하는 습관이 없다. 중국인은 생활의 잔혹한 현상에 익숙해져 있다. 심지어 중국인은 타인을 학대하면서 그 과정 중에 보상심리를 느끼는 것 같다.

헛수고한 국민성 개조

서양 사람은 중국에 오기 전 머릿속에 중국에 대한 아름다운 상상으로 가득 차있었다. 볼테르는 "중국인이 전 세계에서 가장 총명하고 예의바른 민족이라고 생각한다", "중국인을 모든 민족의 우위에 넣어야 한다"라고 말했다고 한다. 유럽으로 전해진 중국의 서적을 통해 그들은 중국이 물질적으로 풍부하고 문화적으로 발달하여 현명한 황제가 매우 효과적인 통치를 하고 있으며 백성들은 예절이 바르고 도덕적으로 고상하다고 상상하였다.

하지만 아편 전쟁 이후에 중국에 온 서양인들은 그들이 보았던 책의 내용과는 완전히 다른 현상을 보게 되었다. 그들이 본 중국은 '도시는 더럽고 국민은 반응이 둔하다'는 것이었다. 중국인들은 쇠고랑을 찬 죄수처럼, "지력 쇠퇴", "창조력 결핍", "이기심 강함", "낡은 것 답습하기", "이지(理智)의 혼돈", "시간관념 결핍", "모호하게 대응하기", "거짓말 잘하기", "신용을 안 지키기", "안과 밖이 다르기" 등등 중국인 성격에 대한 심층적 연구를 한 전도사 아더 스미스(Arthur Henderson Smith 1845~1932, 중국명 명은부(明恩溥))는 중국인을 30년 동안 겪은 후 아래와 같은 결론이 내렸다. "중국은 다양할 필요가 있지만 가장 절박한 것은 바로 인격과 양심이다."

근대에 들어 중국의 문호가 개방되면서 많은 중국의 계몽선각자들은 중국인의 국민성 문제를 인식하기 시작하였다. 그들이 고통 속 하였던 자기반성은 외국인이 지적하였던 것보다 훨씬 더 철저하였다. 그렇기 때문에 분석과 비판도 외국인보다 더 격렬하였다. 엄복(嚴復), 양계초(梁啓超), 손중산(孫中山)부터 노신(魯迅), 호적(胡適) 그리고 현대의 백양(柏楊), 용응대(龍應臺)에 이르기까지 이 사람들은 그들의 저서 속에서 중국 민족성의 문제점에 대해 구체적인 예를 들어가면서 분석하고 침통하게 뉘우쳤다. 그들은 모두 "국민성 개조"를 제시하였는데 제도의 개조와 사람의 개조 중에서 대부분 사람의 개조가 먼저 이루어져야 함을 주장하였다. 국민성 개조에 선두자인 노신은 1925년에 아래와 같이 유명한 말을 했습니다. "지금 이후로 가장 중요한 것은 국민성의 개조다. 그것이 되지 않으면 전제가 되어도 공화제가 되어도 모두 다 겉만 바꾸는 것이지 실질적으로는 다 똑같은 것이어서 어느 것도 안 되는 것이다."

그 세대의 사람들의 눈에는 중국 국민성 중 저열한 근성이 모든 문제의 원흉이었다. 중국인 모두가 환골탈태하여 새사람이 되어야만 중국도 현대화의 여러 제도를 시행할 수 있고 중국도 부흥하여 강해질 수 있다는 것으로 그렇지 않으면 아무리 좋은 것도 중국에만 들어오면 금방 변질되어 버린다는 것을 말하고자 한 것이다.

그럼 어떻게 해야 환골탈태 할 수 있는가? 전도사 아더 스미스가 제시한 대안은 기독교를 도입하여 중국인이 진정한 품격과 이타 정신을 건립할 수 있도록 도와주고 확고한 신앙을 만들어 주면 된다는 것이었다. 그리고 양계초 같은 근대시기의 개혁가들은 "신민설(新民說)"을 제시하고 개인의 의지력을 통해 자기 머릿속에 천 년 동안 누적되어 있는 더러운 것을 제거하면 된다고 제안하였다. 또한 노신과 진독수(陳獨秀) 같은 급진주의자들은 전통 문화를 전면적으로 소탕할 것을 방안으로 제시하고 "중국책을 읽지 않는 것"으로 민족 문화의 기초를 파괴시키고자 하였다. 또 그들의 제자 격인 마오저둥은 그들의 주장을 가장 철저히 관철했고 그로 인해 마오저둥은 국민성 개조 운동의 가장 단호한 투사가 되었다. 마오저둥의 일생 투쟁 목표는 구중국을 전복하여 신사회를 건립하기보다는 중국의 국민성을 철저하게 개조하는 게 더 적합하다고 주장하였다. 청년 시절 이미 마오저둥은 철저한 국민성 개조만이 중국을 구할 수 있다고 인식하고 아래와 같이 말하였다.

> 국민들의 누적된 폐단이 너무나 많고 사상적으로도 너무 낙후되어있으며 도덕적으로 너무나 나쁘다. 우리나라의 사상과 도덕은 거짓되어서 진실하지 않고 공허하여서 실질적이지 못하다는 2가지로 요약할 수 있다. 오천 년을 거쳐 지금까지 전해 내려와서 뿌리가 깊어 쉽게 뒤집어 정리할 수가 없다.

마오저둥이 제시한 중국의 진로는 "당당하고 마음이 큰 사람", "근본적으로 온 나라의 사상을 변화시키"는 것이었다. 마오저둥은 평생 그러한 '당당하고 마음이 큰 사람'이 되기 위해 노력하였다. 네 가지의 위대하다는 평가 중에 그가 유일하게 좋아하는 칭호는 "위대한 지도자"뿐이다. 마오저둥이 평생 마음속에 담고 있었던 이념은 사상이 모든 것을 결정한다는 것이다. 그래서 모든 건설은 사상 개조부터 시작해야 한다고 주장하였다. 그는 옛 중국을 전면적으로 타파하겠다는 기세로 전통문화파괴운동을 일으켰는데 폭로와 비판 투쟁을 수단으로 사구(四舊)*를 타파하고 사신(四新)**을 건립하였던 문화대혁명(1966~1976)이 바로 그것이다. 중국인 머릿속에 몇 천 년 동안 자리 잡았던 봉건문화를 일소하고 새로운 공산주의 정신으로 대체시키기 위해 중국인들이 "영혼의 깊은 곳에서 혁명이 일어날"수 있게 하고 공산주의 신인으로 변할 수 있도록 노력하였다.

그러나 백 년 동안의 장렬한 국민성 개조 운동을 통해 얻은 성과는 사람들로 하여금 위안을 느끼게 하지 못했다. 양계초가 임종하기 직전에 본 중국은 그가 태어났을 때의 중국보다 더 절망적이었고 노신도 국민성 개조에 대한 절망감을 가지고 세상을 떠났다. 그리고 마오저둥이 실행했던 '중국인 개조'는 그가 죽은 후 사람들은 오히려 역효과를 발견하였다. "반 우파"나 "문화대혁명" 등은 사람들 간의 믿음을 더욱 파괴하였고 이전보다 더 서로 시기하고 비방하게 하여 사람들이 이상, 숭고, 순결 등과 같은 어휘와 더욱 멀어지게 만들어 버렸다. 중국인의 도덕 소양은 어쩌면 "문혁" 시기에 중국 역사상 가장 추락하였다.

개혁개방 이후의 현대화 과정 속에서 중국이 맞이한 가장 핵심적인

* 문화대혁명 초기에 혁명의 주요 목표로 내건 4개의 낡은 악(惡), 즉 '구 사상', '구 문화', '구 풍속', '구 습관'을 가리킴.

** 문화대혁명 기간 중의 구호, '사구(四舊)'를 타파하고 이에 대체해야 할 것으로서 '신 사상', '신 문화', '신 풍속', '신 습관'을 일컬음.

문제는 점점 민족성과 관련되어 나타났다: 국민 소양, 공무원 소양, 신앙의 위기, 도덕의 위기, 성실과 신용의 위기, 부정부패, 공중도덕의 결여, 내부의 소모적 투쟁, 반응의 우둔, 정신의 마비 등등.

경제적 성장 속도가 가속화되고 중국의 겉모습이 나날이 새로워지고 중국의 일부 지역은 이미 '현대화'가 완성되었다고 선언하지만 많은 중국인의 머리속은 1911년 이전보다 밝다고 할 수 없다. 아직까지도 수세식으로 된 중국의 공중 화장실은 냄새가 지독하다. 외국에 나간 중국인은 여전히 아무데나 가래를 뱉고 외국 경찰한테 잡혀 벌금을 낸다. 일부 중국인들의 행위는 중세 시대를 연상시키고 있다:

2002년 8월 31일의 『제로만보(齊魯晩報)』에 보도된 내용에 따르면 모 현(縣)의 공사 작업반장인 이(李)모라는 사람은 소형화물차를 운전해가다가 나이 드신 어르신 한 분을 차로 치는 교통사고가 발생했다. 그런데 이모 라는 사람은 차에 내리더니 노인을 길가에 있는 도랑에 버려서 죽도록 내버려 두었다고 한다. 그런데 더더욱 놀라운 사실은 차에 서 이 광경을 보았던 10명의 노동자 중 그 어느 누구도 아무런 행동을 하지 않았다는 사실이다. 또 『생활일보』의 보도에 따르면 9월2일, 호남(湖南) 유양(瀏陽)에서 16살 소년이 PC방에서 다른 5명의 소년에게 칼을 맞아 죽었는데 옆에서 구경하던 10명쯤의 사람들은 마치 폭력 영화를 보듯 아무도 경찰에 신고를 하지 않았다고 한다.

선양(審陽)시의 모마(慕馬)대안* 이후 선양 사람인들은 부패관리들을 미워하지 않는다고 한다. 그들은 돈을 받고 일을 해주는 부패한 관리들이지만 돈만 받고 일은 안 해주는 사람보다는 낫다고 생각하기

* 랴오닝성 선양시 시장 慕绥新과 부시장 马向东이 저질렀던 부패 사건.

때문이다. "비록 그들이 범죄를 저질렀지만 선양 시민을 위해 일을 해줬다"고 사람들은 말하고 있다. 심지어 어떤 사람들은 그들이 아주 부패한 공무원들이 아니라 공무원들 중에서는 청렴한 편에 속하는데 불행하게도 속죄양이 되었다고 얘기하는 사람도 있다.

이러한 얘기를 들은 중국인은 본인의 의식 속에 항상 들어가 있는 상황을 떠올려 보면 앞서 노신이 말하는 "관객 심리"가 떠오를 것이다. 지금의 관객은 예전 노신이 비판을 할 때보다 더욱 냉담해져 있다. 현재 중국인의 전체 소양을 한번 객관적으로 평가해보라고 한다면 우리의 답은 노신 때보다 훨씬 악화되어 있다는 것일 것이다. 그렇기 때문에 신문 잡지의 절망적인 비판과 앞서 인용하였던 외국인의 중국인에 대한 평가는 부정적 인상이 나올 수밖에 없다.

백 년 동안 누적된 실망으로 아래와 같은 결론을 도출해낼 수 있다: 중국인의 저열한 근성은 전 세계에서 가장 단단한 것이다. 중국인은 태어날 때부터 몸속에 "여과된 병균"을 가지고 있는데 평생 동안 치유하지 못한다.

자아 포기, 경박한 자기 비하와 같은 말은 국내와 해외를 막론하여 항상 유행해 온 말이다. 용은대가 『중국인 당신은 왜 화가 나지 않는가?』에서 이런 이야기를 하고 있다.

> 어느 날 저녁, 스웨덴에서 온 친구 한 명과 바닷가의 해질녘 일몰을 보러 갔다. 썰물 시간이 되어 바닷물이 밀려나갔을 때 많은 쓰레기들이 검은 색 흙탕물에서 겉으로 드러났다. 간신히 쓰레기와 좀 떨어진 곳을 찾아 앉아 있었다. 그때 5살 정도의 남자 아이가 우리를 똑바로 보고 있다가 돌아서더니 남자 아이보다 조금 더 어리고 인형을 안고 있는 동생한테 여린 목소

리로 "동생아, 내가 영어를 알아 듣는데 저 외국인은 우리 대만이 아주 발전하지 못했다고 하고 있다……." 나는 깜짝 놀랐다. 나의 노란 머리 외국인 친구는 한마디도 하지 않았기 때문이다. 이 어린 아이가 이야기를 지어내었던 것이다. 하지만 무엇이 이 아이를 저토록 자기비하를 하게 만들었는가? 중국 민족의 자기비하감은 이미 저렇게 깊어져 있다는 말인가?

같으면서도 다른 한국

칭하이(靑海)의 용양협(龍羊峽)에서 필자는 황하(黃河)를 처음으로 보았다. 그런데 놀랍게도 천 리를 지나는 황하의 상류는 대단히 맑고 깨끗하였다. 황하도 마치 소년처럼의 순수함이 있구나. 하지만 하류로 내려 갈수록 거쳐 가는 물길이 황토고원을 지나면서 척박해지고 더 많은 지류가 모여 더러워져서 전 세계에서 유명한 탁류가 되는 것이다. 중화민족도 스스로의 상징인 황하처럼 기나긴 역사 과정 속에서 그렇게 초췌하게 되어버린 것은 아닌가 싶다.

한국인들은 예전에 황하 상류의 일부를 취하여 압록강으로 들어가게 하였다. 거리가 짧고 물길이 곧기 때문에 압록강의 대부분 물살은 깨끗하게 흘러가고 있기 때문에 바다 입구에서만 조금 오염이 있게 된다. 한국인과 오랜 기간 접촉해보면 한국인의 몸에는 중국 춘추시대를 살았던 인물의 특징을 느낄 수 있다. 그들은 단순하고 시원하며 강직하고 생명보다 의기를 더 중요시한다. 그들의 본성은 아직 오염되지 않았다.

(1)

한국 역사의 원천은 중국과 얽혀 있다.

전설에 의하면 은나라 주왕(殷紂王)이 우둔하여 제대로 정사를 보지 못하자 그의 삼촌이었던 기자가 화가 나서 조선으로 건너가 나라를 세웠다고 한다. 이때부터 한반도에 처음으로 국가라는 말이 등장했다고 전한다.

진(秦)나라와 한(漢)나라 왕조 교체기 때 수만 명의 연(燕)나라 사람들이 전쟁을 피해 조선으로 넘어 들어갔다. 그 중에서 위만(衛滿)이라는 연나라의 우두머리가 기자의 후손들을 쫓아내고 대신 위만조선을 건립하였다. 이후 한나라가 조선을 정복하여 조선에 한나라의 네 개 군(漢四郡)을 설치하였다.

이후 한나라가 멸망하고 삼국시대에 들면서 한반도는 점점 중국의 정치적 영향에서 벗어나게 되었다. 하지만 한반도의 왕조들은 역대 중원 왕조와 밀접한 관계를 유지하며 문화적으로 중국의 영향을 많이 받게 되었다. 당나라 때는 많은 한반도의 지식인들이 중국으로 건너와 과거 시험을 보았는데 붙으면 중국의 관리가 되었다. 송나라와 원나라 때에는 주희의 이학이 크게 유행하였는데 조선도 주자학을 자기 나라의 도덕적 표준으로 삼았다. 그리고 명나라 때는 대학자 왕양명(王陽明)이 나타나 양명학이 유학의 주류가 되자 조선에서도 양명학 연구가 시작되었다. 이처럼 한반도의 여러 왕조들은 중국 문화의 영향을 많이 받은 것으로 자랑스럽게 생각하고 스스로 중국에 다음가는 문명국가로 인식하여 "小中華"라고 자임하였다.

동질의 사회 환경과 문화적 유사성으로 두 나라의 민족성은 당연히 많은 공통점이 있다. 조선의 왕은 중국황제의 통치법을 제대로 배웠으며 차이점이 있다면 그들의 전제 통치가 중국보다 더 엄밀하였다는 것이다. 주원장은 백성들로 하여금 특별한 일이 없으면 밖으로 나가지 못하게 하고 백 리 넘어 외지로 가려면 관에서 발급하는 통행증이 필요하게 만들었다. 이를 모방하여 조선은 아예 백성들에게 호패를 주었다. 호패에는 호패 소지자의 이름과 나이 그리고 출신과 주소를 적혀 있고 관원들이 요구하면 언제든지 제시하여야 했다. 조선은 명나라와 같이 과거제를 실시하였고 '부덕(婦德)'과 '열녀(烈女)'를 선양하였다. 또한 관원들은 똑 같이 부정부패를 일삼았으며 선비들도 똑 같이 완고하고 보수적 이었다. 왕권 교체기에 궁궐에는 피비린내와 잔인함이 가득 찼고 비교적 정권안정기 의 태평스러운 기간 동안 관료 대신들은 당파를 나누어 권력 투쟁에 몰입하여 '동인', '서인', '노론', '소론' 으로 나뉘어 목숨 걸고 싸웠다. 한국인도 중국인과 같이 권위과 권력을 숭상한다. 경제가 발전하기 전까지 한국의 환경은 중국보다 오염이 심했다.

북경대학의 윤보운(尹保雲)이 쓴 『한국 현대화의 과정(韩国的现代化道路)』에는 다음과 같이 이전의 한국을 묘사하고 있다.

> 봉건주의의 속박 하에서 광대한 인민들은 극히 낙후와 우매의 상태에 처해 있었다. 해가 뜨면 나가서 농사짓고 해가 질 때 돌아와 휴식을 취하는 삶을 살았는데 산만하고 먹고 살기만 하는 농업생활을 하였다. 옛날 중국의 수많은 백성들처럼 그들은 유교식 전통적 통치방식에 익숙하고 인정과 관계를 중시한 반면 법률과 원칙은 중요시하지 않았다. 백성들은 뇌물을 주는 것과 관원을 초대하는 것에 익숙하고 관원들과 관계를 잘 맺으면 문제가 있어도 쉽게 해결할 수 있었다. 관원들도 초대와 뇌물을 받는 것에 익숙해져 술자리에서는 나라를 팔아먹을 수 있다는 것도 익숙했다. 관원

들의 후원을 받으면 살기가 편해져 세금 감면도 많이 받을 수 있다. 형법을 위반해도 뇌물을 통해 관대하게 처리될 수 있다.

이 부분만 읽으면 이것이 중국인지 한국인지 구분할 수 있을까? 하지만 그렇게 많은 비슷한 점에서 미묘한 차이점이 내재하고 있다.

(2)

중국과 한국의 가장 뚜렷한 차이점은 하나는 강하고 하나는 연약하다.

중국의 국토는 넓고 기후 변화는 매우 크고 동서남북 인민들 특성 또한 그 차이가 매우 크다. 천 백 년 이래 끊임없이 옮기고 융합하여 점점 평화롭고 어떠한 환경에서도 잘 적응하고 만족할 수 있는 성격을 형성하였다.

한국의 국토는 작고 중국의 성(省) 하나 크기이다. 지리적 환경은 중국보다 더 폐쇄적이고 몇 천 년 이래 단일 민족을 형성하였다. 지리적으로 인접하기 때문에 조선인의 성격은 중국 동북인과 비슷한데 모두 다 호방하고 시원하고 강직하여 잘 굽히지 않는다. 아마도 반도와 산지의 폐쇄성이라는 지리적 특성으로 조선인의 독특한 고집스러움이 형성된 것 같다.

중국은 역사적으로 많은 전쟁과 고난을 겪었고 외부로부터의 압력을 많이 견뎌 내왔다. 그렇기 때문에 중국은 이러한 경험으로 타협의 지혜를 알고 임기응변의 재주가 많다. 이길 수 있을 것 같으면 싸우고 그렇지 않으며 도망쳐 버린다.

하지만 한국은 예로부터 외부 세계와 교류가 그렇게 많지는 않았다. 한국의 역사는 간단명료할 정도로 단순하여 종이 한 장에 다 적을 수 있을 정도이다. 그래서 한국의 민족성에는 상고 시대의 유풍이 많이 남아 있고 또한 한민족의 피에는 아직까지 알타이 산맥에서 유목하던 유목민의 거침과 야성이 남아 있는 듯하다.

한나라 말부터 청나라까지의 2천 년간, 한반도는 여러 차례 외침을 받았지만 이족의 전면적 통치를 받아본 적은 없었다. 그들은 위험과 도전 앞에 항상 망설이지 않고 바로 저항의 길을 선택하였고 늘 자신만의 완강한 성격으로 외침에 맞섰다. 612년 큰일을 하여 공을 세우기를 좋아하였던 수양제(隋煬帝)는 수군과 육군 총 130만 명을 거느리고 고구려 원정을 떠났다. 130만이라는 군인 수는 당시 고구려의 전체 인구와 비슷한 숫자였다. 당시는 수나라의 전성기였고 사방의 이족들이 모두 수나라의 영향아래 들어와 한나라 때의 영토를 거의 다 회복시켰는데 이 작은 고구려만은 그렇지 못하였다. 이렇게 많은 병력을 투입하여 고구려를 정벌하는 것은 수나라 사람들이 보기에는 손바닥을 뒤집는 것보다 더 쉬운 일이라 생각했었다. 중국인 사유방식의 기준으로 보면 고구려인들의 최상의 선택은 당연히 중국한테 항복하는 것이었을 것이다. 하지만 중국인들이 보기에 고구려인들은 "식시무자위준걸(識時務者爲俊傑, 때의 중요함과 객관적인 형세를 아는 자가 뛰어난 인물이다)"이라는 말의 의미를 알지 못하고 "이란격석(以卵擊石, 계란으로 바위를 치는 것)"을 선택하는 것이었다. 그리고 고구려는 중국인의 예상과는 달래 의외의 상상하기 어려운 견고함으로 요동성과 평양성 앞에서 수나라 병사를 막아 내었고 수나라는 막대한 손해를 입은 채로 돌아가야만 했었다.

수양제가 부끄럽고 분하여 전국의 병력을 모아 다시 고구려 동정(東征)을 단행하였지만 고구려에 발도 못들이고 돌아와야 했으며 수나라는 고구려 원정으로 국력을 모두 소진하고 머지않아 망하고 말았다.

20년 뒤, 중국 역사상 가장 위대한 황제로 평가되는 당태종이 또다시 병사를 이끌고 평양성으로 향했다. 그는 전해지는 말처럼 고구려인의 완강함을 믿지 않았다. 그는 수나라의 고구려 원정 실패 이유를 수양제의 무능함으로 귀결시켰다. 18세부터 전장에 출병하여 참전한 전투마다 당할 자가 없었던 당태종은 중국의 체면을 회복하고자 하였지만 그 역시도 수양제와 마찬가지로 세 번을 원정하여 세 번 모두 실패하고 돌아와야만 했다.

역사 속의 한국인들은 단 한 번도 구부리지 않는 칼처럼 그리고 각각의 외침에 대한 저항이 마치 쇠를 담금질하는 것처럼 이 칼을 더 날카롭게 만들었다. 이민족과 직면할 때도 역사 속의 한국인들은 중국인과 같은 심각한 굴욕의 기억과 심리적 상처가 없었다. 그래서 그들은 "굴복", "인내", "너그러움", "융합함"이라는 것이 무엇인지 모르는 것 같다. 몇 천 년 동안 활기가 전혀 없는 봉건통치를 겪어도 그들의 혈기는 사라지지 않았다. 그들은 여전히 경골한(硬骨漢)이다. 20세기 초 그들이 잠에서 깼을 때 이러한 강직한 정신이 바로 경제 건설 중의 분투정신으로 바뀌었고 경기장에서도 끝까지 싸우는 정신으로 그리고 국제관계에서는 강력한 수단으로 전환되었다.

(3)

중국인과 한국인의 또 다른 본질적 차이는 한쪽은 성실하고 한쪽은 성실하지 않다는 데에 있다. 역사 이래로 중국의 경제력은 늘 한국보다 앞섰었다. 중국은 땅이 넓고 인구가 많으며 문화가 보급되고 경제적으로 발달하여 사회유동성이 강하여 개인 간 경쟁이 치열하였다. 중국인은 이러한 환경 속에서 점점 총명해져야 했고 눈치도 빨라졌다. 그러나 한반도의 사회는 장기적으로는 경제적으로 낙후되어 있었고 문화도 그렇게 폭 넓게 보급되지 않아 보통의 백성들은 늘 눈을 감고 귀를 막고 있는 듯한 환경에 처해 있었기 때문에 사회구성원들은 중국 문화의 부정적 면의 영향을 많이 받지 않았다. 중국의 변경지대 사람은 대체로 자연스러운 순박함을 가지고 있는데 조선인의 몸에서도 이들 못지않은 자연적 본성이 내재되어 있다.

중국인의 신앙은 허(虛)함과 실(實)함이 동시에 존재하기에 나아감과 물러남이 자유롭다. 호소할 때는 당당하게 예의와 강상의 도리로 대하지만 실제적인 문제를 처리할 때는 늘 우회적으로 대처하며 오로지 이익만을 중요시하곤 한다. 중국에서는 임기응변의 능력이 뛰어난 사람이 진정한 영웅으로 인정받는다. 역대로 위대한 제왕이나 걸출한 대신들은 모두 음양의 두 측면을 모두 다 잘 아는 사람들이었다. 그들은 한 손에는 도의를 그리고 다른 한 손에는 이익을 잡고자 한다. 두 손 다 놓칠 수는 없으며 두 손 다 잘 잡아야만 했다. 그래야만 공을 세우고 이름을 날릴 수 있었다. 중국에서 유교를 성실하게 신봉하고 공부한 사람은 지식인과 도학자로 나뉜다. 지식인으로 불리는 사람은 일단 사회에 진출하면 곧바로 '변통(變通)'을 배우고 더 이상 책벌레가 되기 싫어했다. 하지만 도학자는 항상 사람들의 비웃음의 대상이었고 사람들에게 '도학'이라는 단어는 욕의 대명사가 되어 버렸다. 그러나 일반 백성들은 이러한 자연적 이치와 인간의 욕망에 대해서는 그다지 관심이 없었기에 그들은 그냥 습관에 따라 살아갔다.

그러나 한국인은 중국인보다 훨씬 더 성실하였기에 융통과 타협에 대해서는 잘 몰랐다. 조선의 불교는 중국과 일본에 비해 덜 발달하였는데 조선시대는 유교를 통치이념으로 삼았기에 유교를 숭상한 반면 불교는 억압하게 되었기 때문이다. 결국 조선 건국 초기 유교와 불교 사이에 '생사를 건 투쟁'이 벌어졌고 결국은 불교는 이데올로기 영역에서 완전히 밀려나 버렸다. 한국의 황병태(黃炳泰) 박사는 한국의 유학은 '원리주의'와 비슷하다고 말한 적이 있는데 학설의 정통성을 철저히 조그마한 변화도 용납하지 않았다는 것이다. 또한 황 박사는 아래와 같이 말했다. "주희의 이학이란 어느 곳에 적용해도 그 이치가 모두 꼭 들어 맞다는 문화체계를 계승하면서 한국 유학은 항상 이것을 충실하게 적용하고 엄격하게 봉행하였다"고. "이의 목적은 한국 사회제도와 백성의 문화 수요를 만족시키기 위함이 아니라 한국 사회제도와 백성들이 꼭 준수해야 할 영구적이고 보편적인 도덕, 정치 원칙"이며 "한국의 이학은 비록 중국에서 온 것이지만 중국의 이학보다 더 주밀하고 정통성이 강하다"고 설명하고 있다. 조선의 지식인들이 보편적으로 "고지식하고" "기계적으로 책을 암기했다" 그들은 주자학의 교조를 껴안고 일상생활에서 그 가르침을 관철하였다. 일거일동이 모두 책에서 그 근거를 찾아야 했다. 그들의 영향 하에 주자이학은 조선에서 세속화되었고 백성들의 생활 원칙이 되었다. 두유명(杜維明) 교수가 지적하였듯이 "다른 한 가지 재미있는 현상은 유가 전통의 민간화이다", "한국인이 유학의 모국이 한국이라는 것은 아무 근거가 없는 것으로 판단하기 어렵다"

(4)

중국인과 한국인의 세 번째 차이점은 한쪽은 급하고 한쪽은 여유가 있다는 것이다.

한국인의 급한 성격은 세계적으로 유명하다. 한국에 가보면 한국인들은 입에 "빨리 빨리"라는 말을 달고 다니는 것을 볼 수 있다. 한국인은 무엇이든지 다 빠르다. 걸을 때도 빠르고 운전할 때도 빠르고 경제발전도 빠르고 당연히 가끔은 잘 지어진 빌딩도 빨리 무너지곤 한다. 한국인의 가장 큰 결점은 참을성이 없는 것이다. 문제를 고려할 때 쉽고 극단적이고 단면적으로 해버린다.

중국인은 느린 태도로 유명하다. 중국 정부 공무원의 가장 중요한 소양은 "성숙 침착"이다. 무엇이든 "고려"해야 한다. 중국인이 문제를 고려할 때 가장 중요시하는 것은 전면적 논증, 온당한지의 여부이다. 맥희온(麥喜溫)은 다음과 같이 말했다. "중국인의 다른 하나의 장점은 유유자적한 태도이다. 중국인이 방문하러 왔을 때 아무리 기다리게 해도 그는 화를 안 낸다. 신경이 다소 더디고 유유하면서도 강인함의 결과는 중국인이 항상 목적을 달성할 수 있게 해준다. 중국인은 화를 내는 것을 체력만 낭비하는 것으로 생각한다."

이러한 차이의 원인 또한 지리와 역사에 있다. 땅이 좁고 인구가 적어서 조선은 한 나라 안에서의 반응이 매우 빠르다. 구름 하나가 오면 전국에서 비가 내릴 것이고 왕의 명령에 그 다음날 바로 대답을 받을 수 있다. 역사적으로 단순하고 문화가 상대적으로 얕아 좌절에 대한 기억이 깊지 않기 때문에 조선인이 중국인처럼 자신의 이해득실만 따지는 심리는 별로 없었다.

중국이라는 나라는 그 규모 때문에 행동이 느릴 수밖에 없다. 아무리 민첩하게 하려 해도 코끼리처럼 우둔해 보인다. 정보화시대 전에는 소식이 중국의 어떤 쪽에서 다른 쪽까지 전해지려면 보통 몇 개월 심지어 반년은 걸렸다. 황제의 화급한 명령을 받고 하루에 600리를 달릴 수 있는 빠른 말을 타고 주야로 달려 목적지에 도착한다 해도 이미 늦을 가능성이 있었다. 중국은 너무 크고 상황이 너무 복잡하다. 어느 조치도 반드시 신중하게 처리해야 하고 아니면 한 번 엎지른 물처럼 다시 만회하기가 어렵다. 장자(莊子)가 오래 전에 이미 이에 대해 명확한 견해를 내놓았다. 그는 "치대국약팽소선(治大國若烹小鮮)" 즉 체격이 방대한 국가는 엎치락뒤치락하면 안 된다. 안 그러면 작은 생선이 튀는 것처럼 몇 번만 뒤집으면 생선은 부서진다는 비유로 설명하였다.

이러한 방대함 때문에 중국의 역대 정치인들의 머리가 견딜 수 없을 정도로 아팠다고 한다. 그래서 그들은 게으른 방법을 선택하고 모든 일을 다 같은 규칙으로 하고 옛날의 법대로 하였다. 모순이 생겼을 때 제일 좋은 방법은 그냥 내버려 두고 처리하지 않는다. 그러면 문제는 갈수록 점점 더 많아지고 제도는 점점 더 기형적으로 되게 된다. 황인우(黃仁宇) 선생은 일찍이 중국에서는 '숫자적 관리'가 실행되지 못했다는 것을 매우 안타까워했다. 사실상 수공업 시대에도 "숫자적 관리"는 중국의 거대함과 복잡함에 제대로 대응하기 어려웠을 것이다. 그러므로 과학적이고 이성적인 관리방식은 중국과 같은 큰 나라가 아니라 서유럽 같은 작은 나라에서는 발전이 가능하고 한국과 같은 작은 나라에서도 신속하게 적용이 가능하다. 중국은 지금까지도 여전히 옛날의 일률적인 방법밖에 못하고 있다. 여기서 얻어낼 수 있는 결론은 중국의 정체된 상태와 이성적인 도구의 결여 그리고 시간관념의 결여 및 정확성에 있어 소홀함의 모든 이유는 중국의 체격과 밀접한 관계가 있는 것이다. 이러한 맥락에서 보면 진시황의 중국 통일이라는 거대한 작업을 또 다른 측면에서 논의해 볼 수 있다.

(5)

이상의 몇 가지 이유로 한국인과 중국인을 소년과 노인으로 비교할 수 있을 것 같다.

중국인은 차를 마시는 습관이 있어 뜨거울수록 좋아한다. 그래서 차 한 주전자만 있으면 오후 내내 소일할 수 있다. 하지만 한국인은 차 마시는 습관이 없다. 그들은 찬물을 좋아하고 한 겨울에도 냉수를 벌컥벌컥 마신다.

중국은 부귀영화를 누렸던 역사도 경험해 보았고 몰락하였던 역사도 경험해 보았다. 중국에서는 장기간의 평화도 있었고 폭정과 혼란과 재난도 기억할 수 없을 정도로 많이 경험하였다. 기나긴 역사 속에서 중국은 발생 가능한 모든 일이 다 일어났었다. 이런 점을 놓고 보면 중국인은 전 세계에서 보고 들은 것이 가장 많고 식견이 가장 넓은 민족이라고 할 수 있겠다. 그래서 그들에게는 가장 풍부한 생존 지혜가 축적되어 있다. 중국은 너무 늙어서 열정은 모두 소진되어 버렸고 예리함도 무뎌져 버렸기 때문에 그 어떤 것도 믿을 수 없고, 모든 것에 지나치게 진지하지 않고, 매사 천천히 행동하고 매사를 온당하고 사리에만 맞게 하려고 일체의 모든 것을 변증적으로 인식하려 한다. 물이 밀려오면 흙으로 막고 병사가 공격에 나가면 장군은 막는다는 비유와 같이 상황에만 맞게 삶을 영위한다.

그러나 한국인은 아직 세상의 많은 일을 경험하지 못한 소년처럼, 세상의 일을 처리함에 있어 모가 나고 자신감을 삭혀 없애지 못하고 있다. 여전히 혈기 왕성하고 행동은 씩씩하고 힘이 넘친다.

서양의 함포가 잠자고 있던 중국을 깨웠다. 여러 번의 치명적인 상처를 입고 나서야 중국은 차츰 정신을 차리게 되었고 자강의 과정을 시작하게 되었다. 머리를 오랫동안 쓰지 않았고 관절에 녹이 슬어 있었으며 평생의 고질적인 습관이 많아서 자강의 과정은 너무도 어렵고 고통스러웠다. 이러한 절박한 상황에서도 중국의 행동은 너무도 둔하고 유약하고 우유부단해 보였다. 늘 과거의 경험의 속박에서 벗어나지 못하고 습관적으로 옛길로 돌아가고 싶어 했다. 계속되는 충격으로 자신감을 철저히 잃어버리고 원래의 극단적인 고집불통은 극단적인 나약함과 열등감으로 변해갔다. 집을 둘러보면 모든 것이 다 불만이었다. 그래서 자기의 집을 "사구(四舊)"라는 이름을 붙여 불 태워버린 후에 서양의 가구들을 조금씩 가져왔다. 그러나 집의 구조는 서양과 달랐기 때문에 아무리 노력해도 서양식 가구를 집에 넣을 수가 없었다. 그래서 "대충하라"는 옛 습관이 나타났다. 다리 하나를 빼거나 문 하나를 떼어내거나 심지어 냉장고를 옷장으로 사용하였다. 이것도 저것도 아니게 만들고 나서는 "중국 특색"이라는 이름까지 붙였다.

세계 어느 나라의 역사를 둘러보아도 현대화 과정이 중국보다 더 우여곡절의 어려움을 겪고 고통스러운 나라가 없는 것 같다. 지난 백년 동안 중국은 문화가 원흉이라고 생각하고 어떤 새로운 문화를 선택해야 하는지에 대해 논쟁하였고 오랫동안 "○○주의"의 논쟁에서 빠져 나오지 못했다. 조상 때부터 전해져 내려온 유교문화와 훌륭한 전통을 중국은 "봉건"이라 여기고 거의 모두 내다 버렸다. 하지만 몇 천년 동안 형성되어 온 완고한 습관은 지금까지도 여전히 중국인의 몸을 누르고 있다. 이 사실은 중국인으로 하여금 "문화"와 "민족성"은 완전히 같은 것이 아니라는 것을 발견하게 하였다. "문화"는 하나의 관념이고 "민족성"은 하나의 습관이자 잠재의식에 속하는 것이다. 이것은 코를 파는 것과 비슷한데 분명히 보기에 좋지 않은 줄 알고 있지만 시원함 때문에 자기도 모르게 손가락이 들어간다.

19세기 중반 무렵 중국이 잠에서 깼을 때 조선은 여전히 중국 옆에서 꿈을 꾸고 있었다. 중국이 "양무운동(洋務運動)"까지 시작했을 때 조선은 여전히 잠자고 있었다. 그리고 일본인에게 합방을 당한 이후에야 한국인은 잠에서 깨어났다.

위기에 직면하였을 때 노인과 소년의 반응은 당연히 다르다.

한국인의 강렬한 자존심이 강한 자극을 받았고 치욕은 불처럼 일분일초마다 그를 태우고 있었다. 급한 성격 때문에 그는 매우 바쁘게 현대화의 길로 갔다. 정치 환경과 급한 성격 때문에 한국인은 다행스럽게도 "주의"의 논쟁에는 빠지지 않았다. 그들은 다른 길을 찾아 구체적으로 사업 수행에 힘쓰고 경제 발전의 도로를 선택하였다.

한국인의 완강하고 강렬한 성격은 경제 발전 과정에서 여실히 드러났다. 그들은 현대화 과정에서 극한 의지력으로 몇 천 년 동안 누적되어 왔던 타성을 극복하려고 노력했다. "모든 옛 것은 어제 죽고 모든 새 것은 오늘부터 태어난다"는 정신으로 자기의 낡은 생활 습관을 고치려고 노력하였다. 그들은 말한 것은 반드시 실행하고 우레와 같이 맹렬하고 바람과 같이 신속하게 실천해 나갔다.

1961년 박정희는 군사쿠데타를 일으켜 신속하게 정권을 탈취한 후 강력한 수단으로 한국의 광복 후 10여 년간의 연약한 정치와 혼잡한 사회 상황을 매듭지어버렸다. 그리고 박정희는 한국 정부에 강력한 군인 정신을 주입시켰다. 그는 "갱생정책"을 추진하여 부패한 옛 정부 관리들을 숙청해버리고 그 자리에 많은 젊은 군인들을 기용하여 정권을 장악하였다. 그 후의 10여 년간에 그는 부정부패 척결운동을 여러 차례 실시하였는데 공무원들이 커피를 마시거나 춤을 추거나 일본 음악을 듣는 행위를 모두 금지시켰다. 그는 조그마한 부패 행위가 있는 공무원들도 대규모적으로 숙청하고 독재의 수단으로 의지결정론과 청교도 정신을 가진 공무원 조직을 수립하였다.

다른 후발 개발도상국에서 부패한 집권 관료들은 분명히 사회진보의 가장 고질적인 장애요인이다. 박정희는 한국 사회의 뿌리 깊은 권위주의 전통을 이용하여 관료 집권제를 통해 전국을 경제 발전의 군대로 만들어 갔다. 한국인의 복종의식, 질서의식, 집단의식, 계급의식은 경제 발전과 사회진보에서 큰 역할을 하였다. 한국의 회사는 군대처럼 직원들에게 짧은 머리와 회색 제복을 요구하였고 왼쪽 가슴 주머니에 이름을 표시하고 많은 군사구호를 사용했다. 예를 들면 "공업투사들이여! 건설하면서 전투하라", "수출전(戰)", "100억 달러의 고지를 점령하자" 등을 들 수 있다. 기업인들도 회사 직원들의 사상을 통일화시켜 부모에게 효도를 하는 것처럼 회사에 충성하게 하였다. 직원들로 하여금 열악한 환경도 참을 수 있게 하고 수입이 매우 낮은 상황에서도 초과 근무를 할 수 있게 하였다.

한국인의 급한 성격과 부지런한 정신은 경제 발전의 엔진과 같았다. 1960년 이전에 한국인은 나태한 민족으로 인식되었다. 하지만 지금은 한국인이 완전히 다른 모습으로 인식되고 있다. 한국인의 걸음 속도는 세계 1위고 홍콩, 동경보다 더 빠르다. 20세기 70년대와 80년대 보통의 한국인은 수당도 없이 자발적으로 초과 근무를 하였다. 결국은 겨우 몇 십 년 만에 한국은 경제적으로 거인으로 성장하여 세계에서 가장 빈곤한 나라에서 세계 11번째 경제대국으로 성장하였다.

한국인은 일을 할 때 매우 성실하고 조금도 소홀함이 없다. 이러한 결과로 그들은 서양으로부터 배우는 과정 중에도 대충하지 않고 가장 완벽하게 하려고 하였다. 10여 년 전 많은 경제학자들은 미국으로 한국 자동차를 수출한다는 생각을 비웃었다. 하지만 오늘날 한국의 자동차 생산량은 백만 대를 넘었는데 대우자동차는 연 45만대를 미국으로 수출할 계획이다. 한국의 휴대폰 사업의 시작은 늦었지만 짧은 몇 년 사이에 삼성 휴대폰은 세계 휴대폰 시장 점유율 면에서 가장 앞서고 있다.

경제 발전으로 얻은 것은 물질적 풍요뿐만 아니라, 사회구조의 변화를 일으켰다는 것이다. 박정희의 강력한 통치는 불합리한 사회제도를 타파하였고 정치체제 전체를 철저히 개혁하였다. 옛날에는 관료 기관이 사회의 활력을 억제하는 장애 요인이었는데 경제 발전을 위해 현대적인 관리 체제로 변화하였다. "관본위", "주의"에 대한 숭상, "허무 맹랑"한 사회 풍습을 개조하고 과학과 이성 그리고 개성을 존중하고 실제 이익을 중시하는 사회정신을 만들었다.

교육 보급 수준의 향상과 함께 한국인의 정치참여 의식과 능력이 대폭 늘어났다. 그들은 한국의 독특한 불요불굴의 정신을 바탕으로 민주화를 목표로 노력하고 국가의 미래와 민족의 번영을 위해 큰 소리로 외쳤다. 비록 인구는 중국보다 많이 적지만 민주화 과정 중 그들이 흘린 피는 중국의 몇 배에 이른다. 학생 운동과 시위에서 자기들보다 훨씬 강한 경찰과 강한 최루탄 앞에서 사람들은 후퇴하지 않고 맹렬하게 나아갔다. 민중의 희생과 진보적인 정치 지도자들의 역사 발전을 위한 노력 덕분에 한국은 비교적 순조롭게 권위주의 정치에서 민주정치로 바뀌었다.

사회의 진보는 한국인의 정신에 커다란 변화를 일으켰다. 1960년대 이전 한국은 전 세계에서 가장 빈곤한 나라 중의 하나였고 한국인 또한 전 세계에서 가장 무시당하는 국민들이었다. 심지어 양계초의 「조선 멸망 원인」을 보면 조선 망국의 원인은 조선인의 국민성으로 귀결되고 있다. 양계초는 조선인이 빈말을 좋아하고 내부 분쟁이 중국보다 더 심하며 뻔뻔스럽고 안일만 추구하는 민족이라고 하였다.

한국인 스스로도 자기 민족성은 치명적인 결점이 있다고 인정하였다. 박정희는 정권을 잡은 후의 선언에서 한국인의 결점을 솔직히 말했다.

"독립 정신이 결여되어 있고, 나태하여 불로 소득을 꿈꾸며, 창립 정신과 진취 정신이 부족하고, 이기적이고 명예심과 양호한 판단력이 결여되어 있다."

또한 "국민들에게 결여되어 있고 잘못된 점을 예를 들면 소요자적하고 권력자에게 아부하여 빈둥거리며 게으름만 피는 비굴한 태도, 그리고 남에게 의지하는 악습이 있다"고 하였으며, "우리 혁명의 최종적 목표는 조상 대대로 전해져 내려온 불행한 유산을 없애는 것이다. 이 유산들은 서로에 대한 원망과 패거리주의, 낭비, 혼란, 나태, 불성실 등이다"고 선언하였다.

현재 우리 중국인이 보기에 박정희의 목표는 대부분 달성되었다. 한국인은 전 세계적으로 단결된 민족주의와 부지런하고 깨끗하고 성실한 것으로 유명하다.

화장실의 변화로 본 민족성 개조

(1)

화장실은 항상 이야깃거리가 되어 왔다. 외국인도 이야기하고 중국인도 이야기하는데 특히 외국에서 돌아온 중국인이 더욱 많이 하려고 한다. "비교 화장실학"은 나온 지 한참 되었는데 화장실은 동서양 문명의 겉으로 드러난 문화 특징이 되었다. 어떤 사람은 베이징 사람이 아침에 화장실을 이용하려고 줄을 서면서 수다를 떠는 모습에서 동양인의 일상생활 윤리를 해독하려고 시도했었다. 어떤 사람은 중국 화장실의 개방성에서 중국인의 집단주의 의식을 해석하려고도 하였다. 또 어떤 사람은 중국과 외국 화장실의 겉모습 차이에서 중국과 외국 문화 간의 "상징 의식"과 "실용 의식"의 차이를 해독하려고도 하였다.

최근 몇 년 사이 한국으로 관광을 가는 중국인들이 점점 많아지면서 더불어 한국의 화장실에 대한 이야기를 하는 사람도 점점 많아지고 있다. 거의 모든 이가 한국 방문 후기에서 한국의 "화장실"을 언급하고 있다. 2000년 한 관광객이 다음과 같은 후기를 남겼다.

> 서울의 공공시설은 매우 완벽하였다. 가장 감동을 준 곳은 화장실이었다. 호텔 화장실은 물론이고 테이블이 몇 개 밖에 없는 작은 식당의 화장실도 매주 깨끗하였다. 입장료(화장실 사용료)를 받는 화장실은 보지 못하였지만 모든 화장실 안에는 휴지와 세면 시설과 거울이 비치되어 있고 대형 건물의 화장실에는 장애인 전용 칸도 있었다. 한국과 비교할 때 중국의 공중화장실은 너무나 무서운 곳이다. 나는 화장실은 말 그대로 "화장을 하는 장소"라고 칭하고 싶은 이에 대해서 논쟁의 여지가 없다. 나는 한국 여자들이 그곳의 거울 앞에서 눈썹을 그리는 모습을 많이 보았다.

여기서 화장실은 중국과 한국간의 격차를 판단하는 척도가 된다. 한국에 가본 적이 있는 사람은 늘상 "한국인들은 깨끗함을 좋아하기로 유명하다", "한국인은 단정함을 중요시하는 민족이다", "한국인은 청소

부까지도 깨끗하게 보인다"라고 말하곤 한다. 여기서 자연스럽게 화장실은 민족성을 나타내는 특성의 한 측면으로 해독된다고 할 수 있다.

화장실은 분명히 중국인으로 하여금 열등감을 가지게 하는 이유 중의 하나이다. 중국에 와본 적이 있는 외국인들에게 가장 인상 깊은 만리장성과 자금성의 찬란함과 웅장함을 빼면 아마도 중국식 화장실의 지독한 냄새일 것이다. 많은 외국인들이 중국의 화장실에 대해 자신의 경험과 느낌을 글을 투고하고 있는데 중국인 입장에서 참으로 부끄럽기 짝이 없지만 논쟁의 여지가 없다.

화장실은 하나의 작은 사물로서 그다지 중요하지 않다. 그렇기에 "중국은 어느 면에서도 남보다 부족하다", "중국인의 소양은 낮다"라고 힘주어서 설명할 수 있다. 바로 이 작은 사물은 중국의 낙후함을 대변하고 있고 중국인에게 열등감을 느끼게 하는 가장 직접적인 증거이다. 화장실은 하나의 은유의 대상이 된다. 화장실 문제에서 출발하여 중국인이 아무 곳에서나 침을 뱉고 도시의 곳곳이 너저분하고 더럽다는 것으로 확대할 수 있다. 또한 중국인은 교통질서를 준수하지 않고 공중도덕이 없고 심지어 물과 흙의 유실과 환경 파괴와 짝퉁 상품의 유행과 부정부패 문제까지 확대할 수 있다. "화장실"은 민족성 해석의 매우 적절한 측면인 것 같다. 결론은 아래와 다음과 정리된다. 중국문화의 "나쁜 뿌리"를 완전히 잘라내고 중국인의 "민족성 개조"가 완성되는 날 중국 화장실에서 나는 냄새는 없어질 것이다.

(2)

화장실은 확실히 상징성이 강하다.

백 년 전에는 한중일 삼국 농촌의 화장실은 같은 수준이었다. 땅에

구덩이를 파고 그 위에 나무판 2개를 얹어 놓았다.

백 년 후에 일본인이 신식 변기를 발명하였다. 용변 후에 이것은 자동적으로 온수를 뿌리고 사람의 엉덩이를 깨끗이 씻어 준 다음에 깔끔하게 말려준다. 이런 일본인의 화장실은 흡사 부녀자의 침실과 같다. 안에는 꽃다운 향기가 있을 뿐만 아니라 공예 전시실처럼 각종 꽃다발과 장식품을 놓여 있다.

20세기 60년대 말 한국 화장실에는 물을 내리는 장치가 설치되었다. 몇 십 년의 발전을 거쳐 일본 화장실과 비슷한 수준에 이르렀다. 그리고 한국은 '변소'라는 이름에서 '화장실'로 바꿔 중국인의 놀라움과 부러움을 샀다. 농촌에서는 새마을운동을 거치면서 거의 모든 곳에 현대식 화장실 시설이 완비되었고 먼 오지 지역에서만 아직까지 재래식 화장실을 쓰고 있다.

중국의 경우 베이징, 상하이 등 대도시에서는 일본과 한국보다 더 화려한 화장실이 많은 반면 광대한 농촌지역에는 여전히 거의 백 년 전과 같은 상태로 변화가 없다.

여기서 화장실은 동아문화권에 속한 삼국의 현대화가 각각 다른 속도임을 보여주고 있다.

(3)

사실상, 우리가 좀 더 넓은 시야로 보면 화장실비교학의 다른 결론을 이끌어낼 것이다.

청나라 건륭 45년 6월, 조선의 사신단이 평양을 출발하여 승덕(承德)으로 왔는데 조선 국왕 대신하여 건륭황제의 70세 탄신을 축하하기 위한 사신단이었다. 사신단의 일원이었던 박지원(朴趾源)이라는 학자 때문에 이번의 중국 방문은 역사적으로 기억이 남게 되었다. 박지원은 문장력이 뛰어나고 지식이 풍부하여 중국에 대한 관심이 많았다. 그리고 조선에 돌아가 그 유명한『열하일기』라는 견문록을 썼는데 이 책은 조선 후기 한 조선인의 시각에서 중국 사회의 여러 방면을 관찰한 책으로 정평이 있다.

『열하일기』의 내용을 통해 추측되는 박지원의 모습은 오늘날 구미나 일본에 간 중국 관광객의 태도와 놀랍게 흡사하다. 현장에서 접하고 만나는 모든 것에 대해 칭찬하는 태도를 보이고 있는데 박지원이 보기에 당시의 중국은 지금의 중국인의 눈에 비친 미국과 일본처럼 더할 수 없을 정도로 발달했었던 것 같다.

국경을 넘자마자 박지원은 국경 건너편에 있는 중국의 도시에 대해 부러워한 마음을 표현하였다. "(집들의) 지붕은 정연하고 대문은 단정하여 큰길과 골목은 곧바르다. 길 양쪽을 밧줄로 측량한 듯이 정연하여 담장은 다 벽돌로 만들어졌다. 마차가 길 중앙에 달리고 진열된 그릇은 다 무늬가 있는 도자기다. 여기서 볼 수 있는 것은 중국에는 절대로 농촌의 야만성이 없을 것이다."

박지원은 갑자기 의욕을 상실하고 바로 조선에 돌아가고 싶어 했다. "갑자기 의욕이 상실되어 바로 돌아가고 싶다. 속이 터질 것 같다." 그는 중국의 선진적인 모습과 조선의 낙후한 커다란 차이를 인정하기 싫어하였다. "이것은 질투하는 마음이다." 그는 더 이상 가면 자기 나라의 낙후함 때문에 더 마음이 아플까 봐서 그랬다. 그리고 당시 그가 본 것은 중국의 변경에 있는 작은 읍 하나에 불과하다는 사실을 알고 있었고 그 곳이 "천하의 동쪽 끝"이었다는 것도 알고 있었다. 더 가보면 그를 놀랍게 할 것들이 더 많았을 것이었다.

길을 가다가 일반 농민의 집을 보고도 박지원은 칭찬하고 있다. "주변을 둘러보아도 모든 것이 정연하다. 대충하는 것이 하나도 없고 혼잡한 데는 한 군데도 없다. 외양간도 매우 단정하고 동물의 똥과 땔나무의 배치도 그림처럼 정교하다."

박지원은 중국의 똥을 보고도 칭찬하였는데 "똥은, 더러운 것인 데 논밭에 거름을 사용하기 때문에 금처럼 귀하게 여긴다. 길에는 남은 똥 하나도 없고 말의 똥을 치우는 사람은 쓰레받기를 들고 말 뒤에 따라 다닌다. 수집된 말똥은 정연하게 정리하고 팔각형이나 육각형 아니면 망루형으로 쌓아 두는데 그들의 똥만 보아도 천하의 제도가 다 여기에 있다는 것을 알 수 있다"고 묘사하고 있다. 아마 "똥과 땔나무"를 "그림처럼 정교하다"라고 형용해본 중국인은 한 명도 없을 것이다.

작은 마을에서 생활하던 박지원이 시간을 잡아 외지로 관광을 했다. 결론은 이 작은 읍도 "번영하고 부귀한데 북경에 가면 당연히 더 번영할 것 같지만 이 작은 읍까지 이렇게 강대하고 번영하다니 의외다. 좌우 시장이 서로 연결되어 창문에 무늬가 조각되어 있고 난간에도 그림이 조각되어 있으며 현판은 옥으로 되어 있고 편액은 금으로 되어 있다. 진열된 모든 물품들이 다 특이한 물품이다"고 감상을 남기었다.

이 예민한 관찰자가 내린 결론은 중국은 다 완벽하고 모든 면에서 조선보다 우수하다는 것이었다. 당시의 중국의 지식인들이 보기에는 번거롭고 불필요한 예절과 낡은 규칙이 가득한 청나라를 박지원이 보기에는 "중국의 만사는 간편하고 번거로운 게 하나도 없다" 하며 조선도 신속히 중국을 전면적으로 배워야만 낙후한 국면을 바꿀 수 있다고 생각하였다.

그로부터 113년 뒤인 1893년, 중국은 극히 유약한 상황에 빠지고 열강으로부터 능욕을 당해도 반격할 힘이 없었다. 그런데도 조선보다는 많이 앞섰다. 그해 가을 중국의 무관 섭사성(聶士成)이 동북삼성을 살펴보고 조선으로 갔다. 그는 당시 조선에서의 견문을 일기 형식으로 적어서 남겼는데 거의 모든 내용이 조선의 낙후한 면모에 관한 것이었다.

조선에 들어가자마자 현지의 부지사(府知事)가 부하들을 데리고 영접하러 나왔다. "그들의 조직편제는 여전히 옛날식이고 중국의 소총병보다 못하고 복장도 무거웠다. 도시 성벽의 높이는 겨우 8척이고 다 자잘하게 산재한 돌로 쌓였다. 건물들은 모두 파괴되어 있고 전용도로도 없고 주민들이 난잡하게 배열돼 있는 작은 초가집에서 살고 집 앞은 매우 더럽다"라고 기록하고 있다. 이 내용만으로도 왜 백 년 전에 박지원이 중국의 도시와 읍에 대해 그렇게 놀라워하고 부러워하였는지를 알 수 있다.

얼마 지나지 않아 부지사가 섭사성 일행을 초대하여 잔치를 베풀었다. "한 사람 앞에 작은 상 하나씩 주고 그릇은 동으로 만들었는데 음식의 비린 냄새가 심해서 먹을 수 없을 정도였다."고 하였다.

며칠 후, 섭사성은 부녕부(富寧府)에 갔다. "도시 안이 매우 황량한 것을 보며 인민의 고난이 얼마나 심한지를 알 수 있었다. 조선의 민족성은 너무 나태하다. 농사를 지어도 먹을 만큼만 짓고 비축할 생각은 전혀 하지 않는다. 일을 처리할 때 항상 예전의 방식대로 하고 변통할 줄 모른다. 책을 읽었어도 아무짝에도 쓸모가 없다. 평소 노는 것을 좋아하고 문장력이 부족하다. 몇 십 줄만 적어도 무슨 뜻인지 전혀 모른다. 시사(時事)에 대해 논의할 때 항상 함부로 자신을 낮추니 밉살스러우면서도 불쌍하다."

섭사성이 조선 기행 후에 기억이 남은 것은 조선의 빈곤이고 조선 남자들의 나태한 성격이며 조선 상류 사회의 옛 법에 얽매이는 사고방식과 진취성과 융통성이 없는 것이었다. 그 당시에 중국인의 관념은 이미 점차 변화해 가고 있었고 서양을 배우기 위해 양무운동(洋務運動)이 일어났었다. 하지만 조선은 여전히 나라의 관문을 닫고 쇄국하여 외부 세계에 대해 듣지도 묻지도 않았다.

당시 거의 모든 조선의 관찰자들도 섭사성과 비슷하게 이 나라는 희망이 없는 나라라고 생각했다. 청일 갑오전쟁(1894년)이 막 시작했을 때 영국의 주조선대사관의 총영사 Hillyer가 쓴 어떤 편지를 보면 "내 관점은 이 나라에 대해 경험이 있는 모든 사람들의 관점과 같이 아무리 좋은 계획을 세워서 조선인에게 주고 실행하라고 하는 것은 완전한 시간 낭비이다. 부패가 너무 범람해서 개선의 희망조차 보이지 않는다"라고 썼다.

심지어 1961년의 한국은 여전히 "희망이 없는 나라"였고 세계에서 가장 빈곤하고 정치가 가장 부패한 나라 중의 하나였다. 그때의 중국도 세계에서 가장 가난한 나라중의 하나였는데 한국은 중국보다 더 가난하였다. 당시 미국인의 말을 빌리면 그들이 본 한국은 "끝도 없고 희망도 없는 심연이다."

지금은 중국인이 한국에 가면 삼 백 년 전에 박지원이 중국에 가서 하였던 것처럼 도처에 놀라운 마음과 찬미가 가득하다. 그리고 박지원과 같이 자기 나라의 낙후에 대해 뼈가 저리고 마음이 아파한다.

박지원이 중국에 와서 중국 도시의 단정함과 화려함에 놀랐듯이 지금의 중국인이 한국에 받는 첫인상은 한국의 깨끗함이다. "북경과는 확연하게 다르게 서울의 거리에는 익숙한 먼지와 오염된 대기가 없다.

눈으로 볼 수 있는 것은 정말 깨끗한 거리를 빼고는 초록색 잔디밭이다. 푸른 하늘은 물로 씻은 것처럼 깨끗하다. 떠있는 구름은 마치 천마가 창공을 나는 것처럼 보인다"는 것이 중국인의 한국 소감이다.

박지원은 중국 보통 사람들의 높은 소양에 대해 찬양하였다. 지금은 중국인이 한국인의 높은 소양을 찬양한다. "사회 기풍이 너무 좋아서 노인한테 자리를 양보하지 않으면 부끄러울 정도이다. 교통법규를 준수하는 것도 습관이 되어 함부로 길을 건너가는 사람이 없다. 모두 다 횡단보도 앞에 기다리고 푸른 신호등이 들어오기를 기다린다"라고.

섭사성이 조선인의 나태함에 대해 탄식했지만 지금은 중국인이 한국인의 부지런함에 대해 감탄한다. "듣건대 거리에서 사람들의 걷는 속도로 그 지역 사람의 부지런한 정도와 시간을 아끼는 정도를 볼 수 있다. 아시아에서 동경 거리에서 사람들의 걷는 속도는 구미 사람보다 훨씬 빠르다. 하지만 홍콩 사람들의 속도는 동경 사람보다 더 빠르다. 그런데 관찰해 보면 한국 사람들의 걷는 속도는 홍콩 사람보다 더 빠르다. 일본인도 감탄해 마지않는다. 지금의 한국인은 예전의 일본인처럼 열심히 일한다."라고

이렇게 살펴보니 세상사의 흥망성쇠가 참으로 변화무상하다. 몇 십 년 사이에 한국과 중국은 선진적인 위치와 낙후한 위치의 극적인 변환이 일어났다. 이백 년 전만해도 동아시아에서 중국은 사회문명진보의 모범이었고 옛날부터 더럽고 혼란스럽고 지저분하지가 않았다. 한국인도 처음부터 중국인보다 깨끗함을 좋아한 것이 아니었다. 소위 "한국인은 깨끗함으로 유명하다"라거나 "한국인은 환경 위생의 면에서 중국인보다 모범이다"라는 등의 상황은 한국이 경제 발전을 이룬 이후의 일이다. 세상사의 흥망성쇠가 변화무상하다. 화장실 혹은 똥은

"근성", "민족성"과의 관계는 그렇게 직접적이지만은 않다.

역사적으로 동양과 서양의 화장실 문화를 비교해 보면 매우 놀라운 결과를 찾아볼 수 있다.

"유럽"이라는 단어를 들으면 우리는 옛 성보와 초록색 잔디밭, 서양 고전 문학에서 묘사된 궁정의 대리석 지면, 금으로 상감된 기둥, 가지형의 촛대, 왕자들과 공주들의 성대한 무도회를 떠올린다. 여기서 잠깐 1589년에 인쇄된 「브라운슈바이크(Braunschweig)의 궁정 규칙」을 한 번 읽어 보자.

"사람마다, 신분을 막론하고 낮과 밤 그리고 식사 전과 후를 막론하고 복도와 방과 계단에 있는 나선형의 돌계단에 함부로 볼일 보거나 더러운 것을 버리면 안 된다"과 되어 있는데 알고 보니, 서양 궁정의 금색 빛이 나는 대청의 대리석 지면에서 부주의하면 똥을 발견할 수 있다는 것이다. 다시 한 번 더 상상을 해보자. 명나라 중기에 중국인이 유럽을 방문하러 가서 국왕의 궁전에서 아무데서나 볼일을 본 흔적을 발견하면 얼마나 경악했을까? 모르긴 해도 지금 중국의 재래식 화장실에 들어간 유럽인보다 더 의아하였을 것이다.

심지어 1731년까지 유럽인들은 아무 곳에서나 볼일을 보았다는 것을 짐작할 수 있다. 그 해에 출판된 『기사(騎士) 풍격 윤리학』을 보면 독자에게 이런 의견을 보냈다. "볼일을 보고 있는 사람 옆을 지나가면 못 본 척해야 한다. 그 사람한테 인사하는 것은 예의가 아니다."

다른 여러 분야와 마찬가지로 중국의 화장실은 유럽보다 2,000년 이상은 앞섰는데 중국의 화장실이 유럽보다 낙후하게 된 것은 최근 200년의 일이었다. 하지만 200년 이전의 상황을 근거로 '화장실 비교학'을 연구하면 우리는 지금과는 정반대의 결론을 내릴 수 있었을 것이며 아마 유럽인들로 하여금 스스로의 "저열한 근성"에 대해 반성하게 했을 것이다. 유럽인들이 향수를 뿌리고 풍채를 편편하게 하고 태도는 온화하고 행동거지는 교양이 있는 것은 그들이 공업화를 통해 부유해진 이후의 일이다. 그 전의 그들은 아무 곳에서나 볼일을 보고 테이블에 침을 뱉기도 하였다.

중세 유럽의 『예의서(禮議書)』에는 아래와 같은 구절이 있다.

> 침을 테이블에 뱉지 말고 테이블을 넘어서 뱉지 마라.

그리고 1774년 유럽의 『예의와 기독교 예의 수칙』에도 다음과 같이 명시되어 있다.

> 우리는 더 이상 침을 창 밖에 뱉거나 벽에 뱉거나 가구에 뱉는 사람을 용서하지 않겠다.

적어도 그때의 중국인은 유럽의 백인보다 훨씬 더 문명적이었다. 우리의 조상들은 아무리 무기력해도 절대로 침을 테이블에 뱉지는 않았다.

(4)

이렇게 광범위하고 다방면으로 자료나 증거를 수집하고 인용한 이유는 중국의 화장실이 더럽고 냄새나는 것이 도리에 맞고 중국인이 아무데나 침을 뱉는 것이 온당하다는 것을 증명하기 위함은 아니다. 내가 증명하고자 하는 것은 '중국의 화장실이 더럽고 지저분한 것'과 '중국인이 아무 데나 침을 뱉는 것' 혹은 '공중도덕의 결여', '교통 법규 위반하기' 또는 '참을성과 정확성의 결여' 등이 중국인의 고유한 근성은 아니라는 것이다.

사실은 매우 일목요연하다.

사람이 가난하면 뜻도 초라해지는 것과 같이 민족도 가난할 때 열등감을 쉽게 느끼게 되어 있다. 한중일 삼국 모두 근대 개항 초기에는 모두 공중 도덕심이 부족한 나라라고 평가받았었다. 일본의 역사학자 쓰다 소키치(津田左右吉, 1873~1961)가 1916년에 출판한 『우리 국민사상의 연구(我國國民思想的硏究)』를 보면 일본의 국민성에 대해 "공공의식이 발달하지 않았다"라고 지적하고 있다. 한국의 교육자 김재은(⊠在恩)도 "한국인의 마음 깊은 곳에 권위주의, 이기심, 무질서주의 등의 요소들이 잠재하고 있다"라고 지적한 바가 있다.

일본에 나라를 빼앗긴 후 한국인들은 자기 민족의 낙후한 근성에 대해 가슴에 사무치도록 반성하며 '민족개조론'을 주창하고 민족성을 철저히 개조해야만 한국을 다시 살릴 수 있다고 호소했다. 양계초도 「조선 망국의 원인」이라는 글에서 한국인의 성격에 대해 엄하게 꾸짖었다. 심지어 20세기 60년대에도 한국인은 스스로를 희망이 없는 민족이라고 생각하고 있었다. 그런데 70년대에 들어 경제가 성장 발전하기 시작한 후, 한국인은 스스로 다른 민족보다 나은 장점을 찾아 한국인의 국민성이 이 세상에서 가장 좋다는 결론까지 내렸다.

또한 일본도 20세기 50년대까지 자신의 문화에 대해 호되게 꾸짖었지만 60년대 말에 경제가 성장하기 시작한 후 일부 학자들이 자신들의 민족문화를 추켜세우기 시작하였다. 그들은 일본의 경제가 성공하는 이유는 일본의 유교문화와 중국의 유교문화가 본질적으로 다르기 때문이라고 강조했다.

지금은 한국인들이 중국 축구팬들의 문명하지 않은 행위에 대해 비판하지만 원래는 한중일 3국의 축구팬들 모두 축구경기를 볼 때 쓰레기를 함부로 버리는 습관이 다 있었다. 그중에서 맨 처음 일본의 관객들이 서양에서 퇴장 시 쓰레기를 가져가는 습관을 배웠다. 그리고 그 다음으로는 항상 일본에게 지기 싫어하는 한국인들도 그렇게 하기 시작하였다.

한 민족이 발전하려면 원대한 계획이 있어야 하고 자민족의 역사문화에 대한 정확한 판단과 기본적인 자신감이 있어야 한다. 모든 것을 민족성이라는 구조 안에 넣는 심리적 패턴을 버리고 실사구시 차원에서 문제를 해결해야 문화적 열등감이나 지나친 우월감을 방지할 수 있다. 이렇게 해야만 문제를 정확하게 해결할 수 있다. 그렇지 않고 지푸라기 잡는 것처럼 급하게 하면 마치 작은 병을 불치병 치료하듯이 심장, 신장, 간, 폐를 모두 다 바꾸려고 난리치게 된다. 자신의 모든 것을 다 바꾸고 결국에는 자아까지 상실하고 뿌리 없는 민족이 되어 버릴 수 있는 것이다.

사람마다 개성이 있는 것처럼 민족마다 자신의 민족성이 있다. 민족성의 형성 원인은 다양한데 지리적 요소, 기후적 요소, 문화적 요소 그리고 제도적 요소가 있다. 민족성은 끊임없이 변화한다. 예를 들면 봉건시대 한국인은 보수성과 참을성으로 유명했지만 현대 한국인이 민주화 투쟁 과정에서 보여준 투쟁정신은 세계적으로 유명하다. 그렇기 때문에 우리는 민족성에서 가변적인 부분과 불변적인 부분을 나눌 필요가 있다. 혹은 바꿀 필요성이 있는 부분과 바꿀 필요성이 없는 부분으로 나눌 수 있다. 가변적 부분은 다시 쉽게 바꿀 수 있는 부분과 쉽게 바꿀 수 없는 부분으로 나눌 수 있다. 한국인의 급한 성격은 아마 쉽게 바꿀 수 없을 것 같다.

중국인의 민족성 가운데 부정적인 부분은 주로 제도와 사회 발전의 조건으로 형성되었다. 그렇기 때문에 "저열한 근성"에 대해 다시 정의할 필요가 있다. 사실상 많은 소위 "저열한 근성"의 형성에는 전근대사회의 사회적 조건과 환경이 반영되어 있다. '산만하다', '오합지졸', '나태하다'와 같은 요소는 해가 뜨면 일하고 해가 지면 쉬었던 소농사회의 생활 모델과 관련이 있다. '독립적 사고의 결여', '창조성의 결여', '낡은 방법을 답습하는 것'은 전제주의 사회에서 나온 것으로 운명에 순응하고 분수를 지키며 살 수밖에 없었던 상황의 결과이다. 그리고 '자존 결여', '원칙 없음', '동물적 생존방식' 등은 냉혹한 생존 환경 때문에 인성이 왜곡된 것이다. 하지만 "단결, 협력, 애국, 청결, 개방, 학습"과 같은 우수한 품격은 현대사회가 인류에게 제시하고 있는 요구조건이다. 2000년 이래 거의 정체되어 있던 중국이 최근 몇 백 년 사이에 급격하게 발전한 서양과 갑자기 마주치게 되면 당연히 충격의 아픔을 느끼게 되어 있다. 후기 근대에 처한 구미와 일본 및 한국과 전근대 상황에 처한 중국을 바라보는 방식은 하늘 높이 우뚝 솟은 나무와 새싹을 비교하는 것과 비슷하고 그 차이는 당연히 보기만 해도 몸서리치게 한다. 하지만 세상사의 흥망성쇠는 항상 변화무상하다. 중국이 꼭 낙후해야 하는 법도 없고 구미가 꼭 선진적이어야 하는 법은 없다. 천하를 몇 천 년 동안 이끌어가던 중국이 다시 천하의 윗자리에 올라설 수 있을지 없을지에 대해서는 아무도 단언할 수 없다. 만약에 그때가 되면 중국의 독특한 "우수한 근성"을 다시 발굴할 것인가?

그러므로 우리는 대부분의 "저열한 근성" 혹은 소위 "중국 국민성"

을 "전근대사회성격"으로 이름을 바꾸어야 하지 않을까?

중국 사회의 여러 문제점은 사실은 모두 다 전근대화, 혹은 근대화 과정 중에 생긴 문제들이지 중국인의 근성 때문에 생긴 독특한 "중국 문제"가 아니다. 그간 중국인에 대해 항상 공중 도덕심이 없어 규칙을 지키지 않는다고 비난하였는데 그것은 전근대사회의 사회체제가 많은 민중들로 하여금 스스로 국가의 주인이라는 것을 느끼지 못하도록 하였고 규칙에 대해서도 충분히 믿을 수 있도록 하지 못했기 때문이다. 현재의 중국 국민들의 느낌은 아직도 과거와 같이 정부의 관리를 받는 피동자이기 때문에 아직 주인이 되고자 하는 자신감, 책임감과 적극적 성격이 없다. 그래서 그들은 시정부 광장에서 함부로 쓰레기를 버린다. 그들이 보기에는 돈이 많이 든 광장이 만들어졌을 때 그들의 의견이 아무 소용도 없었던 것이다. 보통 시민들의 의견을 참조하지 않고 정부 관료들의 정치 업적을 위해서 만들었을 뿐이라서 그들이 굳이 아껴 써야 한다는 감정이 없다. 중국인이 참을성이 있다는 것은 중국인은 스스로 의견을 표현할 수 있는 기회가 많지 않기 때문이거나 혹은 의견을 제시해도 해결책을 받지 못하기 때문이다. 유효한 체제를 만든다면 중국인도 단호해지고 신속해질 것이다. 몇 천 년의 누적된 습관이 아직 강한 영향력을 주는 이유는 그 습관에 적합한 생활방식이 여전히 남아 있기 때문이다.

작은 화장실을 놓고 볼 때 여기서 나타난 문제는 아래와 같이 몇 가지가 있다. 첫째, 중국은 아직 물질적으로 부유하지 않다. 둘째, 정부와 일반 국민들이 아직 문제의 해결에 대해 중요하게 생각하지 않고 있다. 셋째, 중국 도시의 건설과 관광지 개발 계획에 아직 많은 어려움이 존재하고 있다. 넷째, 중국 정치의 현대화 과정에서 속도를 높여야 한다. 이것은 많은 지방에서 사정을 고려하지 않고 호화스러운 이미지의 공중화장실을 만드는 것에서 볼 수 있다.

한 개인으로 보면 성격이 운명을 결정한다고 하는데 바꾸어 말하면 운명이 성격에 영향을 미친다는 것이다. 한 민족에게는 역사가 민족의 성격을 결정할 수 있듯이 바꾸어 말하면 민족의 성격은 역사에 영향을 미친다.

한 개인이 자신의 사유방식의 잘못된 인식에서 비롯된 잘못된 행위를 고치지 않고 단지 자신의 성격만 고친다는 것은 불가능한 일이다. 이처럼 한 민족이 사회 체제의 개혁을 추구하지 않고 단순히 낙후된 민족성만 고치는 것도 불가능한 일이다. 충분히 현대화된 사회에서만 "현대적 성격"이 형성될 수 있다. 그렇지 않으면 아무리 많은 힘으로 사상 개조를 시키거나 홍보를 하거나 전형적 사례를 통해 유도를 해도 모래 위에 탑을 짓는 것처럼 본말이 전도된 것이다.

중국은 재앙이 많은 국가이기 때문에 중국인의 성격에도 많은 결점이 있다. 한국인처럼 분연히 전진하고 큰 힘을 모아 사회체제에 존재하는 많은 불합리한 면을 고치고자 노력을 해야만 중국인의 성격을 근본적으로 바꿀 수 있다. 국민성에 대한 반성은 최종적으로 제도에 대한 반성이고 과정에 대한 반성으로 지양되어야 한다. 중국인이 진정으로 세계에서 궐기하여 성공하고 공평하게 모든 사람들이 억압에서 벗어나 홀가분한 마음을 가질 수 있는 사회가 되면 중국인은 다시 과거 춘추시대의 강직함과 당나라 전성기 때의 자신감을 되찾을 수 있고 대국 국민으로서의 자부심을 되찾을 수 있을 것이다.

중국인의 몸에는 "여과성 바이러스"가 없다. 중국인의 결점은 절대로 구제 불능한 "저열한 근성"이 아니다. 따라서 중국인은 스스로 낮출 필요도 없고 포기할 이유도 없다. 하지만 제도적인 노력은 없이 문화적으로만 고치려 한다면 지금의 큰 병을 고칠 수 없다.

(5)

"저열한 근성"과 수반되는 단어가 "중국 특색"이다. 대강의 의미로 보면 중국인은 남과 다르기 때문에 세계 다른 지역에 적합한 것이 꼭 중국에도 적합한 것이 아니거나 혹은 당분간은 중국에 적합하지 않다는 말로 이해된다.

90년 전에 원세개(袁世凱)는 황제 지배 체제가 민주제보다 중국인에게 더 적합하다고 생각했었다. 이는 중국인의 "특색"이 "황권사상"에 있다고 보았기 때문이다.

내 연구에 따르면 원세개가 이런 이상한 생각을 하게 된 이유는 화장실과 관련이 있었다. 원세개의 딸 원정설(袁靜雪)은『나의 아버지 원세개』에서 아래와 같이 썼다.

> "그가 거주하던 거인당(居仁堂)은 위생 시설이 있는 곳이었다. 하지만 그는 매년 새해 한 번만 목욕을 하고 다른 때에는 절대 목욕을 하지 않았다." 그리고 "그는 양변기를 안 쓰고 목재로 맞추어 제작한 변기를 썼다. 이 변기는 보통 변기보다 조금 높았다. 그가 거기에 앉으면 의자에 앉는 것과 같다." "한 번은 내가 아버지에게 물어보았다: '아빠, 왜 목욕탕으로 안 가요?' 그가 웃으면서 대답했다: '거기는 냄새가 안 좋아.' 목욕탕의 변기는 물을 내릴 수 있는 양변기인데 그는 냄새가 있다고 생각하고 재래식 화장실은 냄새가 없다고 생각한다. 참 이상한 논리이다."

생각을 한번 해보자! 양변기 냄새가 안 좋다고 생각하고 중국식 변기 냄새가 좋다고 한 원세개는 "원씨 특유"의 코를 가진 게 아닌가? 이 코로 맡은 냄새는 당연히 다른 사람과 다르다. 그렇기에 그가 나중에 정치적 정세를 잘못 판단하고 황제 지배 체제 때문에 철저히 실패한 것도 이상할 것 없다.

천하에 "중국 특색"은 없고 "저열한 근성"으로 인해 생긴 "비전형적" 불치병도 없다. 그렇기 때문에 중국인과 중국 사회의 많은 "결점 문제"는 무서운 것이 아니다. 다른 민족과 사회에 적합한 방법을 중국에 도입하면 아마도 병을 고칠 수 있을 것이다. 그러나 중국이 굳이 "중국 특색"을 단호히 지키고 "중국 특색"적 치료 방법을 택하고 집에서 굿하거나 골목골목을 누비면서 "돼지고기와 대추찜", "탕수 배찜" 등 민간 처방만 찾는다면 이것이 진정한 위험이다.

4장

한국인이 중국에 준 깨우침

큰 지혜를 지닌 사람이 뛰어난 재능과 지혜를 드러내지 않는 것인가, 아니면 진정한 바보가 재능이 뛰어난 사람처럼 행동하는 것인가?

오래전부터 중국의 주변 나라들은 중국을 큰 위험으로 여겼다. 또한 중국의 발전 과정은 늘 "중국 위협론"이라는 누명에 시달려야 했다.

하지만 하늘을 두고 맹세할 수 있다. 세계 고대사에서 중국보다 더 착한 나라는 없었다. 중국의 착함은 거의 연약함으로 나타났는데, 진시황 시대부터 중국의 대외관계사가 하나의 방어사였다. 만리장성이 이를 증명하고 있다. 역사를 통해서 알 수 있지만 중국은 수없이 귀한 식량과 실크, 심지어는 공주를 평화와 바꿔야 했다. '황화(黃禍)'라 함은 유목 민족의 광영 혹은 죄악이다. 중국도 많은 황화(黃禍)의 피해자 중 하나일 뿐 이것이 중국의 잘못이라고 하는 것은 정말로 본말이 전도된 것이다. 기록된 대외관계사를 살펴보면 중국은 항상 "厚往薄来

(남에게 많이 주고 적게 받다)" 정책을 시행해 왔다. '조공관계'의 내면을 보면 사실은 중국이 자기 나라 인민이 피땀을 흘린 노동의 성과를 허무한 이미지로 바꾸어버린 것이다. 이것은 중국에게 바보 같은 심리적 만족감을 주었지만 남에게는 놀랍게 거대한 이윤을 주었다.

근현대사에서, 중국과 같이 마음 어질고 손길이 무르고 전반적인 국면을 고려하여 무엇이 되었든 참아 주는 모범 국가는 없었다. 국가의 기반을 걸고 일본을 이긴 후에 대륙과 대만은 뒤질세라 앞을 다투어 일본인들에게 "원수에게 은덕을 베푼다"는 넓은 마음을 표현하였다. 중국과 인도 간 전쟁 때 인도 군대는 맥없이 패하고 도망쳐서 뿔뿔이 흩어졌다. 다음 날 중국 군대는 이미 자기의 국경 안으로 철수하였고 인도군에게 빼앗은 군용차를 깨끗이 청소하여 그대로 돌려줬다. 자기 나라의 인민들이 배고픔에 시달릴 때도 중국의 쌀은 다른 나라로 운송되어 제3세계 친구를 사귀는 데에 사용하였다.

전 세계가 중국의 이러한 행위에 대해 의혹을 가질 때 중국은 오히려 조용히 냉소를 보냈는데 이들 나라들의 놀라움에 대한 냉소였다. 그들의 잘못은 아니다. 그들의 역사는 겨우 몇 백 년에 불과한데 그들 중에 철학자는 몇 명이 나왔는지? 그리고 그들은 "대지약우(大智若愚)"가 무슨 뜻인지 알고 있는지? 또 "상선약수(上善若水)"는 무슨 뜻인지 아는지? 그리고 "인심이 투쟁의 승패를 결정한다"는 것을 아는지? 그들의 언어에서도 "조금만 참으면 무사 평온하고 조금만 양보하면 얼마나 여유롭다"라는 지혜로운 문구는 있는지? 걸핏하면 "모국의 이익"을 입에 달고 있는 나라가 얼마나 우둔한가? 그들이 한 순간의 작은 이익 때문에 서로 양보하지 않고 싸우는 것은 정말로 시야가 짧고 무식한 행위이다. 그들이 중국의 고서를 한 번이라도 읽어보았다면 그들이 행하고자 한 것은 "패도(覇道)"였고 이는 반드시 "이익을 말하는 것을 수치스럽게 생각하는" "왕도(王道)"에 패배하게 된다는 사실을 알게 될 것이다. 중국의 정책은 표면적으로는 연약하지만 사실상은 매우 강하다. 마치 태극권과 마찬가지로 모양도 흔적도 없으며 비단 속에 뾰족한 침을 감추고 있다는 비유가 적합하다. 중국은 시야가 넓고 마음이 넓다. 언젠가는 중국이 자신만을 위하지 않고 전적으로 남을 이롭게 한다는 것을 보이면 중국은 국제적인 뇌봉(雷鋒)이 될 것이다. 언젠가는 중국이 그들을 감동시키고 그들로 하여금 서로 뺏고 빼앗기는 것을 포기하게 하면 그들은 중국을 지도자로 추대하게 할 것이고 중국의 지도에 따라 전 세계는 아름다운 미래를 건설하게 될 것이다. 그렇기 때문에 다른 나라들이 "중국 위협론"을 외칠수록 우리는 온순하고 본분을 지키면서 진실을 가지고 이들의 속에 있는 거짓말을 폭로하자!

하지만 실상은 오히려 중국을 거듭 곤란하게 만들고 있다. 중국의 참을성은 아무도 감동시키지 못하였다. 일본인들은 속셈을 다 차리고도 선심을 쓰는 척했다. 아무리 말해도 중국을 향해 어떠한 사과도 하지 않았다. 걸핏하면 야스쿠니 신사에 참배하거나 교과서를 왜곡되게 고치는 짓들을 하며 중국을 자극해 왔다. 인도도 더는 솔직하게 사양하지 않았다. 기왕에 중국이 자기 땅으로 돌아갔으니 그럼 우리는 적극적으로 나서 너희들의 땅을 우리의 한 방(邦)으로 바꾸고 그 다음에 원자탄을 실험 발사하여 전 세계에 중국을 겨냥한 것을 밝혔다. 중국 지도에서의 남해 열도는 거의 다 다른 나라의 통제를 받고 있다. 다른 나라한테 준 쌀은 그 후에 중국군과 전쟁을 했을 때 샌드백으로 쓴 경우도 있었다.

한국인이 중국인에게 가르쳐 준 한 가지 교훈

중국과 일본 사이의 조어도(釣魚島) 영유권 분쟁은 한국과 일본 간에도 벌어지고 있는 일이다. 한국과 일본 간에도 작은 섬이 하나가 있다. 길이는 200m에 불과하고 온 섬이 모두 암초여서 풀과 나무가 자랄 수 없다. 한국인은 그 섬을 독도(獨島)라고 칭하고 일본은 다케시마(竹島)라고 한다. 이 섬이 한일 관계에 차지하는 위치는 중일 간의 조어도와 같다. 일본은 제2차 세계대전 전에 그 섬을 점령하였고 세계대전이 끝나고 광복 후에 한국은 이 섬의 영유권을 갖고 있다고 선언하였다.

일본인이 영토를 지키는 데에 대한 마음가짐은 조어도 문제와 관련하여 중국인한테 심각한 인상을 주었다. 애초부터 그들은 이러한 결심으로 죽도를 지키려고 하였다. 그들은 이 문제를 교과서에 편입시켰을 뿐만 아니라 모든 접근 가능한 경우에서도 죽도에 대한 영위권이 일본에 있다고 선언하였다. 이와 동시에 1953년 5월에 일본의 우익 인사들이 한국전쟁이 치열한 틈을 타 이 무인도에 올라가 표지를 세웠다.

일본은 조어도 문제에 대해서도 똑같은 행위를 하였다. 유일한 차이는 그들의 첫 상대로 지혜로운 중국인이 아닌 강직한 한국인과 마주한 것이다.

한국인은 이에 대해 어떻게 대처했는가?

일본인들이 독도에 들어갔다는 소식을 접한 홍순칠(洪淳七)이라는 23세의 한국 청년 한 명이 전쟁 중 총기 관리가 엄밀하지 않은 틈을 타서 불법으로 총 몇 자루를 구입하고 몇 명의 열혈 청년을 소집하여 바다를 넘어 독도로 갔다. 그리고 거기에 있던 일본인을 쫓아내고 섬에 최초로 한국 국기를 게양하였다.

이후 홍순칠은 보병용 총 한 자루를 가지고 혼자서 독도를 3년 8개월 동안 지켰다. 그의 일기에는 무수히 많은 일본 함정 및 어선과의 대치 기록이 담겨 있다. 한국 정부는 한국전쟁에 대한 정리가 마무리되던 1956년이 되어서야 '해양경찰 수비대'를 섬에 파견하였다. 그제서야 홍순칠은 비로소 신성한 "국토 수호"의 임무를 끝낼 수 있었다. 한국 정부는 그의 "법적 근거 없는" 행위에 대해 징벌을 하지 않았고 오히려 훈장을 수여하는 등 그의 애국 행위를 칭송하였다.

지금은 한국 군대가 이 작은 섬 주변의 바다를 단단히 지키고 있으며 계속해서 34명의 경찰을 파견함과 동시에 구축함, 모터보트, 헬리콥터를 배치해 두고 일본 어선과 해군 함정의 침입을 대비한 경비를 하고 있다. 일본 배들은 감히 한걸음도 들어갈 엄두를 못 내었다. 일본은 구두로 항의를 하는 것을 빼고는 아무것도 할 수 없다.

"너무 지혜로운" 중국인과 "너무 충동적인" 한국인

중국인의 행위가 정말로 지혜로운지 아닌지를 떠나 중국인의 시각에서 볼 때 한국인의 어떤 행위는 참으로 충동적이고 이성적이지 않게 보인다.

모두 다 알고 있는 바와 같이 한국의 번영과 발전은 일본의 영향과 무관치가 않다. 그리고 한국과 일본은 여전히 한 · 미 · 일 군사동맹 관계에 있다. 한국의 일본에 대한 의존 정도는 중국의 일본 의존도에 비해 높다. 하지만 한국인은 일본에 대한 증오심을 감추지 않는다. 대일 관계에서 한국인은 전반적인 국면을 고려하여 양보를 한 적이 없다.

죽어도 사과를 안 하는 일본인에 대한 그들의 분노는 작은 충돌에도 매우 격렬해진다. 일본 쪽에서 과거사 문제와 관련하여 조금이라고 몰래 손을 쓰면 한국 쪽에서는 금방 반응이 거센 불같이 일어난다. 고이즈미 이치로(小泉纯一郎) 전 수상이 야스쿠니 신사를 참배하자 한국 국기를 몸에 두른 20명의 청년들은 서울 '독립문공원'에 모여 항의한 후 칼로 자신의 새끼손가락을 잘라서 봉투에 넣어 주한 일본대사관으로 보냈다. 또한 9명의 한국인은 단식투쟁을 하며 일본의 사과를 요구했다. 한국 정부도 바로 가장 강력한 외교적 항의 수단으로 주한 일본 대사를 소환하였다. 또한 많은 한국인들은 거리로 나가 일본 국기를 불태우고 일본 제품에 대한 불매운동을 하였다.

한국인은 중국인처럼 일본인들을 소수의 전범과 대부분의 착한 일본인으로 나누어 보려 하지 않는다. 그들은 모든 일본인을 싫어하고 일본인의 모든 것을 거절한다. 한국에서 누가 일본차 한 대를 사면 며칠 뒤에 그 차의 창문과 타이어 및 외관에 손상을 입게 될 것이다. 한국의 담배 가게에는 "일본 담배는 피우지 말자"라는 표어가 붙기도 한다. 조미(趙薇)라는 가수가 일본 군국주의의 상징인 욱일승천기를 장식으로 썼을 때 한국의 유명한 배우인 김희선은 다른 사람이 자신에게 일본어로 작별인사를 하라고 하자 분노를 표시하기도 했다.

1992년 한국의 이상옥(李相玉) 외무부장관은 일본 정부에 대해 명확하게 전쟁 피해자와 그 가족들에게 배상하라고 요구하였는데, 한국 정부는 이 문제 해결을 위한 전문팀까지도 구성하였다.

모든 대일본 관련 논쟁에서 한국인과 한국 정부는 양보한 적이 없었다. 그런데 중국인의 논리로 판단해 보면 이런 행동들은 모두 "조그마한 것을 참지 못하면 큰 계획을 망치게 된다"는 범주에 속할 것이다.

위에서 언급한 모든 일들은 모두 양국 관계에 불편함을 가져오고 이지적이거나 침착하지 못한 것으로써 결코 지혜롭다고 할 수 없다. 그리고 양국 관계의 대세에 영향을 주고 한 · 일 경제무역 관계에 손해를 끼쳐 결국은 자신에게 피해로 돌아온다.

그런데 이상한 것은 한국인의 강직함이 한국과 일본 관계의 큰 흐름에는 부정적 영향을 주지 않고 있는 것이다. 일본인들은 빈번히 한국인에 대해 호의를 표시하고 한 · 일 경제무역 관계는 급속히 발전해 나갔다. 그리하여 1995년에 양국의 무역 총액은 이미 485억 원에 이르렀으며 또한 양국은 월드컵을 공동으로 개최하기도 하였다.

더욱 이상한 것은 죽어도 사과를 하지 않던 일본이 한국에 사과를 한 것이다. 1992년 일본 수상 요시 이치(宫泽喜一)는 서울을 방문한 3일 동안 8번의 사과를 했다. 또한 1998년 한국의 김대중 대통령이 4일 동안 일본을 방문했는데, 방문한 기간에 한 · 일 연합 선언을 발표하고 일본도 처음으로 한국을 침략했다는 사실을 인정하고 공식적으로 사과했다.

"송양공(宋襄公)주의"의 근원

'이익'에 대해 말하는 것을 수치스럽게 생각하는 것이 중국의 전통이다.

중국인은 단지 이익만을 원하는 것이 아니다. 중국인이 원하는 것은 '이익의 극대화'이다. 어떻게 하면 이익의 극대화를 실현할 수 있을까? 그것이 바로 "인의(仁義)"다. "欲先取之, 必先與之(가지고 싶으면 먼저 주어야 한다)", "水能利萬物而不爭, 故能胜(물은 만물을 이롭게 하면서도 다투지 않는다. 그래서 이길 수 있다)". 큰일을 이루고 싶다면 먼저 자신의 '인의'의 이미지를 세워 남을 감화시키고 그 사람의 마음을 얻어 자신을 위해 일하는 것을 매우 만족스럽게 만들어야 한다. '인의'의 비결은 "작은 손해를 입고 큰 편리를 얻자"로 요약된다. 자신의 일시적 양보와 희생을 통해 영구적 명예와 다른 사람의 마음을 무조건적인 믿음으로 바꾸면 자신의 출세에 도움이 된다. 그래서 역사적으로 군웅들이 천하를 놓고 다툴 때 뛰어난 사람들은 항상 자신의 일시적인 욕망을 극복해야만 하고 인의란 구호를 외치고 자신의 군대를 "인의지사(仁義之師)"로 포장시켜 "조민벌죄(吊民伐罪, 고생하는 백성을 위로하고 못된 통치자를 징벌한다)"해야 했다. 그래서 유방(劉邦)은 함양(咸陽)에 들어가기 전에 먼저 원로들과 세 가지 금지법령*만 먼저 제정했고, 유비(劉備)는 패배했을 때 피난 가는 백성들을 데리고 갔다. 이자성(李自成)도 천하를 평정했을 때 "틈왕(闖王)**을 영접할 때 식량을 헌납할 필요가 없다"고 하였는데, 역사 속 인물들은 백성들로부터 '인의지사'라는 평가를 받으려고 노력했다는 것을 알 수 있다.

중국 사회를 잘 이끌어가는 비밀에 대해 가장 잘 알았던 인물이라고 할 수 있는 마오쩌둥은 "왕도"와 "인의"의 활용을 절묘하게 하였다. 홍군과 공산당은 "문짝 위에서", "길거리에서 잠을 자면서", "군중들의 아주 사소한 물건조차 가지지 않았기" 때문에, 그리고 "비할 바 없이 고생하면서도", "백성에 대한 배려"를 하였기 때문에, "치욕을 참아 가며 맡은 바 임무를 다하면서", "굳건히 나라를 위했기" 때문에, 그리고

* 사람을 죽이는 자는 사형에 처하고, 사람을 다치게 하는 자와 남의 물건을 훔치는 자는 각기 그 죄의 크기에 따라 처벌한다.

** 이자성이 따랐던 반군의 수장이었던 고영상(高迎祥)을 가리킨다.

어디에도 비할 수 없는 훌륭한 희생정신이 있었기 때문에 "공산공처(公産公妻)"라는 반동적 표어를 타파해 나갈 수 있었다. 그리고는 점차 국제적으로는 에드거 스노(Edgar Snow, 1905~1972)와 아그네스 스메들리(Agnes Smedley, 1892~1950)를 감동시켰고 국내적으로는 루쉰, 원이둬(聞一多), 선쥔루(沈均儒) 등을 감동시켰으며 전 인민의 진심어린 지지를 받아 종국에는 정권을 장악하게 되었다.

중화인민공화국을 건국한 후에는 군사 투쟁의 경험을 경제 건설에 적용하였던 것처럼 마오쩌둥은 정치사상적 홍보 경험을 국제적인 투쟁에도 적용하였다. 그는 중국 인민의 놀라운 자기희생 정신과 나라를 위해 꿋꿋하게 참고 견디는 의지력으로 세계를 감동시키려고 하였고 국제사회에서 농촌이 도시를 둘러싸는 분위기를 만들어 제3세계를 이끌고 세계적 혁명의 대승리를 쟁취하려고 했다. 그래서 중국은 자국도 매우 빈곤하였지만 식량을 가득 실은 배를 제3세계의 형제 국가에 보냈다. 주변 모든 나라들과 논쟁을 하여야 할 때도 중국은 항상 관대하고 너그러운 태도를 보였다.

하지만 국제사회는 거대한 이익을 다투는 씨름판이었고 거대한 이익의 교환시장이었다. 국제사회에서 중국인의 지혜는 쇠귀에 경을 읽는 것처럼 소용없었다. 국제사회의 규칙은 이익의 원칙에 따르지 않을 때 얻을 것은 손해와 실패밖에 없다.

국제사회에서는 "뇌봉(雷鋒)"이 되면 그 끝이 항상 좋을 리 없다. 명나라 만력(萬歷) 황제 시기 일본이 조선을 침략했을 때 중국은 많은 군사를 파견하여 조선을 지켰다. 하지만 오늘날 한국과 북한의 교과서에는 많은 명나라 군인의 희생에 대한 내용보다 명나라 병사 중의 일부가 군율을 지키지 않고 조선 인민을 강간하며 죽이고 방화하며 약탈하는 행동만을 부각시키고 있다. 또한 인도에 대한 중국의 너그러운 태도는 결국 인도인에게는 더 큰 치욕감을 주어 중국인에 대한 더 큰 원망만을 남겼다. 오늘날까지도 인도인들은 중국을 가장 큰 위협으로 여기고 있다. 중국인은 인도네시아에서 벌어진 화인배척 사건에 대해 한 마디도 하지 않았다. 그리고 그 태도는 동남아 각 나라에게 의구심이 일게 하였는데 혹시나 그들이 중국인의 침묵하는 이유를 "군자가 복수를 함에 있어서 세월이 늦어지는 것은 문제되지 않는다"라는 마음이 있기 때문이라고 오해를 할까 걱정했다. 영토의 문제에서 중국이 약한 모습을 보일수록 다른 나라의 의구심은 강해질 것이다. 그들은 중국이라는 큰 나라가 정말로 그렇게 약한지에 대해 믿지 않는다. 중국인의 "뇌봉(雷鋒)"적 행동이 모두를 이해가 안 가게 만들었을 뿐 실제적 이익은 하나도 얻지 못하고 진정한 친구 하나도 못 사귀었다. 오히려 매일 "미국의 국가 이익"만을 외치며, UN회비는 체납하고 그러면서 확실하게 이익이 보장되지 않으면 손을 대지 않는 미국은 세계에서 형제국가를 소집하여 포악하게 굴며 혼란을 일으키고 있다.

우리는 이 세계가 최종적으로 대동(大同)을 실현할 수 있을지 모르겠다. 하지만 국가가 탄생된 고대에서 앞으로 예견될 수 있는 미래까지 국가 간 관계의 추세를 결정하는 것은 실력과 이익의 원칙이지 허무한 "도의"가 아니었다는 사실이다.

자료

서울 유람기

추위에 대한 내성(耐性)

인천공항 입국장의 '내국인' 창구에 매우 예쁜 아가씨 한 명이 줄을 서 있었다. 가냘픈 팔로 작은 트렁크 하나를 끌고 하얀 치마에 예쁜 맨다리를 하고 맨발에 슬리퍼를 신고 있었다. 조금 전 기내 방송을 듣기로는 바깥 기온이 영하 4도였다. 그런데 아가씨 앞뒤에 서 있던 중년의 부인들은 모두 두꺼운 옷을 입고 있었다.

다음날 아침, 일찍 산책을 나갔다. 아침 기온은 아마 영하 7, 8도쯤 되는 것 같았다. 썰렁한 아침거리에는 출근하는 아가씨 두 명이 지나가고 있었는데 짧은 치마를 입고 떨고 있었다. 이 상상 속의 봄에 있는 듯이 두려움 없는 풍경은 보는 사람을 당혹스럽게 하였다.

또 서울의 길에서 키가 크고 잘 생긴 남자들이 얇은 와이셔츠 차림에 크고 검은 여행 가방을 매고 멋있게 지나가는 모습을 보았다. 당연히 젊은 사람들은 나이든 사람들보다 추위에 강하다. 하지만 단순히 젊다는 이유 하나만은 아닌 듯 보였다. 일반적으로 한국인은 중국인보다 추위에 강하여 한겨울에도 찬물을 벌컥벌컥 마신다. 우리가 생각하는 것처럼 서양의 영향을 많이 받았기 때문은 아니다. 한국인은 옛부터 그랬던 것 같다. 한반도에 존재하였던 왕조들은 유사(有史) 이래 계속 가난했다. 그래서 일반 백성들은 차를 마실 돈이 없었고 항상 찬물을 마시곤 하였다. 그런 연유로 해서 체격은 건장해졌고 운동 경기를 하면 중국인을 이겼다.

식사의 경우도 비슷하다. 한국의 식당은 매우 깨끗하지만 중국인들이 아주 맛있게 많이 먹을 수 있는 것이 없다. 종류가 매우 많아 보이는 반찬들을 보면 김치, 오이, 콩나물이 주종을 이루고 있고 좀 고급스러운 식당을 가도 식사 후에 사과 몇 조각을 주는 정도이다. 거의 모든 음식은 담백한 것밖에 없는 것 같다. 나라가 작고 국민수가 적은 조선은 몇 백 년 동안 그렇게 먹어왔다.

한국 가이드와 먹는 것에 대해 이야기를 해본 적이 있다. 젊은 여성 가이드는 모든 한국인과 마찬가지로 철저한 민족주의자였고 모든 것은 한국 것이 가장 좋다고 생각하고 있었다. 그녀의 말에 따르면 한국이 빨리 경제 발전을 할 수 있었던 이유는 먹는 것에 대해 그다지 신경을 쓰지 않았기 때문이라고 했다. 한국인들은 먹는 것에 대해 정신을 쓸 시간에 다른 일에 신경을 쓴다고 했다. 예를 들어 직장, 공부, 여행, 취미활동 등등에 신경을 쓰느라 먹는 것에 대해 그다지 고민할 시간이 없다는 것이다.

그녀의 말은 중국인은 먹는 것에 신경을 너무 많이 쓴다는 것처럼 들렸다. 그녀와 같은 견해를 가진 중국인 한 명을 만났다. 원래 중국

요녕(遼寧)대 교수였던 김천일 교수를 서울에서 만났는데 그 분은 지금 경희대에서 연구하고 계시고 한국에서 10년 동안 살았다. 그 분이 지난해 중국에 돌아왔을 때 인상이 깊었던 것은 중국인의 생활에서 식사의 위치가 너무 뚜렷하다는 것이었다고 한다. 중국에 돌아온 후 환영회와 같은 초대를 매일 받다보니 몸무게가 10㎏이나 늘었다고 하였다. 그의 관찰에 의하면 중국 정부 관리들에게 가장 중요한 일은 먹는 것이라며 그들은 거의 매일 '저녁모임' 장소와 규모 그리고 모셔야 할 손님의 등급에 대해 머리를 쓰고 폭음 때문에 몸을 상하는 일을 하는 것 같다고 지적하였다.

그는 이렇게 말했다. "중국 정부 관리들이 먹는 것에 쓰는 신경을 반으로 줄이고 나머지를 일을 하는데 썼다면 중국은 무척 달라질 것이다."

정치에 대한 이야기

원래 자본주의 사회에서는 비즈니스의 분위기가 모든 것에 우선한다고 생각하였다. 사람들은 돈만 보기 때문에 딴 생각을 별로 하지 않고 사회가 매우 안정적이라고 생각했는데 의외로 한국에 있는 며칠 동안 매일 정치 문제와 마주쳤다.

한국에 간 그 다음날은 3월 1일이었는데 한국의 국경일이었다. 버스가 서울의 중심도로를 가고 있는데 갑자기 완전 무장을 한 경찰들이 나타나 줄을 서서 앞으로 달려 나갔다. 경찰차 지붕 위에 있는 붉은 등이 계속 깜빡거렸다. 갑작스러운 상황에 버스 안에서는 난리가 났고 사람들은 가이드한테 무슨 일이 일어났냐고 물어봤다. 가이드는 앞의 광장에서 삼일절을 기념하여 집회가 진행되고 있다고 대답했다.

과연 차가 앞으로 조금만 가자 집회에 참가하고 있는 사람들이 현수막과 표어를 들고 운집해 있었다. 억양이 격앙된 여자 목소리가 고성능 스피커를 통해 공중에 메아리쳤으며 단상 아래 무수한 손에는 작은 깃발이 하나씩 들려있었고 모두 그 목소리에 따라 깃발을 휘둘렀다. 가이드의 말에 따르면 그들은 북한을 적대시하는 반공단체 회원들이며 그들은 정부에게 한국에 있는 북한 간첩을 없애라는 요청을 하고 있다고 설명했다.

이 장면은 중국인에게 너무나 익숙하면서도 동시에 낯설다. 중국인은 '5 · 4운동'과 '12 · 9운동'을 다룬 다큐멘터리 영화나 「청춘지가(青春之歌)」와 같은 영화에서 이러한 장면을 수없이 봤고 이러한 눈물어린 목소리도 수없이 들었지만 실제로 본 것은 처음이다.

사실상 한국에서는 언제 어디서든지 '정치 현상'을 만날 수 있다. 정치는 쇼핑하는 것과 병원에 가는 것처럼 한국 국민들에게는 일상생활의 한 부분이기 때문에 크게 놀랄 필요는 없다. 청와대 맞은편에 하얀 다운재킷을 입은 한 사람이 한국어로 적힌 판지 하나를 세워 놓고 서 있었다. 가이드의 설명에 따르면 그 사람은 시위자이며 시위의 이유는 정부의 어떤 정책에 대해 불만이 있기 때문이었다. 그런데 그 주변을 에워싸고 구경하는 사람은 한 명도 없었고 심지어 그에게 신경을 쓰는 사람도 없었다. 아침에 산책하러 나가면 항상 어떤 사람이 자전거를 끌고 가는 모습을 보았는데 그 자전거에는 표어판이 하나 놓여 있고 거기에는 "천리교" 혹은 "xx당"이라고 한자와 한글이 섞여서 적혀 있었으며 그 뒤에는 대여섯 명의 사람들이 작은 깃발을 휘두르며 따라가고 있었다. 그런데 그 옆을 지나가는 사람들은 이 장면이 너무나도 익숙한 듯 아무도 쳐다보지 않았다.

한국인들은 항상 "정치 이야기"를 통해 사회적 화합을 이룬다. 다만 한국에서 "정치 이야기"를 하는 주체는 한국의 국민들이고 청중은 한국 정부라는 사실이다.

소양과 관련된 문제

사람마다 외국에 나가면 그 나라 국민의 국민성 또는 소양의 문제에 대해 이야기하게 된다. 내가 아무리 자제를 해도 결국은 세속에 얽매이게 된다.

한국의 거리에서 한자를 많이는 못 보았다. 공용 문자는 한글이고 간혹 영어도 섞어 사용하고 있었다. 상암동 월드컵경기장 앞에 귀여운 마스코트의 조각상이 있었는데 받침대에는 드물게도 한국어, 영어, 중국어 세 언어가 동시에 표기되어 있었다. 한국어와 영어로는 그 마스코트의 이름을 표기하고 있었는데 중국어로는 "请不要用手摸!(손대지 마시오!)"라고 쓰여 있었다. 또한 작은 패스트푸드 식당에서는 가장 눈에 잘 보이는 곳에 비뚤비뚤 쓰여 있는 한자 문구가 있었는데 "禁止吸烟(흡연금지)"라고 되어 있었다. 그런데 그 문구 옆을 둘러보았지만 "NO SMOKING"이라는 표시는 없었다.

한국인이 대범하지 못하고 벼락부자의 심리가 있어서 남을 존중하지 않기도 하지만 그것은 한국인의 문제이다. 우리가 해결해야 할 것은 우리와 관련된 문제이다.

한국 가이드는 체격이 조그마한 사람이었는데 매우 열정적이었다. 며칠 동안 계속 전화하고 설명해 주고 우리의 질문에 대답할 뿐만 아니라 손님들의 가방과 카메라도 일일이 챙겨주었다. 여행 기간 동안 그녀가 냉담하거나 피곤해 하며 지친 모습을 한번도 본 적이 없었다.

그녀에게서 한국인의 고집을 볼 수 있었다. 그녀에게 질문 하나를 하면, 예를 들어 차 창에 보이는 건물이 무슨 건물이냐고 물어 보았을 때 혹시 그녀가 모르면 그녀는 가족, 친구 및 지인들에게 전화하여 물어보았다. 오전에 답을 찾지 못하면 오후까지, 질문의 답을 알려줄 때까지 계속 전화하였다. 그녀는 볼 만한 관광지에 도착하면 손님들이 별로 관심이 없다는 표정을 하고 있어도 꼭 자세하게 설명을 하였으며 그녀의 설명을 끝까지 들어야만 다음 관광지로 갈 수 있었다.

가이드는 성격도 시원시원하였고 시간이 지나면서 차츰 매우 솔직하게 이야기를 해주었다. 내가 그녀에게 중국인의 인상이 어떠냐고 물어보았다. 그녀는 본래 일본 관광단의 가이드였는데 지금은 중국 관광단 가이드를 맡고 있는데 아직 익숙하지 않다고 했다. 그런데 중국인 손님들은 아무데나 침을 뱉고 사진을 찍는 것을 너무 좋아하고 팁은 많이 안 주고 약속 시간은 잘 지키지 않으며 항상 한 사람 때문에 모두의 시간이 낭비된다고 했다. 그리고 중국인은 항상 별도의 요구를 하는데 예를 들면 카지노에 갔다 온 후에는 잃은 돈을 다시 따기 위해 다시 카지노로 보내달라고 한다고 했다.

소양의 문제는 항상 조그마한 부분에서 나타난다. 한국에 있으면 소위 현대화된 한국은 외관상으로 볼 때 그저 그렇다는 느낌이 들었다. 중국의 베이징이나 상하이나 혹은 다롄(大連)과 비교해도 빌딩은 낮고 길도 중국보다 좁으며 건물 외관도 중국보다 초라하고 광장이나 큰 잔디밭도 잘 보이지 않았다. 한국의 도시는 보편적으로 중국의 대도시보다 낡고 좁고 평범했다.

하지만 세부적인 부분에서 한국의 차이점을 느낄 수 있었는데 한국은 빌딩마다 특히 주택용 빌딩의 바깥에 빌딩의 이름과 번호를 두 군데나 표시하고 있었고 사람들이 보기에 매우 일목요연하게 되어 있다. 중국의 주택용 빌딩에는 항상 밑에만 작은 표시 하나가 달려 있어서 찾기가 매우 힘들다.

에버랜드나 공원이나 마트와 같이 사람들이 많이 있는 곳에서는 항상 줄이 서 있었다. 줄이 몇 백 미터가 되더라도 사람들은 매우 태연해 보였다. 남산 한옥촌의 한 마당에서 전통 혼례 공연이 진행되어 있는데 관리하는 사람이 없이 관객들이 자발적으로 앞에 빈 공간 하나를 마련해 놓고 주변에 둘러앉았다. 비록 모인 사람들이 대단히 많았지만 공연을 위해 비워둔 가운데 공간을 자기 필요에 의해 가로질러 가는 사람은 한 명도 없었다.

그리고 내게 인상 깊었던 것이 또 하나 있는데 작은 마트에 계산대만 있고 판매원이 없는 것이었다. 또한 상품 진열대 끝에도 고객을 주시하는 사람은 없었다. 한국의 주택에서 방범용 창문은 거의 보지 못했는데 이를 통해서 한국 사람들은 서로를 경계하는 의식이 분명히 중국보다 약하다는 점을 알 수 있다.

한국에도 차는 대단히 많았다. 하지만 교통 규칙을 위반하는 사람은 좀처럼 보기가 쉽지 않다. 차가 많아서 길이 막히는 경우도 거의 없었으며 특히 길이 넓다가 좁아지는 곳에서 차들이 교행(交行)할 때 항상 두 차의 양보하는 모습을 볼 수 있었다. 중국에 돌아온 뒤 이틀 동안 교통 신호를 위반하는 행위를 네 번이나 보았다. 두 번은 내가 탔던

택시였는데 길을 빼앗는 경우와 법규를 위반하면서 방향을 되돌리는 경우가 너무 많았다. 솔직히 나도 외국에 나가면 중국에 대해 부정적인 이야기를 하는 사람들을 싫어했다. 하지만 한국에서 돌아온 후 며칠 동안은 여행가기 전에 익숙하였던 많은 것들이 조금은 어색하였다.

한 개인이 규칙을 타파하면 높은 효율을 가져온다. 하지만 모든 사람이 다 규칙을 위반하면 사회 전체적인 효율은 떨어지고 결국 그 피해는 개인이 떠안게 된다. 이러한 이치는 누구나 잘 알고 있다. 하지만 우리 모두 떨어진 효율에서 빠져 나오지 못하고 있다. 이유는 매우 간단하다. 우리 스스로가 이 사회의 주인이라고 생각하지 않고 피지배자고 피관리자라고 생각한다. 그렇기 때문에 구속과 통제 하에서 좀도둑질을 하는 것처럼 지켜야 될 선을 넘는 '자유'를 얻는다는 것이 이미 우리 생활 속에 매우 중요한 쾌락의 원천이 되어 버렸다. 공항의 출국심사대 앞의 바닥에는 노란선이 있다. 앞사람이 용무를 볼 때까지 뒷사람은 노란선 뒤에서 기다려야 한다. 그런데 우리 중국관광단 사람들만 항상 기다릴 때 그 노란선을 밟고 있거나 선을 넘어 앞에 서 있었다. 이 노란선을 쉽게 침범하는 것에서 보듯이 비록 지켜보는 사람이 없다 하더라도 지켜야 하지 않을까? 그래야 다른 무질서의 경쟁에서도 더 나은 위치를 차지할 수 있지 않을까?

또 다른 소양문제

관광단 중의 몇 명은 젊은 비즈니스맨이었다. 그들은 모두 고등교육을 받았고 표정과 태도에서 상류사회의 박학다식함과 우월감을 느낄 수 있었다. 길에서 나누는 그들 이야기 내용의 대부분은 '자기가 아는 친구가 있는데 그 친구는 어느 면에서 도움이 된다'는 이야기였다. 또, '어느 부장은 어느 고위직 공무원의 힘을 빌려 경쟁 중에 있던 다른 사람을 무참하게 만들었다'는 이야기였다. 또는, '누구누구는 인맥으로 기회를 잘 잡아서 한몫 벌어들였다'는 이야기였다.

필자의 관심을 끌게 한 것은 그들이 앞에서 한 이야기를 나눌 때의 흥미진진한 모습과 뽐내는 태도였다. 그들은 고위직 공무원과 같은 인간들의 결탁과 깡패 두목에 대해 이야기 할 때 항상 좋아하고 부러워하고 심지어 숭배하는 듯한 말투로 이야기하였다. 이처럼 도덕에 대한 무시, 권력에 대해 잘못된 믿음, 시정잡배들의 끼리끼리 문화 같은 것이 그들의 성공 배경이 되었다는 것이다.

그들과 함께 있으면 동북 사람들의 호방한 성품과 열정이 확 느껴진다. 매일 밤마다 사람들을 초대하여 한 턱을 내는데 그런 그가 길에서 무슨 어려움이 있었으면 모두가 도와줬다. 카지노에 들어가면 그들은 돈에 인색하지 않았다. 동북 사람의 호방함과 조폭스러운 기질이 넘쳐흘렀으나 또한 촌스러운 성질도 있었다.

그들 중에는 30대 초반의 젊은 여인이 한 명 있었는데 그녀는 대학을 졸업한 후 성(省) 재정청(財政廳)의 공무원으로 근무했다고 한다. 그런데 몇 년 동안 일을 하다가 재미가 없어서 전당포를 하나 차려 사업을 시작하였다. 물론 사업 자금은 정부 공무원인 그녀의 아버지가 주었다. 그녀는 말끝마다 한국에 대한 불만을 말했다. 예를 들어 아침의 빵은 프랑스 것보다 맛이 없고 커피는 미국 것보다 맛이 없으며 서비스는 일본보다 못하다고 이야기했다.

하루의 관광이 끝나고 가이드가 내일의 "MORNING CALL"은 7시반이라고 했다. 모 재경(財經)대학을 졸업한 그녀가 물어봤다. "MORNING CALL"이 무슨 뜻이냐고. 내가 "아침에 깨워주는 벨소리"라고 대답했다.

그녀가 문득 깨친 듯이 "아아, 아침에 깨워주는 것, 맞다. 유럽의 호텔에서도 그런 것이 다 있었다."

그 다음날 버스에서 그녀가 목에 힘을 주고 가이드한테 물어봤다.

"당신네 나라에는 왜 높은 빌딩이 없어? 가장 높은 것도 이십 몇 층이던데 이러고도 발달한 나라로 칠 수 있어?"

보세요! 유럽, 미국, 일본에 수십 번 수백 번을 가도 우리 동북 여자의 촌스러운 본성은 고치기 어렵다.

2부.

근대 시기 이방인의 눈에 비친 중국인과 중국 민족성

중국과 중국인

中國和中國人*

효(孝)

효는 빈부귀천의 구별 없이 보편적으로 받들어 행해졌다. 자녀들은 자신이 힘든 상황에 처해 있어도 부모님을 편안하게 모시려 하였고, 노비들도 부모를 봉양하기 위하여 조금이라도 돈을 모아 저금하였는데. 이것은 중국에서 아주 흔한 일이었다.

중국 법률에 따르면 부모가 국법을 위반을 하였을 경우 자녀가 부모를 대신하여 옥살이를 할 수 있었다. 또한 중국의 사법관들은 죄를 지은 범법자를 잡지 못할 경우 범법자의 부모를 옥에 잡아두었는데, 범법자가 그 소식을 듣고 자수하러 오도록 하곤 하였다.

빈부귀천의 구별 없이 중국 사람이 가장 꺼리는 것이 불효인데 불효는 법의 처벌을 받을 수 있다. 이것은 일정 측면 정치적 동기에서 생겨

* 이 글은 Henry Charles Sirr(1804~1872, 영국의 변호사, 외교관 및 작가, 1843년 홍콩에서 영국 영사관)가 1849년에 쓴 글. 원전: 大谷孝太郎, 『中國人的精神結構硏究』, 東亞同文書院, 1935.

나왔을 것으로 추측되는데 아마도 살아있는 부모를 경멸하다는 것은 다른 면에서 보면 백성의 부모인 천자에 대한 무례로 해석될 수 있기 때문이다. 스스로 효심을 갖추고 있지 못할까 염려하는 옛 성현들의 말씀은 비일비재한데 옛 성현의 가르침을 엄격하게 잘 지키고 받드는 것을 중국에서는 가장 으뜸으로 친다.

정절(贞节)

지위가 낮은 집안의 여인들도 정조를 지키려고 각양각색의 사회적 징벌을 감수하였기에 설령 사회적인 지위가 높은 집안의 여인들이라하더라도 조심스럽게 정절을 지켰야만 했다. 불공정한 상황에 처한 여인들의 이야기는 끊임없이 귓가에 맴돌았다.

이익 얻기(获利)

이익을 얻는 것은 중국 사람들의 가장 큰 바람이다. 그래서 말에서 진정성을 찾기가 어려운데, 즉 그들은 부자가 되기 위해서 수단과 방법을 가리지 않기 때문에 어떠한 상황에서도 늘 의심스러운 눈으로 바라보아야 한다. 그리고 교활하고 질투가 심하기 때문에 사람으로 하여금 좀처럼 그 속을 헤아리기 어렵게 한다.

공정함이 없다(没有公正)

(자신보다) 약자에게 포악하고 불손하게 대하기 때문에 공정한 법을 집행하는 법관을 찾아보기가 어렵다. 하지만 강자에게는 노비처럼 비굴한 행태를 보이는데, 가령 고소 사건에서 천자가 있는 수도의 상급 기관까지 가서 천자가 직접 심판해야 되는 대형 사건을 제외하고, 피고

인이 부잣집 사람이면 공정한 심판을 받을 기회를 얻기란 어렵다.

사기(欺诈)

신분의 고하를 막론하고 사회 각계각층이 모두 도박에 빠져 있고 사기는 일상에서 매일 이루어지는 놀이다. 중국의 도둑들은 오래전부터 교묘하고 대담하며 기민한데 아편과 관련하여 범해지는 죄악은 더 말할 것도 없다 .

각종 부도덕한 행위는 마치 최고 권력자처럼 중국 사람들의 영혼을 지배하고 있으며 나아가 각양각색의 나쁜 악마와 같은 존재들이 선한 영혼을 짓누르고 있다. 그런데도 개인은 말할 것도 없고 국민으로도 중국 사람은 어디에서 찾아볼 수 없으니, 악이 횡횡하는 것은 보이지도 않고 들리지도 않고 알려고도 하지 않는다.

복·녹·수(福 · 禄 · 寿)

사회적 지위와 상관없이 중국 사람들은 모두 세 가지 소원을 가지고 있다.

첫째는 불후의 명성을 얻어서 죽은 후에도 사람들의 제사를 받는 행렬에 들어가는 것이고, 둘째는 목숨을 걸고 열심히 일하는 것은 물론 훔치거나 사기를 쳐서라도 부의 상징인 땅을 많이 사 모으는 것이며, 셋째는 자신의 장수를 기원하는 것이다. 그리고 힘들게 모은 재산을 자손들이 누릴 수 있게 물려 주는 것이다. 즉, 福 · 禄 · 壽이다.

숙명(宿命)

중국 사람은 터키 사람처럼 숙명론자들이다. 한번은 광둥(廣東)에 살고 있는 한 화상(華商)이 평소 알고 지내던 영국인을 찾아가서 만나 담배 피우면서 이야기를 나누고 있는데, 그 화상의 하인이 급히 찾아와 그의 귀중한 상품이 가득 차 있던 창고에 불이 났다고 보고했다. (중국에는 화재 보험이 없다.) 그러자 그 화상은 담담하게 "괜찮아요, 타야할 물건은 타야 하는 법이고, 태워서는 안될 것은 못 태워"라고 하며 잠잠히 담배를 계속 피웠다. 이와 유사한 사례들은 참으로 많다.

어려움을 견딤(能吃苦)

중국 사람들은 어려움을 잘 견디는 사람들이다. 재산을 잃어버린 것보다 육체적인 고통을 더 잘 견뎌낸다. 아편전쟁 때 영국 군인들은 중국 사람들이 고통을 정신적으로 견뎌내는 여러 극단적인 실례를 본 적 있다. 그들은 "홍모만인(紅毛 蠻人, 붉은 털의 야만인이라는 뜻으로 당시 청나라 사람들이 서양 사람을 부르던 호칭)"의 포로가 되는 것보다 차라리 죽는 게 더 낫다고 생각하였다.

중국 통신집

中國 通信集*

종교에 대한 믿음이 없다(无宗教信仰)

나는 원래 이 책에서 무책임하게 중국 사람들의 국민성을 언급하고 싶지는 않았다. 그것은 간단한 일이 아니기 때문이다. 하지만 아무리 세상에 연구할 것들이 많다고 해도 중국 국민성을 연구하는 것만큼 매력적인 프로젝트는 없을 것이다 .

천자와 그의 관리들은 중국 왕조의 오래된 전통에 따라서 '하늘과 땅(天地)'에 참배한다. 또한 백성들은 불상 앞에서 향을 사르며 그들의 조상을 숭배한다. 그러나 관직에 진출할 수 있는 유일한 방법인 과거(科擧) 시험에는 미신을 배우고 가르치는 것을 묻지 않는다. 중국 사람들은 불교 사원에서는 불상에 참배하고, 로마 가톨릭 교회에서는 천지(天地)에 참배하고, 또 미국 기독교 교회에서 하는 예배도 참석한다. 가

* 이 글은 Cooke, George Wingrove(1814~1865, 영국의 변호사, 역사가)가 쓴 「通信集」(『中國』, 1858)에 실렸다. 원전: 大谷孝太郎, 『中國人的精神結構研究』, 東亞同文書院, 1935.

몸이 들면 '전지전능'한 승려와 함께 비의 신을 청하는데, 중국 사람들은 우상(偶像)을 하찮게 대하고 반신반의하듯 한다. 유교에는 영혼 불멸에 관한 설법도 없고 내생에 대한 응보(應報)나 원죄설도 없다. 중국 사람들은 일상의 일 외에서만 미신을 다소간 받아들인다. 중국 사람들은 우상에게 머리를 조아리지만 모독하기 위하여 우상의 머리와 신체를 두드리기도 한다. 그리고 서슴없이 자신을 위하여 변명한다. 승려라도 우상 앞에서 담배를 피운다면서 "보살이 받은 연기와 불이 바로 담배를 피우는 것이니 내가 담배를 피우는 것이 어떻게 보살에 대한 불경이라고 할 수 있겠는가?"라고 말한다.

거짓말을 한다(说谎)

거짓말을 하는 것이 나쁜 행위임을 누구라도 알고 있기에, 거짓말한 것을 누군가가 알게 되면 수치를 느끼게 된다. 또한 마음속으라도 자신이 거짓말을 하면, 아주 많은 사람들로부터 도덕적이지 못한 악행이라고 지적 받게 될 것도 알고 있다. 그런데 중국 사람들은 이러한 정서 교육을 받지 못한 것 같다. 그들은 어떤 특정한 거짓말은 그 거짓말을 듣는 사람에게만 특정한 해를 끼치므로 "거짓말은 그 자체로 합법이다"라고 생각한다. 중국 사람들은 거짓말을 하면 다른 사람들이 분노한다는 것을 걱정하지 않고, 부끄러워하지도 않는다. 그리고 그들은 거짓말을 하였다는 사실을 부정하지도 않다. 만약 중국 사람이 "감히 당신에게 거짓말을 하겠습니까?"라고 말한다면 사실은 그 반대이다. 그리고 중국 사람들에게 "당신이 거짓말을 자주해서 지금도 거짓말을 하려고 하지요"라고 하는 것은, 영국 사람들에게 "당신은 농담을 잘 하시네요. 지금도 어떤 우스운 이야기를 생각하고 계시는 거지요"라고 하는 것과 같다.

예절이 부족하다(缺乏礼节)

공공장소에서, 중국 사람들보다 예절이 부족한 사람은 없을 것이다. 중국 백성들에게서 그 어떤 예의와 양보라는 것을 찾아볼 수가 없는데 길을 막고 있으면서도 길을 비켜주지 않는다. 가끔 상류 계층의 사람들도 중대한 문제에 직면하게 되면 예절을 무시하고 끝까지 예절대로 행동하지 않는데 이것은 실제로 일상생활에 대한 날카로운 풍자이다. 마치 극중에서 볼 수 있는 이미 망한 왕조의 사건처럼 그들의 예절도 극에서 연출되듯 이미 사라져 버린 도덕이다. 타인을 존중하는 도덕인 예의와 양보는 도덕과 자아부정과 같이 이제는 사라져 버리고 다만 "하고 있는 일"속에만 남아있다. 중국 정치가의 생애와 공문은 단지 미약한 정서와 부패의 행적일 뿐이다. 그들은 한편으로 맹자의 책을 읽으면서 다른 한편으로 사람의 목을 자를 수도 있다. 물을 관리하는 데 써야 될 공금을 횡령하였기 때문에 홍수로 인하여 땅이 물에 잠겨도 결코 탄식하지 않는다. 큰 관리가 앞서 걸어가고 낮은 관리는 뒤에 따라 가는데 그들은 '실수로 사람을 죽인 자'는 사형에 처하지만 눈앞의 물에 빠진 사람은 구하지 않고 내버려 둔다 . 중국 사람들은 친구의 죽음을 대하면서도 늘 떠들썩한 웃음으로 보답한다.

효도(孝)

중국 사람의 도덕 중에는 오직 한 가지만 가장 발달되어 있다. 그것은 의무와 정서의 발달로 인하여 나타난 일종의 도덕이다. 심지어 종교의 효까지. 한 집안의 아버지는 중국 사람에게는 유일한 신이다. 만약 효가 사람의 마음을 정화시킨다면, 그것이 만인을 유도할 수 있는 좋은 것이지만, 중국 사람들은 조상에게 제사를 올리기 위해 조금의 거리낌도 없이 남의 재물을 빼앗기 때문에 자주 볼 수 있는 것이 있는 효자는 또한 악당이다.

도덕이 없다(无道德)

중국의 도덕을 연구하는 전문가가 자주 말했다. 중국의 도덕은 십계의 도덕이며 유교와 기독교는 비슷한 점을 가지고 있다고 하는데 사실은 그렇지 않다. "중국 사람들은 자신의 가족 이외에는 어떤 의무 관념도 없다." 중국 사람들도 도둑질과 실인의 위험을 잘 알고 있고 사업 활동에서 "성실이 최고 전략이며", "체면을 잃을 수는 없다"고 한다. 그런데 그러면서도 중국 사람들은 강도나 해적을 나쁜 직업이라고 생각하지 않는다. 또한 허리춤에 많은 돈을 꿰어 차고 있는 고위 관리를 염치없는 사람이라고 생각하지 않는다. "중국에서는 자연법을 위반하는 죄행은 국가에 대한 죄를 저지른 것이 아니고 그저 개인이 저지른 죄이다"라고 생각한다. 중국 사람들은 도둑질과 위증이 하느님과 보살의 뜻을 저버린 행동이라고 생각하지 않기 때문에 우리가 중국에서 받들어 행해야 할 숭고한 원칙이란 없다.

동방종교와 세계종교와 관계

东方宗教及其与世界宗教的关系*

육체성(肉体性)

중국의 한(漢)족은 인구가 방대하며 지리적으로 고립되어 있다. 또한 체질은 동일한 유형이며 시간적으로 오래 전부터 독특한 문명을 형성하여 왔는데 다른 아시아 지역과는 분명히 비교된다. 만약 인도유럽어족의 영혼의 특징이 두뇌적(Cerebral)이라면 한족의 특성은 육체적(Muscular)이라고 할 수 있다. 인도 민족이 물질을 멸시하고 육체와 연루되는 것을 혐오하는 환상적이고 형이상학적인 민족이라면, 한족은 현실 사물에 집착한다. 그래서 "세계가 가장 평이하다는 것이 사실이기에 증명할 필요가 없다"는 점에 고착되어 있다. 또한 "세계는 영원한 안식의 공간이기 때문에 일체의 원자는 실제적인 가치가 있다. 또한

* 이 글은 Samuel Johnson(1822~1887, 미국인 목사, 종교학자)이 쓴 「동방종교와 세계종교와 관계(东方宗教及其与世界宗教的关系)」(1872)이다. 원전: 大谷孝太郎, 『中國人的精神結構研究』, 東亞同文書院, 1935.

가정과 사회에 유용한 시가 형이상학과 종교를 대신할 수 있는 세계" 라고 생각하는 공리주의 단체와 같다. 인도에 있는 것이 두뇌와 순수의 사색이라면 중국에는 육체와 순수한 노동이다.

중국인의 정신은 육체형 혹은 노동의 기질에 세 가지 특징을 가지고 있는데 '지칠 줄 모르는, 일에 대한 본능'과 '불변의 수준을 지향하는 동일성' 그리고 '조심스러운 심중함'이다.

집요한 심리(执拗心理)

거의 모든 중국 사람들은 시간과 공간의 변화에 따르지 않고 네모반듯한 얼굴에 암울한 표정 그리고 아래로 드리워진 눈꺼풀에 평평한 얼굴, 생기 없는 풍격을 하고 있다. 약간 뚱뚱하면서도 튼실하며 인내심이 강한 체격은 사람에게 깊은 인상을 준다. 아라비아 사람의 투명한 눈과 민첩하고 우아한 행동, 인도아리안인의 환상적인 우울과 전형적인 감수성, 실레시아인의 탁월한 외모와 태연자약하면서 인식의 기대를 넘는 태도와는 강한 대조를 이룬다. 중국 사람의 이러한 특징을 대변하는 것은 바로 점액질과 무관심함 그리고 존재하는 사물에 집요하게 집착하는 심리 유형에 속한다. 중국 사람의 창조 능력은 일정하게 형성된 습관의 평면에 머물러 있고 틀에 박힌 형식주의를 넘어설 수가 없어서 생각의 자유에 도달할 수가 없다.

힌디족이 믿는 세계창조론은 세계의 기원이 무엇인가를 생각하는 신비로운 사상으로 '마야'의 헌신으로 만물이 형성되었다고 믿는다. 그러나 중국인들은 창세의 틀에 벗어나 세계는 자기 스스로 형성할 수 있는 능력을 가지고 있다고 생각한다. 중국 사람들의 사고는 현실 사물, 인류 사물에 대한 파악을 근간으로 하고 있으며 실증하는 가시적인 일만이 인류의 가장 좋은 부분이 되었다고 생각한다.

중용(中庸)

현실과 이상의 관계에 대한 끊임없는 체험 그리고 무한과 절대에 대한 이해의 부족—자주 겪게 되는 안정감과 억제 속에서 두 극단의 타협하에 이루어지는 훈련—, 그 결과는 중국의 철학과 정치와 풍속과 문자 등 곳곳에 보이는 "중용"의 사고이다. 즉 "중용"은 여러 요인의 균형과 조합, 도를 넘지 않다.

중국 사람의 종교는 무한자와 절대자의 관계라기보다는 개인적인 체험 속에서 나온다. 가정과 정치의 여러 제도는 평균을 잡기 위해 조정되고 그것을 구현하는 이익 공동체라고 할 수 있다. 조화를 통해 여러 가지 관계를 추구하는데 사람과 사람 간의 충성과 평균의 활동으로 우주의 질서를 유지하는 것이 중국 종교가 추구하는 목적이다. 이로 인하여 종교는 나라에 예속되며, 나라는 종교의 대표자이자 국민 숭배의 수탁자로서 천지간의 사물을 조직하게 되는데 이것이 바로 중용이다.

호전적이지 않다(非好战)

중국 사람은 호전적인 민족이 아니다. 자신의 여러 가지 제도는 천지의 조화로 확립된 것이므로 중국 사람들에게 평화는 가장 중요하며 중국 국민의 공리는 '안식'이다. 그리고 중국 사람들은 사물의 자기 완결성을 믿는다. 백성들은 마치 자신의 혈육과 같고 세상을 하늘에 맡기는 것이 질서의 한 부분이다. 그래서 국가 정책에 저항하는 것은 불가능한 일이다. 중국 사람들은 용기가 대단한데 그 용기는 피동적이며 호전에 근거하는 것이 아니라 놀라운 인내력에 근거한다. 그래서 중국 사람들이 다쳐서 수술 받을 때 보면, 신경에 받는 자극이 매우 약한 듯 보인다. 마치 고통에 대한 느낌이 유럽 사람보다 많이 작은 것 같다.

자선(慈善)

국민성의 다른 산물과 마찬가지로 중국의 자선 사업도 피동적인데, 중국 사람들은 급속한 변화에도 충동적이지 않기에 중대한 재해를 예방하고 미래를 개선하려는 의지는 부족한 것 같다. 중국 사람의 인성은 개선될 수는 있지만 바뀔 수는 없다. 중국 사람의 인성은 매우 무관심하고 힘이 없는 정서여서 열정적이고 격앙될 정도까지 올라갈 수는 없는 듯하다.

중국인 생활의 밝은 면과 어두운 면

中国人生活中的明面与暗面*

유머(幽默)

겉으로 보기에 중국 사람들은 개성이 없고 마치 꼭두각시처럼 품격도 없어 보이며 그리고 힘없는 외모로 인해 (서양)사람들은 그들이 상상력이 부족하리라고 생각하곤 한다. 그런가 하면 영국인은 동양인들 중 중국 사람들에게는 알 수 없는 무언가 있기 때문에 중국인을 가장 좋아하기도 한다. 그리고 영국인들이 이렇게 생각하게 된 가장 중요한 작동 요인은 틀림없이 중국인의 날카로운 유머감일 것이다. 유머감이 넘치는 중국 사람들은 속으로 웃기는 일이든 기괴한 물건이든 그 무엇도 그냥 웃음이나 미소로 만들어 버린다. 중국 사람들은 어떤 상황에서도 재미있는 이야기로 넘겨 버리는데, 농담은 견해를 달리하는 모든 것을 녹일 수 있기 때문이다.

* 이 글은 Macgowan Dh. J.(영국 선교사)가 쓴 「중국인 생활의 밝은 면과 어두운 면(中国人生活中的明面与暗面)」이다. 원전: 大谷孝太郎, 『中國人的精神結構研究』, 東亞同文書院, 1935.

완곡(委婉)

중국 사람들은 직설적인 것을 싫어하기 때문에 완곡하게 말하는 것이 좋다. 이로 인해 그들의 진정한 뜻을 파악하기란 쉽지 않다. 즉 중국인에게 언어는 그들 뒤에 숨겨놓은 관념을 상대방에게 암시하는 도구와 같은 것이다. 그렇기 때문에 그들의 숨겨진 관념을 추론하는 것은 전적으로 상대방의 몫이 된다.

고집(固执)

중국 사람들은 고집스럽게 자기 의견 내세우는 참 밉살스러운 국민이다. 상대방이 의견을 제안하고 실행에 옮기자고 요구했을 때 그들은 단호하게 거절하는가 하면 제안을 바꾸자고 말한다. 그런데 상대방의 태도가 강경할 경우 그들은 원래 제안을 인정해 주고 천진스럽게 칭찬까지 해 준다. 그런데 추후에 집행된 결과를 확인해 보면 원래 제안대로 되어 있지 않고 여전히 자기들의 마음대로 일이 처리되어 있다.

거짓말을 하다(说谎)

중국 사람들의 버릇 중에 가장 이해하기 어려운 것이 거짓말을 하는 것이다. 그들은 진실한 생각이 없는 것 같다. 그들은 태연하게 '없는 척' 하고 '아픈 척' 한다. 그리고 거짓말을 할 때는 정말 온 힘을 다 해 진실하게 보이려고 한다. 그래서 중국 사람의 말 속에서 진실을 찾아보기란 어렵다.

굳세다(坚强)

만약 완강한 종류의 인종이 존재한다면 그것은 중국인일 것이다. 그들을 어디에 두어도 적응할 수 있다. 상인이든, 일꾼이든, 직원이든, 밤새워 일하는 공인까지도 중국 사람의 체력은 훌륭하다. 인내력이 강해서 풍토에 좌우되지 않고 세균도 침입할 수 없다. 중국 사람이 서양 사람보다 훌륭한 것은 정신의 무감각이라고 할 수 있다.

조용하고 한가롭다(悠然自得)

중국 사람의 또 다른 장점은 한가로운 태도이다. 중국 사람은 어디를 방문하였을 때 오랫동안 기다려도 화를 내지 않는다. 즉 신경의 무감각함과 한가로움 그리고 강인한 성품이 중국 사람들을 목적에 도달할 수 있도록 만들어 준다. 중국 사람은 화를 내는 것이 체력을 낭비하는 것이라고 생각한다.

소문이 잘 전해진다(传播小消息)

중국 사회생활의 특징 중의 하나는 권위 있는 어떤 특정 분야를 만드는 것인데 그 중의 하나가 바로 소문을 전하는 것이다. 중국이라는 이렇게 큰 나라에서 소문이 전해지는 신속함에 대해 외국 사람들로서는 이해하기 어렵다. 어떠한 일이든 순식간에 온 마을에 전해질 뿐만 아니라 그 정확성 또한 유지된다. 며칠 안에 소문은 멀리까지 전해지며 신문이나 전보 없이 그리고 빈부와 귀천에 상관없이 다 알 수 있게 된다. 이런 현상은 생각하지도 못하였기에 어찌되었든 쉽게 해석되지 않는다.

체면(面子)

중국 사회생활 특징 중 그 첫 번째는 '체면'이다. 중국 사람의 바람 중의 하나는 같은 또래 친구들 앞에 훌륭하게 묘사되어지는 것으로 바로 '체면이 서다'이다. 일단 실패하면 체면이 없어진다고 생각하는데 그것을 '체면을 잃다'라고 표현한다.

중국: 고대로부터 현재까지의 역사, 외교와 상업

中国: 从远古到今日的历史外交和商业*

거짓말하는 것과 작은 이익(说谎与小利)

일반적으로 중국 사람들은 거짓말을 잘 한다고 생각한다. 그런데 중국 사람이 거짓말을 잘 하는 것처럼 유럽 사람들도 여러 가지의 거짓말을 한다. 유럽 사람들이 거짓말을 하는 이유를 살펴보면 평소 견지해오던 명예와 도의를 유지하고, 서로간의 불쾌함과 치욕을 피하며, 친구 사이의 정분을 더욱 돈독히 하게 하기 위함과 같은 적당한 정도의 이유를 들 수 있다. 이와 같은 서양인들의 이유와는 대조적으로 중국 사람들이 거짓말을 하는 동기로는 극히 작은 이익을 얻으려고, 말썽을 피우려고, 자신의 태만함을 숨기고 무례함을 피하려고, 나쁜 상대를 고통스럽게 만들기 위함 등을 꼽을 수 있다. 그런데 그 정도가 과

* 이 글은 Parker Edward Harper(1849~1926, 영국 변호사, 생물학자)가 쓴 「중국: 고대로부터 현재까지의 역사, 외교와 상업(中国: 从远古到今日的历史外交和商业)」이다. 원전: 大谷孝太郎, 『中國人的精神結構研究』, 東亞同文書院, 1935.

해서 유럽 사람들처럼 격에 맞지는 않다.

도둑질과 유용함(偷窃与有用)

중국 사람에게는 도벽(盜癖)이 있는 것 같다. 중국 사람들 대개는 자신에게 유용하지 않은 물건은 결코 가져가지 않기 때문에 만약 당신이 물건을 있어야 되는 곳에 두어도 훔쳐가는 사람도 없을 것이다. 왜냐하면, 중국 사람은 유혹적인 곳에 있는 유혹적인 물건만을 훔쳐가기 때문이다.

비위생적임과 빨래(不卫生与洗衣服)

중국 사람은 청결한 것을 그다지 좋아하지 않는다고 일반적으로 생각하는데 나의 경험으로 보건데 따뜻한 남쪽 지방에 사는 중국 사람들은 같은 계층의 영국 사람들보다 깨끗한 것 같다. 다만 추운 북쪽 지방에서는 연료비가 비싸서 옷을 자주 갈아입지 못하고 목욕도 자주할 수 없는 상황이 번번하다. 각 나라의 국민들의 청결 정도와 방식은 다르게 표현되는데 일본 사람들은 몸을 자주 씻는 것으로 그리고 중국 사람들은 빨래를 하는 것을 들 수 있다. 중국 사람들이 위생에 그다지 주의를 기울인다고 할 수는 없지만 그래도 일반 사람(중국을 경험한 외국인)이 생각하는 만큼 그렇지는 않은 것 같다.

은혜를 아는 것과 정(知恩与情)

일반적으로 중국 사람은 은혜를 모른다고 생각하곤 하는데 만약에 주인이 적정한 정도로 (중국)고용인을 배려해주고 그에게 경의를 표한다면 주인이 중국 사람이든 외국 사람이든 상관없이 그 중국 고용인의 충실성은 세상에 가장 으뜸일 것이다. 교활한 중국인이라도 주인과 애틋하게 이별할 때는 아이처럼 엉엉 우는 장면을 자주 보게 되는데 중국 사람이 은혜를 모르는 말에 대해 완전하게 긍정할 수는 없을 것 같다.

예절과 번거로움을 줄이는 것(礼节与省麻烦)

중국 사람들은 일본식의 복잡한 형식을 차리는 예절에 구애받지 않는다. 하지만 프랑스 사람보다는 예절을 중요시 한다. 중국 사람의 예절은 유교의 예법에 따라 규정되는데 생각의 번거로움은 없애 버리고 말과 행동의 부적절함을 방지할 수 있다.

여색을 탐하고 음탕하고 방종함(好色淫逸)

중국 사람은 분명히 여색을 탐하고 음탕하고 방종을 일삼는 사람이 많다. 중국 사람은 보통 일찍 결혼하는데 인구의 90%정도는 가난해서 한명의 아내만 얻지만, 부유한 관료들은 그렇게 할 필요가 없기 때문에 여러 명의 첩을 두는 경우가 많은데 청교도와 같은 절제되고 엄격한 부유한 중국 사람을 찾아보기는 쉽지 않다.

부모님을 무서워 함(怕父母)

일본이 아이들의 천국이라면, 중국은 아이들의 지옥이라고 할 수 있다. 부유한 가정의 자녀들은 좋은 옷을 입고 사랑과 보살핌을 듬뿍 받고 자라지만 오래된 방식을 고집하는 가정의 아버지는 아들에게만 애써 훈도를 한다. 그리고 어머니도 가끔 아이를 귀여워하기는 하지만 감정이 쉽게 변하고 성질도 괴팍하여 툭하면 아이를 혼내고 때린다. 그래서 자녀들은 부모에 대해 경애하는 마음보다는 두려움을 더 느끼게 된다.

절제(节制)

음식과 관련하여 중국 사람들이 유럽 사람들보다 절제력이 강한 것 같다. 중국 사람들은 만취할 정도로 술을 잘 마시지 않으며 소수의 부유한 집안에서만 정력을 키우기 위해 음식을 탐욕스럽게 먹는다. 중국 사람 95%이상은 달콤한 맛이 나는 잡곡을 좋아하는데 음식을 먹는 양도 80%정도만 속이 차면 그만 먹는다

부지런함(勤奋)

부지런함은 중국 사람의 최고 덕목이다. 오로지 자신을 위해 부지런하게 일하는데 무슨 일을 하든 어떤 상황에 처해도 중국 사람은 자신의 금전상 이해득실을 생각한다. 일을 해서 돈을 번다는 그것이 바로 중국 사람의 부지런함이다.

민첩함(灵巧)

중국 사람은 시계가 없어도 시간을 잘 알아서, 빨래하기, 건물 수리하기, 기후 판단하기, 농사짓기, 배 조작하기, 물고기 잡기와 말 타기를 한다. 못하는 것은 스스로 이발하기, 스스로 질병을 예방하기, 기생충 없애기, 군율 준수하기, 돈을 속이지 않기, 성실하기와 시간 지키기 등이다.

중국

中国*

효(孝)

만약 죽은 후에 제사를 지내줄 남자 자손이 없으면 자신과 조상들이 편안할 수 없다고 생각한다. 그리고 자신의 조상 숭배를 게을리하면 가정의 재난과 홍수와 역병과 자연 재앙이 올 수 있다고 믿는다. 이것이 중국 사람들의 종교 신념이다. 그리고 이러한 종교 신념과 중국 남자의 강력한 정욕으로 말미암아 중국의 인구가 이렇게 많아 지게 된 것이다. 즉 어머니가 되는 것이 여자의 구실이며 자녀를 낳지 못하는 것이 가장 큰 불효이다. 그래서 여자가 시집을 가서 아이를 낳지 못하면 집안에서 쫓겨 날 수 있으며 아들을 얻기 위해 첩을 드릴 수 있으므로 처가 많은 것은 많은 자식을 가질 수 있는 조건이라 할 수 있다.

* 이 글은 Bashford Janes Whilford(1849~1919, 미국과 중국의 감리교 성공회 초대 감독)가 쓴 「중국 (中国)」(1916년)이다. 원전: 大谷孝太郎, 『中國人的精神結構研究』, 東亞同文書院, 1935.

집단 경작(集体耕作)

중국 사람은 정성스럽고 꼼꼼하게 경작을 한다. 중국 사람은 잡초 하나가 차지하는 땅에 새싹 한 그루를 키울 수 있다고 생각한다. 그래서 잡초를 꼼꼼하게 제거한다. 이것도 중국에 인구가 많은 원인 중의 하나이다.

인력이 가축의 노동력을 대신함(人力代替畜力)

중국 사람은 말을 사육할 사료를 생산해낼 수 있는 땅(면적)으로 한 사람을 충분히 먹여 살릴 수 있다고 한다. 그래서 한 사람의 출생은 곧 가축의 노동력을 대신할 수 있는 노동력의 탄생이라고 생각한다. 이것도 중국에 인구가 많은 원인 중의 하나이다

근검하고 절약함(节俭)

중국 사람의 근검절약은 부지런함과 함께 잘 알려져 있다. 이는 그들이 가진 다른 품성처럼 천성이라기보다는 생활에 쫓겨서 생겨난 것이다.

지혜(智慧)

3,000년 전부터 중국 사람은 수많은 운하와 연못과 웅덩이와 도랑을 팠다. 화물을 수송하고 논밭에 물을 대고 홍수를 대비하는 데에 쓰였다. 중국 사람의 인내와 부지런함과 지혜를 인정하지 않을 수 없다. 전체적으로 보면 중국 사람들은 공업 생산에서도 그들의 훌륭한 지혜를 발휘하고 있다 .

적응성(适应性)

지혜보다 더 놀라운 건 중국 사람의 환경적응 능력과 착한 기질이다.

중국 사람의 적응성은 유전적 이유에서 그 덕을 찾을 수 있다. 이것은 그들이 삶을 영위할 수 있는 이유로서 중국 노동자처럼 착한 기질을 가진 민족은 없다. 그렇게 힘든 상황에서도 착한 기질을 유지할 수 있는 민족 또한 더욱 찾아 볼 수 없다. 자유롭지 않은 상황에서도 그들은 거뜬히 상대할 수 있다.

결합력(有结合力)

중국 사람은 생산에 있어 자본을 결집하는 것을 모르는 것 같다. 마치 큰 기업이나 회사를 설립할 때 어려움이 큰 것과 같은 이치에 비유되는데 이것은 중국 사람들이 능력의 결집을 촉진시킬 수 있는 능력이 부족하기 때문이 아니다. 중국의 역사는 현재 중국민을 구성하고 있는 각양각색의 세력을 연합하는 과정과 능력을 설명해주고 있다. 그래서 중국 사람들은 서로 조화를 이룰 수 있는 능력을 갖추고 있고 쉽게 상대방을 신뢰하는 경향이 있다.

실용성(实用性)

인도 사람을 프랑스 사람에 비유할 수 있다면 중국 사람은 영국 사람과 흡사한데 이는 그들의 모든 행동이 경험을 토대로 삼고 있는 데서 연유한다. 그들은 거의 본능적으로 중용주의를 받아들여서 논리를 원칙으로 생각하지 않고, 유효와 타협을 원칙으로 삼는다.

불신임(不信任)

서로 잘 알고 지내는 동료에게는 그렇지 않지만 일반적으로 중국 사람은 타인에 대한 성의와 신임이 부족하다. 과도한 불신으로 인해 중국 사람은 큰 회사나 기업을 설립하지 않는데 그래서 중국의 큰 은행이나 상사들은 대부분 가문의 씨족 등 동족인 사람으로 구성되어 있다.

정확하지 않음(不精确)

중국의 상거래 중에서 정확하지 않은 것은 큰 결점이다. 이러한 부정확함은 본성이 아니라 산업과 무역에 종사하는 기업인들—금융 기관 보유자와 상인—이 한때 이익을 얻기 위해 사실을 제대로 지키지 않았기 때문이다.

신용을 중시함(讲信用)

중국 사람들의 신용은 부정확함을 보충할 수 있다. 신용은 오랜 시간 동안 영위하였던 상업 활동의 경험에서 체득한 교역의 원칙이다. 이 점에서 중국 국민과 비교될 수 있는 국민은 없다. 중국 상인의 상업이 융성할 수 있는 비결 중의 하나는 신용이다.

의심주의와 무위주의(怀疑主义与无为主义)

중국에는 유교와 불교와 도교 삼교가 뒤섞여 있다. 유교는 합리주의와 물질주의에서 벗어나지 못하고 단순한 논리적인 삶을 강조함으로 인해 의심주의에 빠지게 하였다. 도교는 고대 초월 철학(超越哲學)에서 기원하는데 자연을 초월하는 인생관이 없어서 무위주의와 미신에 빠지게 되었다. 불교는 전래되어 왔을 때부터 오늘날까지 언제나 초월주의와 미신의 색채를 띠고 있다. 도교와 함께 무위주의와 미신에 빠져들게 하였다

강인함(强韧)

앞에서 말한 것처럼 중국 사람들의 성격은 매우 강인하다. 증거는 다음과 같다.

1. 중국 사람은 몽골인과 만주인에게 정복을 당했지만 결과적으로는 중국 사람이 승리를 거두었다. 몽골과 만주의 언어와 문명은 모두 소멸되었다. 중국어는 몽골에 침입해서 만주어(滿洲語)를 대신했다.

2. 중국 사람은 다른 종족과 통혼하였지만 그의 후손들은 모두 중국 사람의 특징을 가지고 있다.

3. 기독교는 505년에 중국에 들어왔지만 중국 사람에 의해 바뀌었고 쇠락하여 망했다.

4. 일찍이 수천명의 유태인이 중국에 들어왔었는데 결국에는 중국에 동화되어 버렸다.

5. 경제적인 이유 때문에 이슬람교는 기독교와 유태교를 비난하지 않지만 그러나 유교에는 아무런 영향도 주지 못했다. 중국인의 다신교는 어쩔 수 없다.

기술사회학—중국인 편

记述社会学—中国人篇*

감정을 중시함(重感情)

감정 측면에서 중국 사람들은 감정을 중요시하고 온화하고 소박하고 진지하며 같이 모이는 것을 좋아한다, 인내력이 특히 강하며 동시에 신경질적이고 완고하며 잔인하고 각박하다. 그리고 무정하고 성실하지 않으며 특유의 손버릇이 있고 호색(好色)적이다. 평소에는 말이 많지 않지만 가끔 격앙된다. 서로 좋아하지 않는 사람들이라도 서로간의 과분할 정도를 예의를 중시한다. 은혜를 알아서 보답하며 상업적인 신용을 중시하다. 당연히 지역에 따라 차이가 있다.

* 이 글은 Werner Edward Theodore Chalmers(1864~1954, 영국 외교관)이 쓴 「기술사회학—중국인 편(记述社会学—中国人篇)」(1919년)이다. 원전: 大谷孝太郎, 『中國人的精神結構研究』, 東亞同文書院, 1935.

창조성이 없음(没有创造性)

지능적인 면에서, 중국 사람들은 정체되어 앞으로 나가지 못하다. 근대적인 서양 문명을 수용하겠다는 욕망은 있지만 문화적인 측면에서는 여전히 대일통주의(大一統主義)와 기계주의의 노예이다. 사고와 행동 등의 모든 면에서 고유하고 오래된 방식을 답습하고 있고 상상력이 없고 창의력도 없기 때문에 맹목적으로 따라 하기만 하여 자유로운 개성과 창조력이 부족하다. 조직하는데 최선을 다하지 않고 반성과 예견이 결여되어 있어서 표현도 애매하고 주제와 실제를 판단할 수 있는 힘이 없다. 올바름의 중요성을 인정하지 않고 매우 곡해하고 완곡함에 능숙하여 극도로 근거 없이 의심을 하고 믿음을 가지지 못한다.

집단 행동 본능(集团行动本能)

중국 사람은 혼자서 행동하지 않는다. 집단적으로 행동하는 경향이 있다. 예를 들면 '거리에서 소리치는 행위'는 불공정한 대우를 받은 사람이 길거리로 뛰어 나가 제3자에게 고민을 하소연하여 중재를 모색하기 위함이다. 전체적인 사실로 보면 집단행동이 원칙이며 개별행동은 예외이다. 고립되는 것은 일종의 죄에 속한다.

생물학적으로 해석해보면 중국 사람의 집단행동은 동물에게도 볼 수 있는 방어적인 집단행동의 잔여로서 사회의 백혈구라고 할 수 있다 .

사회학적으로 해석하면 오늘날 사회에서도 봉건사상이 여전히 존재한다. 봉건 사회 제도에서 집단은 군사적인 성격을 가지고 있기 때문에 현대 중국 사람은 방어하기 위해 집단적으로 행동한다.

오대 강연

五大讲演*

사상이 절실함(思想切实)

내 생각으로는 동서 사상은 세 가지 차이점이 있다.

동양 사상은 실제적이고 건전하며 서양 사상은 추상적이고 이지적이다. 예를 들면 군신, 부자, 부부, 형제, 붕우 모두 다 온전하고 분명하며 실제적인 본연의 인간관계이다. 사람마다 아버지가 있고 아들이 있고 부부가 있으며 형제가 있다. 모든 사람은 한 나라의 국민 혹은 대표자이며 사람은 또한 누구나 친구가 있다. 그래서 동양의 성인은 오륜의 덕목을 규정하였다. 임금과 신하, 부모와 자식, 부부 사이, 형제 사이, 친구 사이는 어떻게 해야 하는지를 가르쳐 주었다. 하지만 서양의 사상은 조금 다르다. 대략 서양 사상의 주요 관념은 정직(Justice)과 박애(Benevolence)가 위주이다. 추상적인 관념들이라서 어떤 인륜과 관련

* 이 글은 John Dewey(1859~1952, 미국의 철학자, 심리학자, 교육학자)가 쓴 「오대 강연(五大讲演)」(1920년)이다. 원전: 『辰报社』, 1922.

된 사물과 관련된 것과 그 내용은 담고 있지 않다. 바꾸어 말하면 정직과 박애는 모두 이지(利智)의 추구를 통해 나타나는 것이다.

지혜와 이성의 추상적인 도덕관념이 능권능변(能权能变)이다. 예를 들면, 정직과 박애는 군신 · 부자 · 부부 · 붕우에 모두 다 응용할 수 있다. 신하는 임금에게 정직과 박애를 해야 되고, 마찬가지 임금도 신하에게 정직하고 박애를 해야 된다. 동양의 신하는 임금에게 충성을 바쳐야 되는데, 임금이 신하에게 충성을 바칠 필요가 없다는 것과 달리, 서양의 도덕은 평등적이고 보편적이며 살아있어서 능권능변하게 환경에 적응할 수 있다. 환경의 변화에 따라 관념도 변화한다. 대부분의 사물은 확실할수록 변화하기 어려운 법이다. 예를 들면, 신하는 충성을 바쳐야 된다고 하면, 이에 따라 수백 년 수천 년에 걸쳐 충성을 바쳐야 된다. 원칙이 보편적일수록 변화하기 쉽다. 모호한 버릇이 있지만 정세에 따라 임기응변의 조치를 취할 수 있다.

가정 윤리(家庭伦理)

서양의 윤리는 개성에 따르고, 동양의 윤리는 가정에 따른다. 사람마다 다 차이점이 있다. 첫번째 차이점은 친밀한 관계라는 것인데 그야말로 앞과 뒤 관계의 차이 정도이다. 서양 사람은 윤리가 어떤 특정한 관계를 가지고 있다고 생각하지 않는데 마치 군신 관계처럼. 그들은 다만 '나'라는 개인은 존비의 고하와 구별이 없다. 정직과 박애는 아버지나 아들에게 다 중요하다. 동양 경서에서 말하는 오륜(五倫) 중 세 가지는 가정과 관련된 것(부자, 부부, 형제)이고 나머지 군신 관계는 부자 관계의 변형이고 친구 관계는 형제 관계의 변형이다. 이처럼 동양의 논리적인 도덕 관념은 모두 가정에 따른다고 할 수 있다. 그래서 유교 경전에 "효는 덕의 근본이다"고 말하고 있다.

개인의 권리를 멸시하다(蔑视个人权利)

서양 논리는 개인의 권리를 존중하고, 동양 논리는 개인의 권리를 무시한다. 1,200년 전부터 서양에서는 개인의 권리를 매우 존중하여 왔다. 그래서 개인은 자유롭게 행동할 권리가 있기 때문에 다른 사람이 간섭할 수 없다. 재산을 보호받을 권리가 있기 때문에 다른 사람의 것을 강제로 빼앗을 수 없다. 신체를 보호받을 권리가 있어서 다른 사람에게 폭력을 사용하면 안 된다. 명예를 보존 받을 권리가 있어서 다른 사람의 명예를 훼손하면 안 된다. 다른 사람의 자유를 간섭하고, 타인의 재산을 빼앗거나 또는 타인의 명예를 훼손하는 일들은 모두 비도덕적인 것이다. 그 후 그러한 관념은 점점 정치 영역으로까지 퍼져 미국의 독립선언문 속에 그 요지가 분명하게 명시되어 있다. 사람마다 생명재산과 스스로 행복을 추구할 권리를 가지고 있기 때문에 정치적인 면에서 정부는 인민의 권리를 보호해야 한다. 이것이 개인주의의 진정한 표현이다. 사람은 각종 권리의 중심점이기에 사회의 모든 것이 평등해야 한다. 아버지에게 권리가 있듯 아들에게도 권리가 있다. 군신관계도 마찬가지 권리가 있는데 임금이 백성의 권리를 존중하지 않고 백성도 왕권을 존중하지 않으면 둘 다 비도덕적인 것이다. 어떤 사람은 개인의 권리를 중시하는 것이 마치 지나치게 이기적인 것 같다고 생각할 수도 있다. 도덕은 의무에 따라야 되는데 권리에 따를 수는 없다. 동양의 도덕은 개인으로서 사람이 해야 할 의무만을 존중한다. 그래서 서양에는 도덕적인 사리사욕이 없다. 하지만 권리를 중시하는 것이 의무를 무시하는 것은 아니며 의무와 권리는 당연히 모두 중요하다. 의무란 그저 타인의 권리를 존중하는 것이다. 만약 우리 개인이 중심이라면 우리의 권리는 당연히 신성불가침이어야한다고 생각한다. 그러므로 처지를 바꾸어 생각하면 당연히 의무를 다 하면서 자연스럽게 타인의 권리를 존중하여야 한다. 그래서 당신의 권리는 나의 의무이고 나의 의무는 당신의 권리이다. 이런 정치적인 개인 권리를 존중하는 것이 민치주의의 기초다. 행동 자유, 언론 자유, 직업을 선택하는 자유, 민족 자주 등이 모두 다 여기서부터 시작된다. 하지만 오륜은 불공평하다. 엄격한 귀천(貴賤)과 정해진 상하는 개인의 권리를 중요하게 생각하지 않는다. 그래서 군상신하(君上臣下)와 부존자비(父尊子卑)하며 그리고 부부형제(夫婦兄第) 모두 마찬가지 관계이며 오직 친구만 서로 평등하다. 그래서 군부부형(君父夫兄, 임금과 아버지와 남편과 형)에게만 권리가 있고, 신자처제(臣子妻第, 신하와 아들과 아내와 동생)에게는 권리가 없다. 서양 사회는 모든 것이 평등하다. 아들이 아버지에게 복종하는 이유는 아버지의 경험이나 지식이 더 높기 때문이다. 만약 권리에 대해 이야기 하면 아들과 아버지는 동일한 위치에 있다. 그래서 민주제 하의 국민은 존비귀천(尊卑貴賤)의 구별이 없고 모두 다 절대적으로 평등하다. 그리고 권리와 정직은 밀접한 관계를 가지고 있어서 상대방이 나의 권리를 존중하고, 나도 상대방의 권리를 존중한다.

욕망이 소멸될지 말아야 될지는 큰 문제인데 철학자의 의견은 각각 다르다. 어떤 사람은 인류의 욕망이 너무 커서 고민이 많기 때문에 만약 모든 욕망을 없애버리면 자연스럽게 태연해지고 운명에 따를 것이라고 생각하는 사람도 있다. 인도의 고대 철학자들은 욕망을 길들여서 마음을 고요하게 하는 것이 큰 지혜라고 생각하여 심지어 음식을 거절하기도 한다. 로마의 고행가도 적막함과 고요함이 고행이지만 즐

겁다고 주장하기도 하는데 요컨대 그들의 주장은 욕망을 없애지 않으면 즐거움이 없을 것이라는 논리이지만 다소 과격한 것 같다.

이와는 반대로 어떤 영국 시인은 욕망은 필요한 것이라고 주장했다. 왜냐하면 욕망은 우리가 노력해서 환경을 바꾸는 데에 중요한 자극이 될 수 있으므로 사람이 욕망이 없으면 사슴과 돼지처럼 둔해질 수 있다. 그래서 욕망이 있기 때문에 현재의 상황에 대해 만족하지 못하고 능력을 발휘하여 세상을 바꿀 수 있는 것이다. 그래서 과욕은 현대 발전과 개혁의 근본이다. 어떤 사람이 독일의 사회 개조 전문가에게 사회를 개량하는 데에 가장 큰 저항이 무엇이라고 질문했다. 그는 사회가 현재 상황에 대해 만족스러워 하지 않는 것이 제일 어렵다고 했다. 바로 이런 불만으로 인해 사회를 개량하여야겠다는 욕망이 생기게 되고 그래야 노력해서 성공할 수 있다.

공정하게 한 마디를 하면, 물론 이것도 단편적인 말이겠지만 만족하지 못하는 사람은 많은 버릇이 있을 수 있는데 예를 들면 고민이 많다거나 흥겹기가 어렵거나 혹은 생트집을 잡는 등 욕심은 끝이 없다. 또한 세상 사람들과의 의견이 맞지 않는다. 이런 사람은 경솔하게 화를 잘 내고 타인을 심하게 탓하고 쉬이 자책하게 되므로 사리사욕으로 인해 공적인 이익에는 도움이 되지 않는다. 그래서 욕망이 있든 없든 각각 장단점은 있다. 욕망이 없으면 열심히 노력하지 않으며 욕망이 있으면 항상 만족하지 않고 주제를 넘어 망하고 헛되이 힘만 낭비한다. 아무튼 욕망 혹은 만족하지 못하는 마음은 절대로 없애버리면 안 된다. 왜냐하면 불만의 목적은 노력을 불러 일으켜서 환경을 개조하기 때문이다. 그래서 만약 불만족스러운 마음을 잘 활용하면 이익을 많이 얻을 수 있지만 반대로 너무 성급하면 우환이 끝이 없다.

중국인의 인생철학

中国人的人生哲学*

무위(无为)

무위는 일종의 도덕 행위의 규범이다. 사람에 대해 적극적으로 인내하고, 의연하고 자연스럽게 자연을 기다리면서 일하는 교훈을 가르쳐 준다. 일시적으로 굽힘으로써 미래의 발전을 도모하다는 표어가 있다. 바로 이런 견해를 근거로 중국 사람은 '되어 가는 대로 내버려둔다'는 자족 · 안분(安分) · 관용 · 평화 그리고 삶을 재미있고 즐거워하는 인생태도가 생겼다. 중국 사람은 자연의 섭리가 느리다는 것을 알고 있기에 느긋하게 얻게 될 수확을 기다린다. '무위'는 소극적인 복종으로 변하기 쉽고 보수는 습관이 되고 공포와 변화하기 싫은 상태가 되기 쉽다

* 이 글은 John Dewey(1859~1952)의 「중국인의 인생철학(中国人的人生哲学)」(1922년)이다. 원전: 陈学洵, 『民族性与教育』, 商务印书馆 , 1949.

스승을 존중함(尊重师傅)

유교는 스승을 매우 존중하는 관념에서 형성되었는데 스승은 제자의 생활과 학식에 대해 영구적으로 영향을 끼친다. 이런 관념은 중국 민족의 생활 성격 중에 뚜렷하게 나타난다. 그리고 중국 사람에게는 한 가지 경향이 있는데 바로 모든 논쟁을 평화적으로 해결하는 것을 좋아하며 악담이 생기는 것을 원치 않는다. 이러한 성향도 이것으로 설명할 수 있다.

중국 국민성의 몇 가지 특징

中国国民性的几个特点*

선한 웃음(善笑)

가난이든 질병이든 혼란이든 모든 것을 떨쳐버리고 완전히 묻지 않을 수도 있다. 그런데 이 고통을 보상하기 위해 중국 사람들은 스스로를 즐겁게 하는 능력이 있다. 예를 들면 장난을 치며 웃는 것, 주색에 빠지는 것, 철학을 토론하는 것 등 있다. 이것이 다 중국 사람들이 즐거워지는 방법이다. 내가 아는 인종 중에서 중국 사람들은 웃는 것을 제일 좋아하는 셈이다. 모든 것을 게임으로 본다. 싸움도 웃으면 다 해결할 수 있다.

* 이 글은 Bertrand Arthur William Russell(1872~1970, 영국의 수학자, 철학자, 역사가)의 「중국 국민성의 몇 가지 특징(中国国民性的几个特点)」(1922년)이다. 원전: 『东方杂志 』第19卷 第1号, 1922年 1月.

향락(享乐)

중국 사람들은 신분이 높든 낮든 차분하면서 한가로운 태도를 보이고 있는데 이런 태도는 유럽 교육을 받았어도 여전히 없어지지 않는다. 서양인이 바라는 것은 스스로가 자기가 처한 환경을 변화시키는 중요한 원인이 되는 것인 반면, 중국 사람들이 바라는 것은 가능하면 향락이다. 이것이 바로 중국과 영국의 근본적인 다른 점이다. 중국 사람들의 야심은 권리가 아니고 향락이다. 향락으로 인해 탐욕에 빠지게 되었다.

탐욕(贪婪)

중국 사람의 보편적인 약점은 탐욕이다. 돈으로 향락을 추구하기 때문에 중국 사람들은 돈이 많이 필요하다. 중국에서 실제적인 권리를 가지고 있는 사람은 독군(督軍, 중화민국 초기 성(省)급의 군 최고책임자)이다. 독군이 행사하는 권리는 오로지 자기 집안의 재산을 늘리기 위한 일 외에는 없었다. 그래서 내가 생각하기에 중국 사람들의 가장 큰 약점은 탐욕이라고 본다. 대부분의 노동자들은 돈 때문에 목숨까지 걸고 모험을 할 수 있을 정도이다. 일본에게 맞서 대항하기 어려운 이유는 관리들 때문인데 중국 관리 중에 뇌물을 거절하는 사람은 단 한명도 없다.

체면(面子)

중국 사람들은 보잘 것 없는 노동자라고 할지라도 자존과 도도함을 가지고 있다. 개인의 관계에서 성실함과 진실함이 부족한 것이 중국 사람의 단점이다. 중국 사람들의 공손과 유럽 사람의 솔직함을 비교

한다면 어떤 것이 더 좋을까? 내가 함부로 단정할 수는 없다.

조화와 민의(民意)에 순종하기(调和与顺从民意)

조화를 좋아하고 민의를 따르는 것을 보면 중국 사람들의 성격은 영국 사람과 매우 흡사하다. 황제 제도를 없앴지만 호칭은 여전히 유지되고 있고 또한 예쁜 궁궐에서 살면서 많은 환관들의 보살핌을 받고 있다. 이외에도 매년 수백 만 원의 돈을 오히려 우대비로 받고 있다. 안복계* 관료들을 내쫓을 수 있었던 것도 모두 민의에 의하였던 것이다. 동시에 민의의 영향으로 교직원들이 파업을 할 수 있다. 정부는 여론의 공격을 받고 갈피를 잡지 못하게 되었다. 교사의 이익을 위하여 전국에서 민의가 격동하였는데 이러한 파업은 영국과 같은 나라에서는 없을 것 같다.

인내심(忍耐力)

중국인의 인내심은 유럽 사람이 보기에는 무서울 수도 있다. 교육을 받은 모든 중국 사람들은 다른 나라의 위협이 제일 무섭다고 생각한다. 일본인이 산둥성과 만주에서 했던 일을 중국 사람이면 누구나 다 기억하고 있다. 홍콩에 있는 영국인이 아무리 온갖 지혜를 다 짜내어도 광둥이 좋은 정부가 될 수 없는 것과 같다. 반대로 중국은 일본을 따라하지 않고 외국의 힘 앞에서도 굴하지 않았다. 중국 사람들은 향후 몇십 년이 아니라 몇백 년을 생각할 것이다. 옛날에 몽골족과 만주족이 중국을 정복해 본 적이 있었다. 그런데 그들은 결국 오히려 중국

* 중국 북양군벌 시기 단기서가 수장으로 있던 관료정계 집단으로 베이징 선무문의 안복(安福)이라는 곳에서 주로 활동하였다고 하여 이름이 유래함.

에 동화되어 버렸다. 중국의 문화는 바뀌지도 않고 사라지지도 않았다. 몇십 년 내지 몇백 년 후에는 중국 사람이 오히려 침략자가 될 수도 있다.

민족의 접착성(民族粘着性)

중국인은 누구나 한 가지 특성을 가지고 있다. 그것은 고집이 강하면서도 소극적인 저항력을 나타내는데 있어 비교할 상대가 없는 민족의 접착성이다. (내부 갈등은 상관 없는데, 내부 갈등이 표면적인 분열일 뿐이기 때문이다.)

중국은 정치적 결합체라고 하기보다는 오히려 문명의 결합체라고 하는 것이 더 났다. 공자 시대부터 지금까지 이집트·비빌론·페르시아·마케도니아·로마제국과 같은 많은 문명 국가들은 모두 역사 속으로 사라진 반면 중국은 끊임없이 발전을 추구하며 현재까지 살아있다.

내가 만났던 많은 중국인들은 서양 학식을 가지고 있고 우리나라의 대학 교수들과 결코 차이가 없다. 하지만 그들은 그들의 정체성을 결코 잃어버리지 않았을 뿐만 아니라 그들과 그들 민족과의 관계에 대해 결코 벗어나 있지도 않았다. 서방 문명의 모든 폐해—잔인함, 경망스러움, 약한 자를 억압하고 물질적 목적만을 모색하는 것과 같은 잘못된 견해—를 그들은 분명히 알고 있지만 결코 모방하려고 하지 않았다. 반면에 서방 문명의 장점—과학 최우선—을 말하며 이를 받아들이는 것을 좋아한다.

유럽과 미국의 교육을 경험한 중국인은 누구나 새로운 요소가 중국인에게 있어야 된다고 생각하고, 즉 중국의 전통문화에 활력을 넣어야 한다고 생각하고 우리의 문명으로 보충하고 싶어 한다. 하지만 그들은 우리와 같은 형태의 문명을 건설하고 싶어 하지는 않는다. 이것은 매우 좋은 희망이다.

성실(诚实)

어떤 작가가 나에게 지적한 (중국인의) 세 가지 단점인 '탐욕', '비겁함'과 '동정심의 결여'에 대해 화를 내지 않고 나의 비평이 맞다고 말했다. 그리고 나와 보완하는 방법을 계속해서 토론해 가자고 말했다. 이것은 중국인의 성실을 증명하는 사례라고 할 수 있다. 성실은 중국의 가장 큰 미덕의 하나이다.

동정심의 결여(缺乏同情心)

중국에서 수백 만 명의 난민이 배가 고파 죽을 뻔했는데도 구제하려는 사람은 없었다. 길에 강아지 한 마리가 차에 치이면 길옆 사람의 열 중 아홉은 멈추어 서서 그 불쌍하고 처량하게 울부짖는 소리를 비웃는다. 일반적으로 중국인은 다른 이가 고통을 받는 일을 봤을 때 그 고통스러운 사정에 동정하는 마음을 일으키지 않는다. 실제로는 오히려 고소한 모양이다. 1911년 혁명 전의 형법을 보면 중국인에게 잔인한 심리가 결여되어 있다고만은 할 수 없다. 세계 거의 모든 민족에게는 다소의 잔인한 심리가 있다. 우리는 단지 속으로 자신의 위선을 숨길 뿐이다.

나약하고 비겁함(懦怯)

겉으로 보기에 비겁함은 확실히 중국인의 단점 중의 하나이다. 하지만 나는 중국인이 진짜 용기가 없다고 단정할 수 없다. 하지만 중국인이 용기가 있는 민족이라고도 말하지 못하겠지만 중국인의 소극적인 인내력을 두고 보면 또 다르게 말할 수 있다. 그들은 참을 수 있고 참다 죽을 수도 있다. 중국인이 적극적인 용기는 부족하지만 그들은 우리보다 죽음을 두려워하지는 않는다. 자살하는 중국인이 많다는 점이 바로 그 증거이다.

질서가 문란함(骚动)

중국인에게는 또 다른 면의 생활이 있는데 맹렬하게 소란을 피우기도 한다. 즉 이것이 바로 집단적 소요와 같은 질서 문란이다. 중국의 국민성으로 인해 이런 기질이 나타나는데 그래서 중국인은 짐작하기가 쉽지 않고 그들의 전도를 예측하기가 쉽지 않다. 이런 이유로 중국인은 평소 습관적으로 매우 조심스럽고 신중하지만 가끔씩은 세계에서 가장 위험한 문제를 일으킨다.

평화(平和)

중국에도 보존할 수 있는 것이 있다. 그것은 바로 윤리의 덕성이다. 중국의 지고 무상한 것은 바로 여기에 있다. 근대 세계에서 가장 필요한 것은 이것이다. 이 몇 가지 덕성 중에 우리는 평화로운 성격을 첫째로 친다. 이런 성격이 있으면 모든 분쟁을 정의롭게 해결할 수 있어서 무력에 의지할 필요가 없다.

중국국민성론

中国国民性论*

천명(天命)

중국의 한족(漢族)에게 있어 천명사상은 태고적부터 현대까지 일관 된 사조의 하나로서 중요한 윤리와는 구별되는 중요한 국민성으로 인식되어 왔다. 그래서 중국인들의 성격을 고찰하는 데에 있어 천명을 제외하면 논의하기가 어려우며 중국인에게 있어 천명사상은 생각의 근본이라 할 수 있다.

그러나 시간을 흐르면서 천명사상도 변화를 보였다. 즉 천명사상이 개인적으로 자신의 이익과 연결하는 관념으로 나타났다. 그래서 요순(堯舜)의 숭고한 관념이 크게 희박해졌는데, 우왕(禹王) 아들 계(啓)가 천자의 자리를 잇게 되면서 나타났다. 계가 비록 재능은 있었지만 요순의 정신으로 볼 때 이것은 스스로의 이익을 쫓아간 것이 된다. 중국

* 이 글은 와다나베 히데카타(渡邊秀方, ?~1940, 일본 철학자)의 「중국국민성론(中国国民性论)」(1929년)이다. 원전: 『中国国民性论』, 上海新北书局, 1929.

의 하늘 숭배 사상과 천명론은 서로 혼재되어 있는데 이것이 종교로 역할하였다. 백성들은 사람의 힘으로 어쩔 수 없는 상황에 처하게 되면 천명에 의탁하는 경향이 있었다. 그래서 천명사상은 중국인 마음속 깊숙이 뿌리내리고 있는 사상이므로 '운명(運命)' 또는 '명(命)'이 의미하는 것이 바로 천명사상이다.

효도(孝道)

조상을 존경하고 효를 중시하는 것은 동양인의 중요한 국민성 중의 하나이다. 특히 중국에서는 효도를 철저하게 지켜왔다. 유교 경전에는 '효는 백행의 으뜸'이라는 말이 있는데 이점은 효도가 충군(忠君)사상보다 더 근본적인 윤리의 뿌리라는 것을 말하는 것이다.

중국의 문헌에 나타난 효도에 관한 것을 보면 세 종류로 나뉜다. 첫째는 육체의 효도이다. 이 효도는 최선을 다해 오로지 부모를 부양하는 것을 말하는데 자신을 희생해서라도 부모의 욕망을 만족시키려는 마음이다. …… 셋째는 그야말로 이상적 혹은 원대한 효도로 머나먼 모든 조상에서부터 부모님까지 빠뜨리지 않고 제사를 모두 지내는 것인데 이것은 너무나도 이상적이라고 할 수 있다.

유약한 평화주의(文弱的和平主义)

우리가 보기에도 세계의 여러 민족 가운데 평화를 가장 열망하는 민족은 한족(중국인)이라고 생각한다. 그들의 4천년 역사는 평화를 갈망하였던 역사이다. 그들이 다른 민족을 침략한 전쟁은 매우 적었으며 그들이 치른 전쟁은 자신의 문명을 보호하기 위한 전쟁이었다. 그들의 혁명은 온갖 고초를 다 겪고 국가가 폐허가 된 후 일어났기에 '혁명'이라고 부른다. 그들의 전쟁은 방어적인 전쟁이었으며 그들의 역사는 변방 각 민족들의 침략에 대한 방어 전쟁의 역사이다. 또한 그들의 침략은 늘 생산력의 증가를 위한 노력의 전쟁이었는데 교역의 확대를 위한 교역전쟁이었다. 그러므로 그들의 위력은 근면이며 멈추지 않는 노력의 연속이었다.

이렇게 좋은 민족은 세계 어디에서 찾아보기 어려우며 그 운기는 또한 오래되었으며 이민족과의 친화력 또한 뛰어나고 강력한 평화의 열망자이기 때문에 황화(黃禍)론을 제기한다는 것은 이치에 맞지 않다.

중국 한족들은 선천적으로 이해 관념이 발달한 실제적인 사람들이다. 그래서 비록 이민족이라도 위해를 끼치는 민족이 아니라면 그들은 점점 자기 문화로 이끌어 동화되도록 하였다. 또한 많지 않는 자기들의 적들에 대해서도 위협을 가하지 않았는데 왜냐하면 이러한 성격은 그 역사가 오래되었기 때문에 그들이 가지고 있는 실제적인 능력을 가지고 이족들을 압박하여 그들의 문화로 동화시킬 수 있다고 그들은 생각하기 때문이다. 불교가 성행하였던 후한 시대를 돌이켜 보면 그 교리가 노장 사상과 성격상 공통점이 많았다. 그래서 유약한 중국인의 기호에 맞아 중국인의 유약함을 더욱 부채질하였다.

실리성(实利性)

중국 민족의 큰 특색으로 꼽을 수 있는 것은 일에 대한 실천이다. 이들은 현실적이고 의지적이고 윤리적인 것을 명목으로 실행에 옮긴다. 이들은 문학과 철학 등의 방면에서도 윤리성을 매우 많이 제시하지만 사변적인 논의는 그리 많이 다루지 않는다. 중국 철학의 내용을 보아도 논리를 구성하는 것은 볼 수 없을 뿐만 아니라 어떤 지식론에 대해서도 논의를 하지 않고 실물론과 같은 순수한 사변적인 추상 문제에 대해 논의하고 있다.

그들이 생산하였던 으뜸 철학인 유교 교리의 중심은 사람이다. 제목은 이용후생(利用厚生)의 변함없는 윤리이며 백성을 위한 정치가 그 핵심이다. 유교 경전인 『상서(尙書)』 1권의 중심 사상은 삼사구덕(三事九德)으로 이 사상은 윤리상으로 보면 덕을 숭상하는 상덕(常德)주의와 공리주의 사상의 결합체로서 그 사상의 근본은 중용의 덕과 조화 공리 사상을 그 범위로 하고 있다.

이기심(自利心)

대체로 중국인들은 실리적이기 때문은 아니지만 이기적인 성격을 띠고 있다. 그래서 중국인의 자기중심 및 이기적인 성향은 대부분 정치 폐해로 나타났다. 유교는 사회 통합 주의로 그리고 노장 철학은 개인주의의 진수로 나타나는데 이 철학에서 가장 중요한 것은 자신이다. 오늘날 고대 중국 사상을 근거로 하여 중국 국민성을 논할 때 유교는 일상의 형식에서도 그 흔적을 찾아 볼 수 있다. 그리고 묵가는 상업적인 집단 조직에 내재되어 있다. 또한 도교는 일반 백성들의 종교로서 그들의 정신세계를 지배하고 있다. 중국인들을 보통 유약하다고 하지만 현실 속에서 자신의 이익과 관련된 문제에 대해서는 매우 강렬하게 저항하는 모습을 볼 수 있다. 보통의 경우 중국인들은 보수적이라고 하지만 이익에 유리함을 내주어야 할 경우에는 뜻밖에도 저돌적으로 변한다. 중국인들은 보통 단결을 하지 못하고 개인적이고 이기적이지만 서로의 이익에 도움이 될 경우에는 일치단결한다. 그래서 중국인들 사이의 모든 일은 실리와 자립의 성격을 띠고 있다. 따라서 상업 영역에서는 매우 뛰어나며 상업에 필요한 관대함과 인내하는 성격이 충분하다. 중국인들은 다른 일은 매사 둔하게 보일지는 모르지만 유독 상업에 관한 한 대단히 슬기롭고 민감하다. 중국인들은 다른 일을 할 때에는 모두 거짓말을 잘하지만 유독 상업적으로는 신용을 매우 잘 지킨다. 그들은 돈을 벌 수만 있다면 체면이나 주의 그리고 의견 등과 관련된 어떤 불편한 일도 일체 말하지 않는다.

보수와 형식(保守与形式)

중국인들의 보수와 형식 그리고 형식과 아둔함은 서로 연결되어 있다. 중국인들은 늘 요(堯)임금과 순(舜)임금과 우(禹)왕에 대해 그리고 주공(周公)과 공자(孔子)를 스승으로 이야기하곤 한다. 그들이 인간 진보의 이유로 미래보다는 과거를 생각하는 것은 선천적으로 보수라는 증거 중 하나이다. 이것보다 더 형식적이라는 것을 보여주는 것이 그들의 문자와 문장이다. 특히 변려문(骈体文)과 팔고문(八股文)이 대표적이다. 이것은 중국인의 사고 구조가 적극적이지 않고 소극적이어서 결코 창조적일 수 없음을 보여주는 것이라 하겠다. 팔고문은 중국 관리들을 더욱 형식적으로 만드는 문체로서 그들끼리만 통용될 수 있었고 미관말직의 관리들도 승진을 위해서는 꼭 사용할 수 있어야 했다. 중국인들은 옛날부터 체면을 매우 중시하였다. 그들은 변방 지역의 이적들에게 물자를 하사할 때(岁币)도 반드시 엎드려 머리를 조아리는(平身叩头) 형식을 갖추어야만 간신히 그 예봉을 피할 수 있었다. 그런데 이것은 명목상으로 중국이 상국(형님)이라는 것을 요구하는 것이고 상대는 신하국(동생)이라고 부르게 하는 것으로 그렇게 해야만 만족스러워 했다. 이 체면은 형식에 얽매는 풍습이고 사태에 대한 정확한 판단을 내릴 수 없게 만들었다.

취미성(趣味性)

중국은 예로부터 문자의 나라라고 부르고 중국인들은 서적을 존중하는 것으로 세계에 알려져 있다. 오늘날 중국학자들의 학설에 따르면 이러한 것은 소수의 지식인들에게 해당되는 것으로 일반 백성들과는 아무런 상관이 없는 이야기라고 한다. 중국이 문학의 나라라는 것도 이것은 성인의 가르침을 실천하는 나라를 의미하는 것으로 일본에도 이러한 모습은 찾아 볼 수 있는 것이기 때문에 이것은 중국을 이상화하고자 하는 학자들의 착각인 것이다.

중국인들의 재미는 대체로 모두 저급하다고 한다. 그런데 그림을 보면 대단히 기품이 있고 매우 고상하다. 또한 오늘날 중국 요리는 천하일품이다. 국민들은 요리에 대한 큰 관심을 가지면서 중국 음식을 먹어 보면 요리에 대한 연구는 가히 놀랍다.

모순성(矛盾性)

영토가 광대하고 단조로워서 중국은 러시아와 거의 비슷하다. 하지만 인종과 지리 문화면에서는 서로 다르고 국민의 형질도 그야말로 제각각이다. 그래서 중국 국민들도 내부적으로 서로 상반된 모순을 가지고 있다.

1. 사상의 모순, 2. 냉랭함과 열정의 양면성, 3. 차별적이면서도 평등함, 4. 배타적이면서 친화적임, 5. 유약하면서도 강인함, 6. 빈부의 양극화

중국인—인종지리학적 심리론

中国人—人种地理学的理论*

감수성(感受性)

통상적인 표현에 따르면 중국인의 감수성은 매우 둔할 뿐만 아니라 신경은 대단히 마비되어 있다고 말한다. 그래서 그 어느 누구도 중국인의 신경마비 증세에 대해 이의를 제기하지 않기 때문에 거의 틀림없는 사실로 여겨지고 있다. 그러나 이러한 견해는 틀렸다. 로드(Jean Rodes)가 여행을 하면서 관찰한 바에 따르면 이 관점은 잘못되었다는 것이다. 중국인을 처음 마주대했을 때는 아주 이상하다고 느끼며 특히 이해할 수 없는 것은 바로 그들 특유의 감수성이다.

중국인의 신경마비에 대해 대개는 이유가 있다고 믿는다. 우선 중국인은 영혼의 영생이라는 관념이 있기 때문에 죽음에 대한 고민이 없기에 죽음에 직면하였을 때도 전혀 두려워하지 않는다고 한다. 또한 불

* 이 글은 Jean Rodes, 劳德의 「중국인—인종지리학적 심리론(中国人—人种地理学的理论)」(1935년)이다. 원전: 大谷孝太郎, 『中國人的精神結構研究』, 東亞同文書院, 1935.

행에 대해 저항하거나 기쁨의 여부에 대해 전혀 관심이 없다는 점이다. 그리고 마음속으로 극히 혐오하는 외국인을 만나도 전혀 당혹스러워하지 않으며 마지막으로 대대로 전해져 내려온 습관에 대해 아무 관심이 없다는 등과 같은 이유를 들고 있다.

이런 여러 가지 겉모습으로 인해 외국 여행자들을 편견에 빠지게 만들었다. 만약 좀 더 심층적으로 관찰해 보면 이런 표면적 판단은 바뀔 뿐만 아니라 오히려 완전히 상반된 관념이 생길 수도 있다. 모든 순수한 감수성을 가진 사람처럼 중국인은 외로움을 추구하는 경향이 없는데 모여서 함께 사는 본능을 가지고 있기 때문이다. 하지만 중국인과 아주 밀접하게 접촉을 해본 경험이 있는 사람이라면 중국인의 감수성으로 인해 그들을 오히려 신경질적인 국민이라고까지 생각하게 된다.

잔인함(殘忍)

그런데 받아들이기 힘든 것은 이러한 선명한 특성을 가지고 있는 동시에 중국 사람은 이와 반대되는 특성도 확실히 가지고 있다. 즉 중국인들은 사람과 동물을 매우 강렬하게 사랑하면서도 경우에 따라서는 이들에게 상상도 할 수 없는 잔인함을 보이기도 한다는 것이다. 이러한 잔인함은 모든 혼란스러운 시기에 나타났는데 이럴 때 중국 사람들은 다른 나라 국민처럼 인류의 생명을 존중하는 관념은 고사하고 연민하는 마음도 없는 것 같다. 예를 들어, 살인은 중국 사람에게 정당한 행위이며 비인도주의적인 행위는 그들에게는 극히 자연적인 일이고 아무런 악의를 가지지 않고 바로 실행하곤 했다.

참을성/인내심(忍受)

중국인은 고난에 강한 저항력 가지고 있다. 오랜 시간 동안 잔혹한 관료사회 하에서의 부정행위와 수탈에 대한 혁명 그리고 살인 또는 자연 재앙으로 인한 기근과 홍수 그리고 역병 등 모든 것을 중국인들은 모두 참고 이겨내었다. 중국인들만큼 자족하고 소박한 삶에 만족하며 야심 없는 민족은 없다.

위생적이지 못함(不讲卫生)

쾌적함을 중요시하지 않으면 끝에 가서는 위생을 함부로 하게 된다. 상류 사회에 속한 중국인도 아무데서나 코를 풀고 가래를 뱉는 나쁜 습관 있다. 이것은 중국 길거리를 막론하고 어느 곳에서든 들을 수 있는 소리이고 곳곳에는 그 흔적이 산재해 있다.

연약함(软弱性)

종종 중국인의 성격에 관한 기록을 보면 중국 사람은 성격에 결함이 있거나 히스테리가 심하다고 한다. 예를 들면 어떤 사람이 길거리에서 야만적인 욕설을 퍼붓다가도 자기보다 더 강한 사람을 만나면 도망을 친다. 중국인은 항상 머뭇거리고 의심이 많고 비겁해서 칭찬에 인색하며 매사 신중하고 소심하게 생각하여 용기를 내어서 행동하는 것을 오히려 생각을 없는 행위라고 생각한다.

밀고하거나 비방하는 행위는 중국인의 약자 본성에서 말미암음이며 그들은 싸움을 공공연하게 이어가지 못하는 상황이 되면 그들은 우리가 제일 싫어하는 방법과 수단을 선택한다. 이렇기 때문에 서양 사람이 제일 혐오하는 거짓말들은 중국인들에게는 합법적인 무기가 되었고 중국에서 제일 위대하다고 하는 사람조차도 거짓말을 한다. 이러한 연유로 거짓말과 함께 위선, 핑계, 불성실은 중국인의 습관이 되어 버렸다.

체면(面子)

중국인의 많은 행동 및 태도의 분석에서 가장 엄밀하게 따져야 하는 것은 체면이다. 그것은 말로 표현할 수 없는 느낌이고 은밀한 것이다. 평소의 겸손한 겉모습 뒤에 숨겨져 있는 지극한 허영심과 병적인 공리주의에서 나온다. 중국인과 왕래하려고 하면서 '체면'을 모른다면 아주 곤경에 처할 수 있다. 다만 다른 사람들은 모르지만 그들은 자기가 저지른 모든 나쁜 일에 대해 부끄러운 줄 모른다.

기율을 지키지 않음(不守纪律)

끝으로 특히 언급하려고 하는 것은 중국인은 기율을 지키지 않는다는 것이다. 이에 대해 많은 사람이 뜻밖이라고 할 수도 있는데, 중국인이 피동적이고 복종적인 속성을 가지고 있다는 결론은 예전부터 알려져 왔다. 언뜻 보기에 중국인은 단체 활동을 하는 본능이 무(無)정부주의와는 어울리지 않을 것 같지만 사실은 그렇지 않다. 중국인들은 옛날부터 관료전제주의의 압박을 받아 왔기 때문에 자기를 보호하기 위해 단체 활동의 필요성을 인식했다. 병사 폭동, 관료 살해, 학교 폭동 등과 같은 일이 수두룩하다.

생각의 괴이함(头脑怪异)

중국에 도착하자마자 중국인은 우리와는 근본적으로 차이가 있다고 느꼈는데 그것은 '생각의 괴이함'이었다. 중국인의 생각을 지배하는 것은 마음속에 깊이 있는 유치함과 예리하고 사악한 지혜 그리고 편협한 물질주의와 경솔한 믿음의 결합체 같은 것이다.

미신과 회의주의(迷信和怀疑主义)

지능이 높지 않은데 거기에 유치함과 자연 법칙에 대한 무지함이 더해져 미신과 종교에 대한 회의주의라는 종교적으로 기이한 결과가 나타났다.

호기심의 결핍(缺乏好奇心)

중국인의 지능 발전을 저해하는 주요 원인은 과학에 대한 호기심이 부족하다는 것이다. 현재까지 중국인은 이미 발명된 전보(電報), 전화(電話) 그리고 기차 등과 같은 사물에만 만족하고 과학적 설명에 대해서는 아무런 관심을 가지지 않는다. 뿐만 아니라 방법의 발전이나 과학 연구에 대해서도 아무 생각이 없다.

부정확함(不精確)

중국인은 정확함에 대해 추구가 없기 때문에 과학이 발전하지 못하는 것이다. 중국인은 정확성을 추구하는 정신이 너무 부족하다.

타협(妥協)

중국 사람은 우리가 매일 연구하는 질서와 규칙성에 대해서 아무런 관심이 없고 그들의 취미는 오로지 오래된 습관 및 경험과 타협하는 것이다.

3부.

중국 민족성의 특징 고찰

1장

『중국인의 성격中國人的性格』과 『중국인의 정신中國人的精神』을 통해 본 중국 민족성의 특징

—20세기 초 중국 지식인의 '민족성' 인식

1. 머리말

'중국 민족성'*은 무엇이 문제인가?' '그 결함에 대한 책임은 누구에게 있는가?' '우리는 어떻게 그것을 보다 나은 것으로 바꿀 수 있는가?' 이러한 의문들은 청말 지식인들의 지적 고민을 이어 받았으며 동시대의

* 샤리앤샹(沙蓮香)은 『중국 민족성(中國民族性)』에서 중국의 '민족성' 개념은 '국민성'과 동의어로 사용된다고 설명하고 있는데 영문으로는 모두 National Character라는 단어로 표시되며 한 민족 또는 한 국가의 문화 속에 깊숙이 스며있는 정신을 나타낸다. 이와같이 민족성이라 함은 어떤 민족 내부를 일관되게 관통하고 있는 문화정신으로서 민족심리와 민족심리로 구성되는 특유의 민족성격-민족풍채(民族風采)-굴조(國潮) 등의 형태로 나타난다. 민족성은 개성, 인격 등의 상대적 개념이다. 沙香蓮, 『中國民族性』 (二)(北京: 中國人民大學出版社, 1990), 2쪽. 필자가 이점에서 굳이 '국민성'을 표현한 이유는 중국이 현실적으로 56개의 민족으로 구성된 다민족국가라는 점과 중국도 그런 점을 고려하여 중국 국민 전체를 아우르는 '중화민족'이라고 표현하기 때문이다. 그런 점에서 '중화민족'이란 용어는 인위성이 내재되어 있다고 보고 '中國 國民'은 실체로 존재하고 있으므로 '국민성'이라는 표현을 쓴다.

많은 역사적 위기에 직면해 있던 신문화운동 세대를 괴롭힌 질문들이었을 것이다. 그러나 이 논의는 중국의 취약함을 설명하겠다던 당시의 많은 이론에 대한 믿음을 잃어가던 이들에게 영감을 불어넣어 주었을 것이라는 것이 중국 민족성에 대한 연구자들의 공통된 의견이다. 그리고 이러한 논의의 대표적 인물이 '아(阿) Q'라는 소설 속의 인물로 당시의 중국 민족성을 표출하려고 했던 루쉰(魯迅)이었고 또한 그에게 가장 큰 영향을 미친 책이 아더 스미스(Arthur H. Smith, 1845~1932. 중국명 明恩溥)의 『중국인의 성격(中國人的性格)』(이하 『성격』)인데 루쉰의 중국 민족성 논의와 형성을 이해하는 데 절대적으로 필요하다고 해도 과언은 아니라고 생각한다.

리디아 리우는 『언어횡단적 실천』 제1편 제2장 「국민성의 번역」에서 부제를 '루쉰과 아더 스미스'로 하고 서술의 과정에서 두 사람의 중국 민족성에 대한 담론을 주된 흐름 중의 하나로 하고 있다.* 루쉰이 아더 스미스의 저작을 통해 민족성 이론을 접하게 되는 상황은 20세기 초 중국의 문학적 근대성의 의미를 집중적으로 살피는 데 풍부한 근거를 제공하였음을 시사하고 있다.

한편 당시의 중국적 상황 하에서의 민족성의 인식과 필요성이 시대를 초월한다고는 할 수 없으므로 그 주장이 옳든 그르든 그에 대한 반론적 담론에도 주목해 볼 필요가 있다고 본다. 그런 측면에서 『성격』을 잠재적 대화자로 생각하며 중국인의 시각에서 근대 중국의 참 모습을 서양에 알리고자 노력한 책이 1915년에 발간된 구홍밍(辜鴻銘, 1857~1928)의 『중국인의 정신(中國人的精神)』(이하 『정신』)이다. 동포인

* Lidia H. Liu, 민정기 역, 『언어횡단적 실천』(서울: 소명출판, 2005), 102~116쪽.

중국인들조차 '괴걸(怪傑)'이라 부를 정도로 구홍밍은 서구화를 극력 반대하고 전통문화에 대한 보수적 입장을 강력하게 주장하여 중국인의 시각으로 중국의 이미지를 그려내고자 노력하였다.

『성격』에서 아더 스미스는 중국인의 성격을 규정하기 위한 이론적 토대로써 26개의 주요 항목*을 제시하고 있으며 각각에 한 장씩 할애했다. 아더 스미스가 그 첫 번째 항목으로 '체면'을 잡은 것은 상당히 흥미롭다. 일본의 사회학자 소노타 시게토의 『중국인 이렇게 생각하고 행동한다』를 보면 중국인의 행동의 세 가지 키워드로 '체면[面子]**',

* 내용은 총 27개로 되어 있으나 27번째 항목은 「중국의 현실과 필요/(中國的現實與与時務)」로 되어 있어 중국인의 성격은 아래 26개의 항목으로 되어 있다. 「체면 중시(face/保全面子)」, 「근검 · 절약(economy/節儉持家)」, 「부지런함(industry/勤勞刻苦)」, 「예절 중시(politeness/講究禮貌)」, 「시간에 대한 무시(a distregard fo time/漠視時間), 「정확성의 결여(a disgard for accuracy/漠視精确)」, 「오해를 잘함(a talent for misunderstanding/易于誤解), 「우회하여 말을 잘함(a talent for indirection/拐彎抹角)」, 「유순하고 고집스러움(flexible inflexibility/順而不從)」, 「지적 모호성(intellectual turbidity/思緒含混), 「무관심(an absence of nevers/不緊不慢)」, 「외국인에 대한 경멸(contemp for foreigners/輕視外族), 공공 정신의 부족(an absence of public spirit/缺乏公心), 구습 답습(conservatism/因循守旧), 안락함과 편의에 대한 무관심(indifference to comfort and convenience/隨遇而安), 생명의 활력 중시(physical vitality/頑强生存)」, 「인내심과 악착스러움(patience and perseverance/能忍且韌)」, 「분수에 만족(contentment and cheerfulness/知足常樂」, 「효성(filial pietry/孝悌爲先)」, 「자비심(benevolence/仁愛之心)」, 「동정심의 결여(an absence of sympathy/缺乏同情)」, 「사회적 태풍(social typhoons/社會風波)」, 「책임감 있고 법률을 존중(mutural responsibility and respect for law/株连守法)」, 「상호 불신(mutural suspicion/相互猜疑), 「성실함의 결여(an absence of sencerity/缺乏誠信)」, 「다신론-범신론-무신론(polytheism—pantheism—atheism/多元信仰)」. 위 항목들에 대한 각 언어별 표현은 리디아 리우의 『언어횡단적 실천』의 원문 인용 부분과 민경삼이 중국어 본을 번역한 『중국인의 특성』 그리고 樂愛國과 張華玉이 중국어로 번역한 『中國人的性格』에서 발췌하여 내용에 맞게 다시 정리하였음. 아더 핸더슨 스미스, 민경삼 역, 『중국인의 특성』(서울: 경향미디어, 2006), Arthur H. Smith, 樂愛國 · 張華玉 譯, 『中國人的性格』(北京: 學苑出版社, 1998).

** 중국어로는 '面子'라고 표현하는데 한국의 연구자들은 일반적으로 '체면'으로 번역한다. 하지만 중국의 '面子'와 한국의 '체면'과 완전한 동의어라고는 보기 어렵다. 한국에서의 체면은 겸양과 겸

'꽌시(關係)', '인정(人情)'을 들고 있는데 중국인은 이 세 가지를 키워드로 한 상호관계에서 행동이 이루어진다는 것이다. 즉 사람들 간의 '꽌시'는 대부분 서로의 '체면'을 얼마만큼 어떻게 세워주느냐에 따라 이루어지고, 인정은 관계의 깊이를 나타내는 척도로서 얼마만큼 상대에게 마음을 열어주느냐의 기준이라고 했다.*

또한 민족성 담론과 함께 20세기 초의 '문화열(文化熱)'이라고 할 수 있는 오사신문화운동에 참가한 천두슈(陳獨秀)와 우위(吳虞), 리다자오(李大釗) 등과 같은 핵심들의 '중국 구망(中國 救亡)'의 독법 중의 하나가 전통의 부정이었다. 특히 유교의 행동 지향이었던 예(禮)에 대한 공격은 '타도공가점운동(打倒孔家店運動)'으로 불리울 만큼 막강했다. 우위의「사람 잡아먹는 것과 예교(吃人與禮教)」는 유교 전통이 얼마나 많이 중국인과 중국문화에 악영향을 미쳤는가를 설명하는 대표적인 문장으로 평가되는데 아더 스미스의『성격』26개의 항목 중에서도 많은 부분을 차지하고 있다. 1940년대까지 계속된 중국 사상계의 동서문화 논전에서도 그 논란이 계속되었던 중국 전통의 핵심으로서 예교와 민족성에 대한 논란은 아더 스미스와 구홍밍의 책에서도 대립각을 보임은 당연하다고 보인다.

이에 본고에서는 아더 스미스가『성격』에서 제기한 중국인의 성격 중에서 중국 사람들 스스로 자존심의 원천이라고 생각하는 '체면' 의

손의 의미도 함축되어 있는데 중국어 面子는 유아독존적 '자존감' 또는 '자존의식'이 강하게 내포되어 있기 때문이다. 본고에서는 현재 학계에서 일반적으로 통용되고 있는 '체면'으로 표현하겠다.

* 소노다 시케토, 박준식 역,『중국인 이렇게 생각하고 행동한다』(서울: 다락원, 2002), 43 · 95 · 145쪽.

식과 중국 전통 사상의 핵심인 '유교'와 관련한 사항에 국한시켜 살펴보고 이에 대한 구홍밍의 자기 방어적 · 보수적 입장에서의 반론을 먼저 살펴보도록 하겠다. 이어서 이 두 사람 사이의 민족성 논란에 대한 루쉰 · 천두슈 · 리다자오 같은 계몽지식인들의 담론과 반론에 대해 살펴보기로 하겠다. 아편전쟁 이후 20세기 초 중국이 처한 격변의 시간 속에서 중국 민족성에 대한 '유럽인'과 '유럽을 직접 체험한 중국인' 그리고 '유럽을 체험하지 못한 중국인' 간의 인식 차이에 대한 이해를 통해 근대 국민국가 형성 과정에서 중국인들이 추구한 '민족성'은 무엇이었는지 그리고 더 나아가 현재적 관점에서 중국이 추구하고 있는 '민족성'이 무엇인지를 유추해 볼 수 있을 것이다.

2. 아더 스미스와 구홍밍의 중국 민족성 논쟁

1) 『중국인의 성격』과 『중국인의 정신』의 발간 배경과 관계

앞서 언급한 것처럼 루쉰의 민족성 개념 형성에 가장 일차적인 원천이 되었고 중국인들 사이에 민족성 이론이 알려지고 확산되었던 여러 통로 가운데 하나로 평가되는 『성격』은 미국의 선교사 아더 스미스(Arthur H. Smith)가 22년간 북중국의 농촌에서 선교사로 활동하면서 중국을 관찰하고 경험하였던 것을 1890년 발행되던 『자림서보(字林西報)』(영문명 North-China Daily News)*에 연재물로 실었고 후에 Chinese

* 영국이 상해에서 출판한 영자신문으로, 1864년 7월부터 발행되었다. 그 전신은 1850년 8월에 창간된 『북화첩보(北華捷報)』(영문명 North china Hereald)이며 1951년 3월 31일에 정간되었다.

Characteristics라는 제목으로 출간하였다. 『성격』이라는 중국어판으로 번역되어 발간되기 전 1896년 일본에서 먼저 『지나인의 기질(支那人之氣質)』이라는 제목으로 번역 출간되었다.

이 책은 중국인의 특징에 대해 내용에 따라 부정적으로 또는 긍정적으로 서술하였지만 중국의 '체면 유지', '구습 답습', '시간 무시', '정확성 무시', '쉽게 오해', '지적 모호함', '이민족(外族) 경시', '불성실'과 같은 전체적으로 중국인의 성격과 문화의 어두운 부분을 대상으로 삼고 있다. 아더 스미스는 그의 책 서문에서 중국인의 결점을 어떻게 규정할 것인가가 자신이 행한 중국인 연구의 일관된 목적이었다고 서술하고 있다. 왜냐하면 중국인은 세계에서 가장 많은 수의 인구를 차지하고 있는데 그들의 삶을 어떻게 개선시키느냐 하는 것은 모든 인류의 삶을 아름답게 할 수 있는 흥미로운 문제라고 생각했기 때문이라는 것이다.*

한편 영문으로 발간된 구홍밍의 The Spirit of the Chinese People(中國人的精神)은 『춘추대의(春秋大義)』혹은 『원화(原華)』라고도 불리는데 중국 사회에 지대한 영향을 끼친 대표작이며, 제1차 세계대전 중에 간행된 독일어판은 당시 독일에서 커다란 반향을 일으켰다. 1915년 베이징매일일보(北京每日日報)에서 초판을 간행했고 1922년에 베이징 상무인서관(北京商務印書館)에서 재판을 내놓았다. 아더 스미스의 『성격』이 중국어로 출간되기 이전부터 구홍밍은 이 책을 잠재적 대화자로 생각했다고 한다.**

아더 스미스의 『성격』이 중국인의 성격을 부정적이고 암울하게 묘

* Arthur H. Smith, 민경삼 역, 앞의 책, 10쪽.

** 揚玉好, 「審視中國民族性格的兩種目光」, 『烟台師範學院報』 第17卷 第4期(烟台: 烟台師範學院歷史系. 2000), 46쪽.

사했다면 구홍밍의 『정신』은 중국인의 정신을 추숭(追崇)하고 널리 알리고자 하였다는 점이 확연하게 다른 점이라고 할 수 있다. 구홍밍은 아더 스미스의 책이 중국인을 함부로 이야기하는 책이라고 일찍이 여러 차례에 걸쳐 비판을 가하였다. 그가 『정신』의 서문에서 중국인과 중국문명의 3대 특징으로 심오함(depth)과 관대함(broadness) 그리고 순박함(simplicity)을 들었는데, 미국, 영국, 독일 프랑스인의 민족적 특징을 서로 비교하면서 유럽인들의 중국인과 중국문명에 대한 몰이해의 문제점을 지적하였다.

> 미국인이 중국인과 중국문명을 이해한다는 것은 어려운 일이다. 그 이유는 미국인은 대체로 관대하고 순박하지만 심오함이 없기 때문이다. 영국인은 진정한 중국인의 모습과 중국문명을 이해하기 어렵다. 그들은 대부분 심오하고 순박하지만 관대하지 않기 때문이다. 독일인도 진정한 중국인의 모습과 중국 문명을 이해할 수 없다. 특히 교육을 받은 대다수의 독일인은 심오하고 관대하지만 순박하지 않기 때문이다. 나는 프랑스인만이 진정한 중국인의 특징과 중국 문명을 가장 잘 이해하리라 생각한다. 프랑스인은 독일인의 천부적인 심오함, 미국인의 내면적인 관대함, 영국인의 내면적인 순박함을 지니고 있지는 않다. 그러나 프랑스 국민들은 비범함 면을 지니고 있는데 그것이 바로 예민함(delicacy)이다. 이것은 앞서 이야기한 여러 민족에게 부족한 정신적인 특징이다.*

또한 구홍밍은 아더 스미스의 『성격』을 발간하는 목적을 '유럽인들

* 구홍밍, 김창경 옮김, 『중국인의 정신』(서울: 예담China, 2004), 13쪽.

이 중국인보다 우월하다'는 것을 증명하기 위해 쓰여진 책이라고 꼬집으며 『정신』「중국학 I」에서 유럽의 중국연구자들에게 중국 연구 자세에 대해 조언과 일침을 가하였다.

> 나는 다음의 몇 가지 문제들을 고찰하려 한다. 첫째 이러한 변화를 경험하고 있는 유럽인들은 과연 중국을 어느 정도 알고 있는가. 둘째 이전 중국학의 성과는 어떠한가. 셋째 중국학의 현 상황은 어떠한가. 넷째 우리가 구상하는 중국학은 무엇인가. 거인의 어깨에 서 있는 난쟁이는 자신을 거인보다 더 위대하다고 상상한다. 그렇다 해도 인정해야 할 점은 있다. 난쟁이는 편리한 위치 덕분에 더욱 넓고 멀리 볼 수 있다는 것이다. 우리들은 선배들의 어깨에 서서 중국학의 과거, 현재, 미래를 조감할 수 있다.*

구홍밍의 『정신』과 아더 스미스의 『성격』의 공통점을 찾는다면 그 기본적인 측면에서 두 책 모두 중국문화와 중국인의 가장 큰 특징으로 '정신을 중요하게' 보았다는 점이다. 아더 스미스는 다른 민족들이 물질적 역량으로 생존한다면 '중화민족은 도덕역량에 의거하고 있다'고 보았으며 구홍밍은 '유럽문명이 자연을 정복하는 데에 성공하였다면 중국문명은 도덕 역량에 의거하고 있다'고 그가 생각한 중국문명과 유럽문명의 차이를 제시하였다. 두 책 모두 동양과 서양의 특징으로 정신문명 대 물질문명이라는 방식을 채택하고 있다는 점은 앞서 언급한 것처럼 구홍밍이 아더 스미스의 『성격』을 잠재된 대화자로 인식하고 있음을 말해 주는 것이라고 하겠다.

* 위의 책, 164쪽.

기본적인 형식면에서의 공통점과는 달리 그에 대한 두 사람의 인식은 대단히 대조적이라는 것이다. 즉 아더 스미스는 중국문명은 정신적인 측면을 강조함으로 인해 물질적으로 빈곤하고, 체면만 중히 여기며, 가식적이고, 맹목적으로 과대 망상적이며, 형식주의적인 결함을 가지게 되었다고 보았다. 이러한 인식에 대해 구홍밍도 여러 차례 비판을 가하였는데 "우리를 낙후한 민족이라고만 말해서는 안 된다. 왜냐하면 비록 동양인들이 소박하게 원시적인 물질생활을 하고 있지만 장차 자기의 문명 수준이 올라가게 되면 서양인보다 더 우수한 세계 최고의 문명을 이루게 될 것이다"라고 하며 이어서 "중국을 올바르게 보지 못하는 외국인들은 중국인의 황색 피부를 투과해서 그 이면의 진정한 중국인을 인식할 수 없다"며 유럽인들의 중국문명에 대한 왜곡된 시각에 대해 일침을 가하기도 하였다.*

저술 동기에서부터 각자가 처해 있는 상황 그리고 문화적 환경 등 두 사람의 중국에 대한 인식은 다를 수밖에 없다. 내용에서 언급하겠지만 '방관적(傍觀的)' 입장과 '회고적(回顧的)' 입장의 차이는 많은 부분에서 전혀 다른 인식의 차이를 보일 수밖에 없었을 것이다. 본고에서는 이러한 다양한 인식의 차이 중에서 중국인들이 가장 중국적 특징이라고 생각하지만 외국인의 눈에 가장 많은 모순으로 인식되는 '체면' 의식에 바탕을 둔 사항들 그리고 지켜야 할 중국적 전통이라고 생각하는 입장과 고쳐야 할 전통의 뿌리로서 유교적 윤리의식에 바탕을 둔 사항으로 나누어 살펴보도록 하겠다.

* 揚玉好, 앞의 글, 48쪽.

2)『중국인의 성격』에서 제기된 '체면'과 '유교전통'의 문제

'체면'이라는 말은 일상생활에서 상용하는 말이기는 하나 중국의 역사서나 경전 같은 책에서 이 단어를 찾기란 쉽지 않다. 다만 사서(四書)에서는 '치(恥)'라는 형태로 '체면'이 표현되고 있는데 일반적으로 한 사람의 체면이 손상을 입게 되면 치욕감을 느끼게 되는 현상을 반영하는 것이라고도 할 수 있겠다. 이러한 관점에서 일부 서방학자들은 서방의 '죄(罪)문화(guilt culture)'와 상이한 '치(恥)문화'라고 칭하고 있다. 사실 중국인이 체면의 손상을 두려워하는 가장 근본적인 원인은 내재하고 있는 도덕의식 때문인데 과도한 체면의 중시는 체면=명예감이라는 묘한 등식을 성립시켜 부정적인 측면으로 작용하기도 한다.*

아더 스미스는『성격』의 첫 번째 주제를「체면중시(保存面子)」로 하고 중국인에게 있어서 체면은 무엇인가와 왜 이것이 중국인의 결점으로 작용하고 있는지에 대하여 서술하고 있다.** 체면은 중국인의 성격 중 가장 중요한 특징의 중심어로서 그의 설명에 따르면 중국인은 '죽을지언정 체면은 지켜야 한다'고 생각하여 전통시대 지방관들은 참수형을 당할 때도 관복을 착용하여 체면을 지켰다고 소개하고 있다.

중국인은 체면을 유지하기 위해 '매우 강한 연극적 본능을 견지하고 있다'고 언급하면서 아더 스미스는 본인이 보기에 중국인의 모든 사유와 행동에는 체면의식이 깃들어 있어 '행동할 때의 자태는 마치 연극을 하는 듯하고 사유도 희극적 언어를 사용한다'고 하였다. 바로 이러

* 盧東善,「中國文化의 價値體系와 民族性硏究 試論」,『中國硏究』14집(韓國外大 中國硏究所, 1993), 11쪽.

** Arthur H. Smith, 위의 책, 14~16쪽.

한 연극적 형태의 행동을 통해 '체면을 세우기'도 하고 '체면을 잃기'도 하는 것을 중국 사람들의 행동과 사유의 특징으로 들고 있다. 형식보다 실제를 중히 여기는 서양적 사고의 소유자인 아더 스미스 눈에 비친 중국인의 행동 양식은 마치 무대 위의 배우가 각본에 따라 연기를 하는 것처럼 보였을 수도 있었을 것이다.

체면의 영향으로 형성된 성격이 예절을 중시하는 것인데, 이 책의 네 번째 장의 제목이 바로 「예절 중시(講究禮貌)」이다. '중국 사람들이 사람과 사람 사이의 관계 측면에서 중요한 요건으로 생각하는 것이 예절'이라고 하면서 아더 스미스는 중국인의 이 예절이 너무 지나치게 번잡하고 실제보다는 형식에 치중하는 면이 강하다고 소개하고 있다.

> 경전(經典)에는 '예의 삼백(禮儀三百), 위의 삼천(威儀三千)', 즉 삼백 조의 예의 준칙과 삼천 조의 행위 준칙이 보존되어 있다. …… 중국인이 예의를 대하는 것은 마치 교육을 대하는 것처럼 보이는데 의식적으로 배우는 것이 아니라 일종의 본능적인 것이다. 이 민족의 천부적인 재주는 서방에서는 궁궐이나 외교에서만 쓰는 번잡한 예의가 일상생활 교제의 한 부분이라는 것이다. …… 마치 명절에 차려입는 복장은 명절이 돌아올 때 입어야 하는 것처럼 중국인은 본능에 의하여 언제 예절을 지켜야 하는가를 정확하게 알고 있다.*

중국인의 겉으로 드러난 행동의 형식주의에 대해 예를 들어 자세하고 묘사하고 있는 것이다.

* Arthur H. Smith, 민경삼 역, 앞의 책, 42쪽.

또한 열두 번째 주제로 잡은 「외국인에 대한 경멸(輕視外族)」도 역시 체면의식과 관련이 있다. 중국인들은 '스스로를 항상 과장되게 크게 인식(自大意識)'하여 외국인에 대한 우월감이 지나치게 크다는 점을 지적하고 있다. 중국인들이 "외국인을 접할 때 보면 상대에게 마치 큰 은혜를 베푸는 듯한 자세를 발견하게 되는데 이러다보니 자연히 상대를 경시하는 태도를 보이게 된다"고 하면서, '천조대국(天祖大國)'의 위선적인 체면에서 비롯되는 것으로 서술하고 있다.

체면의식과 관계지을 수 있는 또 다른 결점으로 아더 스미스는 '성실함 또는 신용의 결핍'을 꼽고 책의 스물다섯 번째 주제를「성실함의 결여(缺乏誠信)」로 하고 있다. 이 점에 대해 아더 스미스는 "위선과 기만 그리고 권력자에게 아첨하는 것은 이 민족의 분명한 특징이다"라며 매우 극단적이며 부정적으로 서술하고 있는데 이 점 역시도 체면과 밀접한 관계가 있다는 것이다. 즉 체면을 세우기 위해서는 마음으로 진정 내키지 않아도 위선적으로 인사치레를 한다는 것이다. 아더 스미스는 중국인의 위선적 사례를 직접 경험한 구체적 상황을 예로 들어 설명하고 있는데, 그 중의 한 사례를 보자.

> 중국인이 경사가 났다면 이웃들이 찾아오게 되는데 손에는 아주 작은 선물을 들고 온다. 예를 들면 갓 난 남자아기한테 줄 장난감을 사오면 주인은 주연(酒宴)을 베풀어 감사를 표시해야 한다. 주연은 중국인이 피할 수 없는 것이며 이는 남의 성의에 대한 적당하고 일상적인 보답방식이다. 이러한 장소에서는 중국 사무를 가장 모르는 문외한일지라도 "자기 것을 먹을 때는 눈물을 흘리고 다른 사람의 것을 먹을 때에는 땀을 흘린다"는 중국 격언의 정확성에 찬탄할 것이다. 이러한 상황에서 주인은 늘상 웃음을

짓지 않으면 안 되며 열정적으로 환영을 표시해야 한다. 속으로 얼마나 불쾌한지 나타내지 말아야 하며, 그렇지 않으면 체면을 잃게 되는데 이는 음식을 잃는 것보다 훨씬 엄중하다. …… 중국인은 표리가 다르다. 남녀를 막론하고 그들의 겸손은 모두 꾸며낸 것이다.*

자기 우월적 문화의식도 체면의식의 한 부분으로 볼 수 있는데 아더 스미스는 『성격』의 스물다섯 번째 주제로 「다신론-범신론-무신론(多元信仰)」을 특징으로 들고 있다. 기타 민족들은 물질 역량에 생존을 의지하는데 중국 민족은 도덕 역량에 의지하면서 살아간다는 것이다. 아더 스미스는 중국인의 이러한 점도 체면과의 관계 속에서 설명하고 있는데 중국인들은 물질적인 풍요의 만족감보다는 도덕적 영예감과 정신적 우월감을 통해 자기 안위와 만족감을 느끼면서 살아간다고 지적하였다.

자문화 우월의식으로 인해 나타나는 또 다른 결점은 因循守旧(낡은 문화의 답습)로, '과도한 보수성'을 지적하고 있다. "중국인이 다른 여타 민족보다 매우 확신을 하는 것은 지난 과거를 그들의 황금시대라고 여긴다"는 것이다. 이러한 성격으로 인해 현재 상황에 불만이나 문제가 있을 때 그들은 앞을 내다보지 않고 과거를 돌아본다는 것이다. 또한 미덕과 정의에 대해 말할 때도 '지금이 옛날만 못하다'고 한다든가 양심을 저버리는 일이 생겼을 때도 '예전에는 그렇지 않았다'라고 한다는 것이다. 중국 사람들이 대단히 중요하게 여기는 일상적 규칙은 맹목적으로 과거의 생활방식을 고집한다는 것이라고 하고 있다.

* 위의 책, 290~291쪽.

한편 아더 스미스가 『성격』에서 지적하고 있는 결점들은 위에서 언급한 체면의식에서 연유한 것 이외에도 그 연원을 전통적인 봉건 윤리와 도덕관념에서 찾을 수 있는 사항도 있다. 물론 이러한 사항들을 명확히 체면의식과 무관하다고 할 수 없지만 유교의 가르침을 실천하는 형식주의적 전통에서 찾을 수 있다.

이와 관련된 주제로 열세 번째 항목 「공공 정신의 부재(缺乏公心)」를 들고 있는데 그 이유를 아더 스미스는 『논어(論語)』 「태백(泰伯)」 편에 나오는 '不在其位 不謀其政(그 위치[관리]에 있지 않으면, 정사를 도모하지 말아야 한다)'는 구절로 인해 많은 중국 사람들이 자기와 관계없는 일에 대해서는 무관심하도록 만들었다는 것이다. 또한 '낡은 구습을 답습(因循守舊)'하는 결점과 관련하여서도 "(중국의) 고대 성인들은 그 고대보다 더 오래 전의 '고인(古人)'들의 담론을 그 무엇보다 비할 데 없이 숭상했다"고 서술하며 이는 유가에서 제창한 숭고(崇古) 의식에서 유래되었다고 설명하였다. 아울러 열여덟 번째 사항으로 들고 있는 「분수에 만족(知足常樂)」에 대해서도 '중국인은 한 개의 민족 신앙을 가지고 있는데 중국의 경전 중에 있는 천명(天命) 사상과 밀접한 관계가 있다'고 설명하고 있다.

이어서 서술할 두 가지 사항—「효성(孝悌爲先)」과 「동정심 결여(缺乏同情)」—은 5·4 시기 반유교(反儒教) 투쟁인 타도공가점운동 때 많은 계몽사상가들로부터 '흘인(吃人)의 전통'으로 공격을 받았던 전통의 악습이었다. 먼저 전통적 효(孝)의식에 관해 열아홉 번째 항목인 「효성(孝悌爲先)」에서는 중국의 봉건적 윤리 도덕의 비인도적(非人道的)이며 흉악함을 사례를 들어 폭로하고 효순도덕(孝順道德)의 형식으로 인해 나타난 식인(食人)의 본질을 질책하고 있다. 중국 역사 속에서 가장 으뜸 되는 효행만을 모아 전해지는 『이십사효도(二十四孝道)』 중의 한 가지인 「곽거(郭巨)의 딸」의 사례*를 들어 비판되어야 할 사례로 들었는데, "도리 상으로도 모친을 봉양하기 위해 어린 자식을 생매장시키는 행위는 사유야 어떠하든 명백한 살인죄에 해당된다"고 힐책하였다. 아울러 『맹자(孟子)』 「이루(離婁)」 편에 나오는 '불효유삼(不孝有三)** 무후위대(無後爲大)(불효가 세 가지 있는데 후손을 잇지 못함이 가장 크다)'에서 유래된 전통으로 인해 중국에서 수많은 여아(女兒) 살해 사건이 일어나게 하였다고 지적하였다.

다음으로 스물한 번째 항목인 「동정심의 결여(缺乏同情)」의 내용도 역시 유교의 폐단으로부터 그 유례를 찾았는데 여기에서는 중국의 여인들에게 강요된 '삼종사덕(三宗四德)'의 전통이 수많은 사람을 잡아먹었다"고 지적하면서 수많은 연약한 여인을 죽게 만드는 잔인함의 표현이라고 비판하고 있다. 또한 이 내용과 관련하여 구체적인 사례로 "예전 한 엄마가 출가한 딸이 자살에 실패하자 '기회가 있었는데 왜 죽지 않았는가'라고 질책하였다"라는 이야기를 소개하고 있는데 아더

* 곽거라는 사람은 동한시대 지금의 하남성 사람이었는데 대단히 가난했다. 가난으로 인해 먹을 것이 항상 부족한 가정인지라 곽거의 모친은 손자를 너무 사랑하여 자신의 밥을 손자에게 먹이고 본인은 굶었는데 이에 모친의 건강을 걱정하고 모친이라도 제대로 모시기 위해 곽거는 부인과 상의 후 자식을 땅에 묻어 죽이기로 하였다. 자식을 묻기 위해 땅을 파는데 땅 속에서 황금항아리가 나왔다. 거기에는 '이 황금항아리는 하늘이 곽거에게 내리는 것이다'라고 쓰여 있었다고 한다. 이 이야기는 효순(孝順)의 미명하에 후세에 이십사효도 중의 하나로 전해지는데 동진(東晋)의 『수신기(搜神記)』, 송대(宋代)의 『太平廣記』, 원대(元代) 곽거경(郭居敬)의 『이십사효(二十四孝)』, 명대(明代) 가정(嘉靖) 시기의 『창덕부지(彰德府志)』 등에 실려 있다.

** ① 잘못된 아첨을 떨어서 부모를 불의하게 만드는 일, ② 부모가 연로하도록 벼슬을 하지 못해서 가정을 빈곤하게 하는 일, ③ 장가 들지 않아서 자식을 둘 수 없어 선조의 제사가 끊어지게 하는 일(趙岐曰, 於禮 有不孝者三事, 謂阿意曲從 諂親不義 一也, 家貧親老 不爲祿仕 二也, 不娶無子 絶先祖祀 三也, 三者之中 無後爲大).

스미스는 이러한 사실은 모두 중국 봉건주의 윤리도덕의 위선에서 연유하고 있다고 지적한다.

이상으로 아더 스미스가 『성격』에서 제기한 체면 및 전통유교완 관련된 중국인의 민족성격으로서 민족성에 대하여 살펴보았고 다음은 이러한 아더 스미스의 중국 민족성에 대한 구홍밍의 반론에 대해 살펴보기로 하겠다.

3) 구홍밍의 『중국인의 정신』에 나타난 자문화 긍지심

구홍밍의 『정신』은 서론을 제외하고 총 8개의 장*으로 구성되어 있는데 첫 번째 장은 주로 아더 스미스의 『성격』에 대한 반론적 성격이 강하며 나머지 장들은 주로 일반 유럽인들에게 중국의 문화를 소개하면서 제1차 세계대전 후 당시의 유럽 상황에 대한 우려와 유럽의 문명적 난제의 해결책은 바로 '진정한 중국인' 임을 주장하고 있는데 다분히 중화주의적 성향을 전체적으로 깔고 있다 하겠다.

여러 측면에서 구홍밍과 아더 스미스는 중국인의 특징을 인식하는데 대단히 상반된 견해를 가지고 있었다. '중국인의 예절'과 관련하여 '중국인의 예절은 리허설이라고 불러야만 된다. 마치 연극의 리허설처럼. 그것은 마음에서 우러나와서 하는 것이 아니라 그냥 자연스럽게 벌어지는 것이다'와 같은 유럽인들의 비아냥을 구홍밍은 자주 접하였다. 또한 아더 스미스도 『성격』에서 중국의 예절에 대해 "중국의 예의는 연출된 것이지 진정한 마음의 표현이 아니다"라고 지적한다. 이에

* 각 장의 제목은 「서론」, 「중국인의 정신」, 「중국 여인」, 「중국 언어」, 「중국의 존 스미스」, 「위대한 한학자」, 「중국학 Ⅰ」, 「중국학 Ⅱ」, 「집단숭배 종교 또는 전쟁과 전쟁의 출구」로 구성되어 있다.

대해 구홍밍은 책 제목과 같은 제1장 「중국인의 정신」에서 다음과 같이 주장하며 유럽인들이 지적하는 마음이 담겨있지 않은 형식적 예절에 대한 푸념을 일본의 형식적 예절로 시선을 돌리게 하였다.

중국은 줄곧 예의지국(禮儀之國)으로 언급되어 왔다. 그러면 예절의 본질은 무엇인가? 이것은 본시 남을 이해하고 보살피는 마음에서 비롯된 것이다. 중국인에게 예절이 있다는 것은 그들이 심령의 생활을 영위하고 있기 때문이다. …… 중국인의 예절은 일본인처럼 번잡하진 않지만 사람을 유쾌하게 만든다. …… 내심에서 드러나는 예절이다. 반대로 일본인의 예절은 번잡하기에 사람을 불쾌하게 만든다. 외국인들이 이것에 대해 푸념하는 것을 많이 들었다. 기계적으로 무턱대고 외워서 실행하는 예절은 극장에서 리허설을 하는 것과 같다. 이는 내심에서 우러나오거나 자연스럽게 우러나오는 예절이 아니다. …… 진정한 중국인의 예절은 내심에서 우러나오는 유명한 향수와 같이 기이한 향기로 충만하다.*

예절(禮節)에 대한 반론에 이어 유럽인들이 중국인의 특징으로 들고 있는 '정확성의 결핍'에 대해서도 구홍밍은 "이것은 아더 스미스가 제시하여 유명해진 관점이다"라고 단서를 붙인 후 그 원인으로 다음과 같이 주장하고 있다.

중국인은 영적인 생활을 영위하기 때문이다. …… 영혼이란 섬세하고 민감한 것이어서 두뇌나 지능처럼 딱딱하거나 판에 박힌 것이 아니기 때문

* 구홍밍, 김창경 옮김, 앞의 책, 52쪽.

에 마음이 두뇌나 지능처럼 그렇게 경직되고 정확하게 사고할 수 있기를 바랄 수 없다.

또한 중국인과 서양인의 정확함의 차이를 붓과 만년필의 예로 들고 있다.

> 중국인의 붓은 중국인의 정신적 상징이다. …… 붓으로 정확성을 기하기가 어려운 듯하지만 숙달하기만 하면 마음먹은 대로 아름답고 우아한 그림과 글씨를 창조해낼 수 있다.*

붓의 유연함이 만년필의 딱딱함을 시간이 지나면 능가할 수 있는 이치로 향후 중국이 유럽을 앞지를 수 있음을 은유적으로 표현하고 있다.

한편 아더 스미스의 '동정심의 결핍'이라는 지적에 대해서도 '전형적인 중국인이 주는 총제적인 인상은 온화함'이라고 하면서 '온화함이란 동정(同情)과 지능(知能)이라는 두 요소가 서로 결합된 특징을 지닌다'고 전제한 후 "중국인이 강한 동정심의 힘을 지니고 있는 까닭은 그들이 완벽하게 정신생활을 영위하기 때문이다. 중국인의 생활은 전부 정감(情感)생활이다"라고 반론을 제기하고 있다.

아울러 '검소함'과 관련하여 아더 스미스가 지적한 "지나친 검소로 인해 중국인은 위생습관이 결핍되고 생활이 매우 우아하지 못하여 서양인들은 이러한 지나친 검소함을 동의하지 않는다"는 지적에 대해

* 위의 책, 53쪽.

구홍밍은 역시 제1장 「중국인의 정신」 편에서 "중국인은 생활에서 우아함의 결핍이나 청결하지 못한 생활에 대해 전혀 개의치 않는다"면서 그 이유로 "중국인은 영적인 생활과 정감생활의 영위에 지나칠 정도로 관심을 기울이기 때문에 꼭 해야 할 것, 심지어는 필수 불가결한 것도 무시한다"고 서술하고 있다. 이것은 후에 신문화운동 그룹의 천두슈로부터 "불결한 병은 중국인의 정신중시의 증거"라고 비아냥거림을 당하기도 하였다.

또한 중서문화의 비교에서도 아더 스미스가 "중국은 서양의 문화와 과학과 기독교문명이 필요하다"는 처방에 대해 구홍밍은 오히려 당시 유럽의 군국주의 재앙에 대한 구제책으로 유교의 '의(義)'와 '예(禮)'를 제시하면서 "의와 예는 공자가 우리 중국인민에게 부여한 우량시민종교의 정수"라고 소개하고 있다. "인류에게 가장 잔혹하고 가장 야만적이고 또한 대단히 무익할 뿐만 아니라 가장 두려운 유럽전쟁을 멈추기 위해서는 반드시 중국의 우량시민종교에서 지혜를 찾아야 된다"고 주장하면서 "나는 유럽인들이 전쟁이 끝난 후 중국에서 전후 문명의 난제를 해결할 수 있는 열쇠 찾을 수 있을 것이라고 확신한다"고 서술하고 있다.*

구홍밍은 서양문명이 비록 물질적으로 발달하였지만 군국주의로 인해 유럽문명은 파산될 것이라고 예측하면서 중국인의 생활이 비록 물질적으로 결핍되었다 해도 중국인은 진정으로 영적인 생활을 영위하고 있다면서 동방문명이 비록 서양문명보다 우월하지는 않지만 그래도 저열하다고는 할 수 없다고 동양과 서양 세계에 대한 그의 인식과 중국 문화의 우수성을 주장하였다.

* 위의 책, 38~40쪽.

3. 계몽지식인들의 아더 스미스와 구홍밍에 대한 평가

1) 『중국인의 성격』과 루쉰의 중국 민족성 인식

『성격』과 『정신』 두 책은 모두 근대 이후 동양과 서양에 중국 민족성과 관련하여 큰 영향을 미쳤다. 중국인과 중국문명을 논제의 대상으로 한 두 책의 서양에서의 영향을 보면 먼저 『성격』은 동방의 반기이(半奇異)한 나라인 중국에 대해 알고자 하는 서양인들의 지적 호기심에 영향을 미쳤다면 『정신』은 제1차 세계대전 이후 서양 세계가 안아야할 부담과 서양의 몰락을 염려하는 서양인들의 요구에 부합한 측면이 있었다는 것이다. 이렇게 두 책이 중국에 미친 영향은 컸지만 이에 대한 반응은 매우 상반되었는데, 루쉰에게 있어 구홍밍의 주장이 비난의 대상이었다면 아더 스미스는 대단한 칭송의 대상이었다는 것이다.

중국의 계몽사상가들은 많은 부분에서 중국에 대한 서양의 방관자적이고 암울한 시각을 수용하였다. 그 중 아더 스미스의 『성격』에 가장 많은 영향을 받았던 인물이 바로 루쉰이다. 루쉰은 량치차오(梁啓超)와 같은 청말 개혁가의 글을 통해 민족성 이론에 친숙해졌지만 일본으로 건너간 후 일본인 사부에 다모츠(澀江保)가 번역한 일본어판 『지나인기질(支那人氣質)』을 읽은 후에 문학을 통해 중국 민족성을 개조한다는 가능성을 심각하게 고려하기 시작했다고 한다.*

* 루쉰은 「摩羅詩力說」에서 처음으로 '민족성'이라는 개념을 사용했다.(『魯迅全集』 第1卷(北京: 人民出版社, 1981), 213쪽, 221쪽). 1907년에 쓰인 이 글은 일본에 거류하고 있던 중국인 지식인들이 발행한 『河南』 제2호, 제3호(1908년 2월, 3월)에 실렸다. Lidia H. Liu, 민정기 옮김, 앞의 책, 101쪽, 각주 21 재인용.

루쉰은 『성격』의 저자인 아더 스미스에 대해 특유의 은유적 표현으로 칭송하고 있다.

> 늘 생각하건대 여기까지 중국이 왔는데 머리를 싸매고 미워하다가 중국을 증오하게 되면서 나는 마음을 다해 감사의 뜻을 전하고 싶다. 왜냐하면 분명한 것은 그가 중국인의 고기를 먹으려고 그렇게 한 것이 아니기 때문이라는 것이다.

또한 루쉰은 『성격』에서 제기된 내용에 대한 신뢰와 그 집필 의도의 순수함을 긍정적으로 받아들였다.

> 정복자들에게 융숭한 잔치를 벌여주는 중국에 대해 외국인들은 당연히 반색하며 즐거워 할 것이기에 중국의 전통문명을 당연히 칭송할 것이다. 하지만 잔치에 참석할 수 있는 자격을 가진 '외국의 누군가'가 만약 중국을 비판한다면 그는 분명 양심적이며 감탄할 만한 사람이다.*

이상과 같이 루쉰은 『성격』을 '냉엄하게 중국 민족성의 결점을 비평한 책'이라고 인정하면서 일생 동안 여러 차례 이 책을 소개하고 번역하려고 노력하였다. 루쉰이 『성격』을 본 것은 일본 유학시절이었는데 일본어로 번역된 것을 보았다고 한다. 죽기 전 남긴 글에서 "누군가가 아더 스미스의 『성격』의 번역에 착수할 것이라는 희망을 가지고 있다" 한 기록이 남아 있는 것으로 보아 그가 사망한 1936년까지 이 책이 중

* 鲁迅, 『鲁迅全集』 第1卷(北京: 人民出版社, 1981), 214~215쪽.

국어로 번역된 것이 없었던 것으로 알려졌으나, 리디아 리우는 『언어 횡단적 실천』에서 두 권이 있었음을 밝히고 있는데, 한 권은 1903년 상해 작신사에서 일본어 본을 중국어로 번역하여 출판한 『支那人之氣質』과 또 다른 한 권은 1937년 潘光旦이 영문 원본 중에서 15개의 장을 뽑아 『민족의 특성과 민족의 위생』이라는 책에 끼워 넣어 출간한 것이라고 한다.

루쉰이 『성격』에서 가장 공감하는 주제 중의 하나는 바로 중국인의 '체면' 문화인데 루쉰은 이 '체면'을 중국의 민족성을 가장 잘 이해할 수 있는 키워드로 보았다. 루쉰은 『성격』제1편의 주제인 '체면'에 대해 다음과 같이 언급하면서 중국인의 겉치레 행동 양식을 비유적으로 비판했다.

지나인(支那人)은 다소의 연극적인 기질이 내재되어 있는 민족인데 정신적으로 다소 흥분되어 있어 연극배우처럼 글자 한자, 말 한마디, 행동 일거수일투족 모두 허세를 부리는 모양새를 띠고 있다. 연극을 하더라도 마음에서 우러나오는 표현이 많아야 하는데 오히려 장면 장면의 분량을 더 많이 차지하고 있다.*

이 모든 것이 다 체면을 중히 여기기 때문에 나타나는 형국으로 자기의 체면을 마음껏 세우기 위해 이와 같은 말과 행동을 하는 것이라고 했다. 사람들 사이에서 체면을 세우려다 보니 형식에 치중하게 되므로 결국 체면은 연극이 되고 기만이 되어 버린다는 것이다. 이러한 지적은 아더 스미스에게서도 발견할 수 있는데 이런 점으로 볼 때 루쉰은 민족성 문제에 관한 한 아더 스미스와 사상적 궤적을 같이 한다

* 鲁迅, 『鲁迅全集』 第6卷(北京: 人民出版社, 1981), 326쪽.

고 볼 수 있다.

중국 민족성의 특징으로서 체면과 관련한 루쉰의 인식을 이해할 수 있는 몇 편의 글을 보면, 먼저 1925년 루쉰은 「論睁了眼看(눈을 크게 뜨고 보라를 논함)」에서 중국인에게는 올바른 인생과 사회적 기질이 없다고 지적하고, "모든 일을 닫힌 눈으로 보고 자기를 기만하고 남을 속이는 데 기대어 …… 기만과 속임으로 기묘한 길을 만들어 자기 스스로 정도라고 여기면 …… 매일 매일은 만족해 가는 것은 매일매일 타락해 간다" 하며 중국인들에게 기만과 속임으로부터 각성할 것을 호소하였다.

1934년에 쓰여진 「說'面子'(체면을 말함)」에서 루쉰은 외국에서 중국의 체면 문제를 연구하는 것에 대해 "그들은 이 사건에 대해 이해가 되지 않을 것이다. 하지만 중국정신의 영역은 오로지 이것에 사로잡혀 마치 24년 전에 뽑혀져 나간 변발처럼 온몸에 달고 다닌다" 하며 체면을 변발과 같은 폐습에 비교하여 지적하였다. 또한 「阿Q正傳」에서 루쉰은 阿Q가 온갖 곤욕을 다 치르고 나서야 체면을 버리는 것으로 하였지만 결국에는 자기 기만적 '정신승리법(精神勝利法)'이라는 것으로 스스로를 위안하는 것을 묘사하며 중국인의 체면에 대한 허울을 벗기고자 하였다.

또한 당시의 대외관계에서도 중국인의 '체면'이 작용하고 있음을 지적하였는데 "(체면은) 바로 죽어도 인정할 수 없는 것으로 이미 중국은 낙후했음에도 불구하고 '조국의 영광'과 '중국정신문명의 우수함'을 뽐내게 하는 연유로 작용한다"는 것이다. 아더 스미스가 비평한 「외인경시(外人輕視)」의 지적에 대해서도 루쉰은 이것을 중국인의 자기광적(自己狂的) 인식으로 보고 외인 경시의 성격도 그 영향 때문이라고 보았다. 또한 루쉰은 「說'面子'(체면을 말함)」에서 중국이 외국과의 협상에서도 체면 때문에 저지르는 어처구니없는 사례를 소개하며 중국인의 체면에 대한 허울을 지적한다.

> 외국인들은 연구를 통해 중국인의 '체면'의 실체를 파악하고 있었다. 총리아문에서 외국인들은 그들의 이익을 요구하기 위해 한바탕 으름장을 놓게 되면 중국 관원들은 만족스러운 대답을 하게 된다. 외국인들은 그들이 원하는 실리를 얻은 후에는 정문으로 나가지 않고 옆문으로 나가는데 이를 두고 (중국 관리들은) '그들은 체면 없다'. '그들의 체면이 이미 없어졌기 때문에 자연히 체면은 중국이 가지게 되며 또한 스스로 우위를 점했다'고 생각한다.*

또한 체면으로 인한 실리의 손실에 대해 그 비합리적 모순을 말하였다.

> 외국인들은 오로지 실리에 관심이 있기 때문에 우리에게는 체면만 남겨두고 가는 것이다. 내가 통탄하는 것은 중국의 어떤 사람은 오로지 체면만 얻을 수 있다면 실리는 포기할 수 있으며 심지어 체면을 지키기 위해서 스스로 기만하고 남을 속여도 아깝지 않다라고 여기는 것이다.**

이상에서와 같이 루쉰은 아더 스미스의 중국 민족성에 대한 인식을 그대로 수용하고 『성격』을 중국 민족성에 대한 반성의 교과서로 생각하였다.***

* 鲁迅, 『鲁迅全集』 第1卷(北京: 人民出版社, 1981), 342쪽.

** 위의 책, 343쪽.

*** Lidia H. Liu, 민정기 옮김, 앞의 책, 102~116쪽 참조.

2) 중서문화 논전과 『중국인의 정신』에 대한 비판

신해혁명으로 중국 역사상 최초의 공화국을 설립한 중국은 정치 · 사회 · 경제적인 것 이외에도 서구사상의 전래 등으로 대단히 복잡하였다. 중국문화가 특징을 갖고 있을 뿐만 아니라 그 뿌리가 깊기 때문에 서양문화의 수용은 간단한 문제가 아니었다. 때문에 이를 둘러싼 논전은 당연한 것으로 30여 년 이상 진행된 이 논전은* 그 시발이 신문화 운동과 연결된 중서문화 논전이었다. 본 논전의 배경은 주지하다시피 신해혁명 후의 중국의 정치 상황과 대단히 긴밀하게 얽혀 있는데, 즉 혁명을 부정하는 존공복벽파(尊公復古派)와 계몽지식인들 간의 국체(國體)를 둘러싼 논전이 그것이다. 즉 새로운 시대 상황 하에서 중국 전통과 중국민을 어떻게 이해하고 있는가가 논쟁의 초점 중의 하나였다.

그러므로 아더 스미스가 계몽사상가들로부터 찬사를 받은 것과는 대조적으로 후일 보황회(保皇會)의 중심 역할을 하게 되는 구홍밍의 저서 『정신』은 냉대와 조롱과 비판을 받아야만 했다. 중국 봉건 사조에 반대하는 입장에 있었던 계몽사상가들의 입장에서 볼 때 구홍밍은 중요한 척결대상과도 같은 존재였다. 중국의 국수(國粹)를 비판하고, 중국의 애국적 거만함을 비판하고 있던 루쉰에게 있어서도 구홍밍은 바로 비판의 다음 목표물과도 같은 존재였다.

* 그 주제 또한 다양하게 진행되었는데 그 구체적인 주제를 시기별로 보면 중서문화 논전, 사회주의 논전, 과학(科學)과 현학(玄學)의 논전, 중국사회 성질 · 사회사 · 농촌사회 성질 논쟁, 중국본위문화와 전반서화(全般西化) 논전이 그것인데 논전의 주제를 보면 서양의 문화와 사상 때문에 일어난 것에 공통점이 있으며, 단순한 사상문화에 관련된 것이 아니고 서양의 정치사조의 영향을 받아 일어나게 된 정치혁명 문제와 관련된 것도 있다.신승하 · 임상범 · 김태승, 『20세기의 중국』(서울: 서울대학교출판부, 1998), 145~146쪽.

1915년부터 10여 년간 계속된 중서문화 논전의 중심 화두는 바로 본고의 주제인 중국인의 민족성에 대한 인식의 차이로 집중될 수 있다고 볼 수 있다. 본 논전의 첫 단계는 국수(國粹)를 표방하여 동방 고유문화 정신을 선전하고자 하였던 『동방잡지(東方雜誌)』의 주편이었던 두아천(杜亞泉)과 중국의 전통을 부정하고 신사상으로 서구사상을 받아들이고자 하였던 『신청년(新青年)』 편집장 천두슈 간에 이루어졌다.

『정신』과 관련한 두 진영의 논쟁은 1918년 『동방잡지』가 일본 『동아지광(東亞之光)』에 실렸던 「중서문명의 비평(中西文明之評判)」이라는 제목의 문장을 번역하여 실었는데, 여기에는 구홍밍의 『정신』과 이 책의 해외에서의 영향을 소개하고 있다. 그리고 '창부(偷父)'라는 필명으로 발표된 「迷乱之现代人(혼란스러운 현대인)」이라는 글에서도 이 책의 저자 구홍밍의 관점을 인용하였다. 이로 인해 리다자오와 천두슈는 구홍밍과 『정신』을 비판하고 집필진에 대해 질문을 던지는 글을 게재하게 되었다. 본고에서는 20세기 초 중국 민족성 인식에 대하여 접근하고자 한만큼 당시의 중서문화 논전의 구체적인 상황에 대한 서술은 제한하고, 신청년운동의 두 대표 주자인 천두슈와 리다자오의 『정신』에 대한 공격의 내용을 반전동(反傳統) 진영의 민족성 인식의 한 예로서 접근하고자 한다.

먼저 리다자오는 중국인의 청결하지 못한 생활환경에 대한 구홍밍의 논리에 대해 엄중히 비난한다.

> 불결한 습관이 정신을 중요시하고 물질을 중요시하지 않음으로써 생겼다는 말은 제정신에서 하는 말은 아닌 것 같다. 다만 서양물질문명의 악화는

> 반동양정신의 몰락에서 온 것은 아니다.*

또한 서양문명의 동양문명에 대한 보완적 기능을 강조하는 그의 견해를 주장하였다.

> 오늘날 많은 이들이 서양문명의 장점으로 동양문명의 부족을 채우고자 노력하고 있는 것이다. 아울러 중국은 서양의 물질문명을 받아들여야 할 뿐만 아니라 서양의 동적인 정신 즉 동적인 세계관을 본받을 필요가 있다.**

그리고 천두슈도 「질문 동방잡지 기자(質問『東方雜誌』記者)」와 「재질문 동방잡지 기자(再質問『東方雜誌』記者)」의 두 문장에서 『동방잡지』 기자의 기사내용 중 구홍밍의 글을 인용한 것에 대해 질책과 질문을 하였다.

> 구홍밍의 말에 따르면 서양은 물질생활에만 치중한다고 하는데 그러면 정신은 팽개쳤다는 말인가? 그리고 서양문명은 물질문명 외에도 정신문명도 있지 않은가?

또한 중국의 전통 교육과 지식인들에 대해 공격적인 반응을 보내었다.

* 李大釗, 「東西文明根本之伊譯异点」, 陳崧, 『五四前后東西文化問題論戰問選』(北京: 中國社會科学出版社, 1985), 65~66쪽.

** 위의 글, 67쪽.

유럽인들은 학교에서 배우는 것이 첫째도 지식, 둘째도 지식, 셋째도 지식인데 중국인은 학교에서 배우는 것은 군자지도이다. …… 실제를 보면 유럽인들 중에 인격이 건전한 사람을 Gentleman이라고 하는데 그 숫자가 우리 중국보다 많지 않은가? 공부자를 숭배하는 중국인은 인격이 충만한 사람을 군자라고 하는데 과연 몇 명인가?*

또한 구홍밍이 "중국인의 청결하지 못한 습관은 중국인이 정신을 중요시하고 물질에는 주의를 하지 않았기에 생긴 증좌"라고 한 것에 대해 '궤변'이라고 하면서, 이와 관련하여 진독수는 "그러면 정신이라는 것을 모르는 사람은 하등에 불결하지 않은가?"라며 냉소적인 질문을 던졌다.

구홍밍은 보수적 봉건사상의 견지자로서 그의 『정신』은 존왕(尊王)을 그 핵심으로 하고 있다. 즉 그가 공자의 가르침 중에서 중국 국민에게 남겨 주고자 하였던 것은 충성의 도 즉 황제에 대한 절대적 충성이었다. 반면 아더 스미스는 서양의 가치관적 시각에서 출발하여 중국인의 특성을 밝혀보고자 하였고 아울러 중국의 봉건 윤리와 도덕 사상을 비판하였다. 이것은 봉건주의에 반대하고 신문화를 전파하여 민주공화국을 갈망하던 계몽사상가들이 왜 『성격』은 받아들이면서 『정신』에 대해서는 냉소와 조소를 보내는 지 쉽게 알 수 있게 해주는 대목이다.

* 陳獨秀, 「再質問『東方雜誌』記者」, 『陳獨秀文章選編』(北京: 三聯联書店 , 1984), 346~347쪽.

4. 맺음말

근대에서 현대로의 전환기에 한 서양 선교사에 의해 쓰여진 중국의 민족성격으로서 민족성을 두고 동시대에 살았던 두 계층의 중국인들 간의 논쟁을 살펴보았다. '중국의 민족성격으로서 민족성'이라는 사실은 한가지였지만 이에 대한 인식은 본론에서 살펴본 것처럼 서로 다른 인식을 보였다. 서양인이면서 중국을 오랫동안 경험한 미국인 선교사 아더 스미스와 중국인이면서 서양을 체험하였던 구홍밍과 중국인이면서 서양에 대한 직접적인 체험이 없었던 루쉰을 비롯한 신문화운동기의 계몽적 사상가 사이에 벌어진 중국 민족성에 대한 논쟁은 존재하였던 '중국 민족성이 어떠하였냐' 하는 사실 만큼이나 이를 인식하는 주체에 따라서 얼마든지 다를 수 있다는 점을 통해 20세기 중국에서의 '민족성(guo min xing)' 단어에 대한 담론의 가치를 느끼게 된다.

이런 점에서 리디아 리우가 『언어횡단적 실천』을 통해서 말하고자 하였던 바를 다시 되새기게 된다. '민족성'과 'nation character'는 동의어로 보아야 될까? 비슷한 논리적 접근을 본론의 내용에 대입시켜 보면, 본론에서 루쉰이 아더 스미스의 '중국 민족성의 특징'에 대해 인식상의 궤적을 같이한다고 하였는데 그렇다면 루쉰이 이해한 '민족성'과 아더 스미스의 'nation character'는 동의어로 이해했을까? 그렇다면 루쉰과 구홍밍의 '민족성'에 대한 인식은 다르다고 보아야 하는가?*

20세기 전환기와 그 이후에 중국으로 수입된 대부분의 일본어의 신

* Lidia H. Liu, 민정기 옮김, 앞의 책, 제2장 민족성의 번역, 91~142쪽 참조.

조어와 마찬가지로 민족성이라는 개념은 자신들 나름의 근대적 국민국가에 관한 이론을 만들기 위해 청말의 지식인들이 처음 사용하였다. 즉 어떤 민족의 역사 환경 속에서 축적된 '민족성'은 지향하고자 하는 국가모델에 따라 긍정적일 수도 있고 부정적일 수도 있다고 본다. 그런 점에서 20세기 초의 중국에는 다양한 '이상적 국가모델'들이 추구되었고 민족특성으로서 '민족성'도 다양하게 평가되었고 또 지향되었다고 본다. 그런 점에서 중국에서는 지금도 '민족성' 담론이 현재 진행형이라고 생각된다.

20세기 초 적어도 동아시아 지역에 근대적 국민국가가 출현하기 전 한국과 중국은 최소한 문화권적으로 서로를 상당 부분 동일시하였다고 본다. 지금은 당연히 문화권으로서의 이해가 아닌 국가와 국가 간의 관계인만큼 서로의 민족성에 대해서 상대적으로 인식하고 있다. 그런데 이러한 중국 민족성에 대해 위에서 나열한 세 그룹에 만약 당시의 조선인도 같이 논쟁에 참여한다면 조선인은 누구에 가까운 인식을 하게 될까? 구홍밍일까? 아더 스미스일까? 루쉰일까? 이 부분은 앞으로 연구 과제로서 계속 접근하고자 한다. 다만 근대 이후의 역사 전개과정과 문화권으로서의 유사함으로 볼 때 외국인의 눈에 비친 민족성격으로서 민족성에 관한 한 상당히 비슷한 듯하면서도 상이한 인식을 가졌음을 여러 자료에서 발견할 수 있다.*

* 서양인들의 조선인 인식과 관련한 자료들도 상당 번역되어 있다. McKENZIE, F. A. 신복룡 옮김, 『大韓 帝國의 悲劇』(서울: 탐구당, 1966). GALE, James S. 장문평 옮김, 『코리언 스케치』(서울: 현암사, 1971). GRIFFIS, W. E. 신복룡 옮김, 『隱者의 나라 韓國』(서울: 탐구당, 1976). GEORGIEVICH, N. G. 김학수 옮김, 『조선 1898년(상)』(서울: 단국대학교출판부, 1981). SANDS, William F. 신복룡 옮김, 『조선의 마지막날: 고문관 샌즈의 기록』(서울: 미완, 1986). GREBST, W. A. 김상렬 옮김, 『코레아 코레아: 이것이 조선의 마지막 모습이다』(서울: 미완, 1986). HOLMES,

그렇다면 부정적인 측면의 한국과 중국의 민족성에 대해 어떠한 차이가 있을 수 있을까? 1980년대 중국에서 '문화열' 운동이 한층 일어나고 있을 때 루쉰 이후 가장 통렬한 중국인과 중국문화에 대한 비판자로 불리우는 보우양(栢楊)에 의해 중국문화에 대한 자기비판서인 『추악한 중국인』이 출간되었다. 당시 책 제목으로 인해 국내외에 큰 반응과 논쟁을 일으켰으며 당연히 한국 독자들도 그 책을 많이 읽었다. 바로 이 한국인의 반응을 통해서 한국인과 중국인 내면세계에 있는 자인식의 상당한 공통점을 발견할 수 있다.

그 책을 접하는 많은 한국인의 마음은 두 가지로 나눌 수 있지 않나 싶다. 그 하나가 중국인이 본 중국인의 의식구조를 이해할 수 있겠다는 '지적 기대감(知的 期待感)'이었다면 다른 하나는 중국에 대한 피해의식 같은 다소 그릇된 역사의식으로 인해 흡사 중국인들끼리의 싸움구경이라도 기대하는 야릇한 심정이 아니었나 싶다. 그런데 많은 한국인들이 책을 읽어 가면 갈수록 마치 우리 스스로가 누군가에 의해 매도당하고 있는 듯한 착각을 느꼈다고 한다. 이러한 한국인의 착각은 어디에서 오는 것일까? 아마도 한국과 중국의 유사한 역사 전통 속에서 형성된 민족특성으로서 민족성 때문이 아니었을까 생각한다. 민족성에 대한 인식은 역사인식처럼 분명히 시대성을 띠고 있으므로 '지향(志向)으로서 민족성'을 이해하는 것은 그 지역 국가의 실체를 이해할 수 있는 요건이라고 생각한다.

Burton. 전종숙 옮김, 『(홈즈의 동방나들이)전차표사셨어요』(서울: 미완, 1987). SWARTOUT, Robert R. Mandarins, 신복룡 옮김, 『데니의 생애와 활동』(서울: 평민사, 1988). COURANT, Maurice. 정기수 옮김, 『朝鮮書誌學序論: 西洋人이 본 韓國文化』(서울: 탐구당, 1989). COURANT, Maurice. *Bibliographie Coreenne*(1894), 이희재 옮김, 『韓國書誌』(서울: 一潮閣, 1994).

2장

중국 '관계关系' 문화의 사회적 영향: 부패문화와의 연관성에 대한 계량적 고찰

1. 서론

2000년대 초반부터 서방세계의 사회과학 분야 학자들과 경제통상 분야의 실무자들 사이에, 그리고 중국과 관련된 논문들과 각종 비즈니스 관계 서적들에 등장하게 된 용어 가운데 '관계(关系, guan xi)'*(이하 '꽌시')라는 단어가 자주 눈에 띄는 것을 알 수 있다. 물론 중국 내의 사회학, 경제학, 정치학, 심리학, 고고학 등, 다양한 분야의 연구자들에게 있어서 '꽌시'는 중요한 연구주제에 속하여 있었지만, 최근처럼 서방세

* 중국 학계의 '꽌시'에 대한 정의를 보면, 먼저 꽌시는 "사회학에서 사람과 사람 혹은 사람과 사물 간의 일종의 성질 관계, 예를 들면 '拉关系', '关系户', '同志关系', '居民关系', '社会关系' 등을 가리킨다. 그런데 이러한 용어에 쓰이고 있는 '꽌시'를 좀더 분석하여 보면 '꽌시'는 친밀함 내지는 긴밀함을 내포하는 용어로서 단순한 '联系' 차원을 넘어 쌍방 간 재화 및 감정의 교환을 통한 일종의 연대로 설명하고 있다. 杜晓丽 · 聂家华(2010). 「论关系网文化对政府官员腐败行为的影响及对策」. 『山东农业大学报』 44.

계의 관련 분야에서 '중국 꽌시'에 대한 연구 활동이 활발하게 진행되었던 적은 없었다.*

하지만 이와 관련된 많은 연구결과물들은 공통적으로 몇 가지 한계점을 극복하지 못하는 경향을 보이고 있다. 첫 번째 문제점은 담론적인 수준에서 분석할 때 꽌시에 내재되어 있는 다양한 형태의 꽌시가 가지고 있는 서로 다른 뉘앙스에 대한 연구는 거의 없다고 해도 과언이 아니다. 예를 들면 '꽌시 Network(关系网)'의 구성요소가 무엇인가에 따라 크게 두 가지 형태의 꽌시로 나누어질 수 있는데 대체로 사업관계와 대정부관계로 분류할 수 있다.** 이러한 이분법적인 분류가 비교적 널리 알려지긴 했지만 사업네트워크로서의 꽌시와 대정부 네트워크로서의 꽌시가 어떻게 중국사회에서 작동하고 있는지 혹은 어떠한 메커니즘으로 존재하고 있는지에 대한 연구는 아직 미비한 것이 현실이다.

두 번째 꽌시 연구에 있어 미약한 부분은 '꽌시의 사회적 가치'를 나타내주는 여러 증거들이 혼합되어 연구에 사용됨에 따라 논리적 증거 제시에 있어 일관성을 가지지 못하고 진행된 연구들이 많아지게 되었다는 점이다. 꽌시의 사회적 가치와 관련하여 연구자들 사이에 공통적으로 인지되는 증거들은 연구자의 취향에 의해 선택되는 경향이 많아지게 되었고, 이에 따라 꽌시의 사회적 가치와 서로 독립적인 사회현

* M.M. Yang, *Gifts, Favors, and Banquets: The Art of Social Relationships in China*. Ithaca, NY: Cornell University Press, pp. 109-145, 1994,
E.W.K. Tsang, "Can guan xi be a source of sustained competitive advantage for doing business in China?," *Academy of Management Executive*, vol. 12, no. 2, pp. 64-73, 1998.

** M.W. Peng & Y.D. Luo, "Managerial ties and firm performance in transition economy: The nature of a micro-macro link," *Academy of Management Journal*. vol43. no.3. pp.486-501. 2000.

상과 인위적으로 연결하여 설명하려는 경향이 팽배하였다. 예를 들면, 꽌시의 가치를 주변 환경적 요소, 특히 급속한 산업화 진행에서 찾으려고 시도하기도 하였고* 혹은 사회 내에서 경쟁의 심화현상과 과학기술의 불안정성 등에서 꽌시의 사회적 가치를 정의내리고자 한 경향도 강하였다.** 이러한 연구경향에 있어서 미비점들은 넓게 보면 '中國 꽌시'에 대한 일반적인 개념정의가 아직 부재한 측면에서 발생된 것이고 좁은 의미에서 보면 중국인에 있어 꽌시 개념이 가지고 있는 다양한 면들을 연구자들이 간과한 것에서 비롯된 것이 많다. 중국인의 꽌시 연구에서 보여지고 있는 한계점들을 극복하는 과정에 동참하고자 하여 본 논문에서는 (1) 꽌시에 대한 다양한 연구 성향들을 살펴봄으로서 개념적으로 좀 더 구체화되고 전체적인 꽌시의 특성을 담아낼 수 있는 개념정의(conceptualization)를 제시하고 (2) 꽌시 문화가 현대 중국정치/경제 성장과정에서 큰 사회문제 중 하나로 여겨지는 '부정부패(corruption)'***와 어떠한 상관관계가 있는지 살펴본 후 (3) 마지막으로 최근에 수집된 중국인의 사회의식 여론조사(Asianbarometer 2008) 데이터를 가지고 중국인의 꽌시와 부패에 대한 의식을 분석하였다. 본 논문에서는 꽌시 문화를 중요한 삶의 도구(instrument)로 인식하는 중국

* M.W. Peng & Y.D. Luo, "Institutional transitions and strategic choices," *Academy of Management Review*. vol. 28. no. 2. pp.275-296. 2003.

** F.F. Gu., K. Hung., & D.K. Tse. "When does guan xi matter? Issues of capitalization and its dark sides," *Journal of Marketing*. vol. 72. no. 4. pp. 12-28. 2008.

*** 关系网을 통해 발생되는 부패의 원인에 대해 중국 학계에서는 다음과 같은 세 가지 관점으로 이해하고 있는데 첫째는 主體論 으로서 부패 행위을 권력의 주체 측면에서 밝히고자 한 것이며, 둘째는 制度論으로서 정치부패의 원인이 사회 법률제도의 불건전성에 찾으려는 관점이며, 셋째는 문화論으로서 부패를 일종의 사회 역사 현상으로 보는 관점이다. 余绪鹏 (2006).「腐败的外部条件研究-关系及根源」.『淮北职业技术学院报』5(2).

인들은 정부기관이나 관료를 부패한 집단으로 인식하고 있음을 밝힘으로써 꽌시와 부패간의 상관관계가 직접적으로 있음을 데이터 분석결과 보여 주고 있다.

2. 중국 '꽌시'에 관한 정의

중국문화를 깊이 알지 못하는 경우에는 꽌시라는 개념이 무척 복잡하고 심지어 개념이 정리되지 못한 것으로 인식되는 것이 현실이다. 특히 서방세계에는 영어 단어 중 꽌시를 표현할 수 있는 단어가 없는 것이 사실이다. 중국 문자에서 쓰이는 꽌시는 단어 자체에 세 가지 뜻이 내포되어 있는데 (1) 동일한 그룹의 멤버로서 다른 멤버들과의 친밀한 관계성 (2) 일상 생활에서 자주 접하는 사람들 간의 느슨한 연계성 (3) 간접적으로 연락을 취하거나 접하는 사람들과의 광범위한 네트워크 등을 말한다.* 세 가지 타입의 꽌시는 서로 다른 (접촉)원칙에 의해 작동되는 경향이 강하다.

꽌시의 분류법에 집착하지 말고 꽌시의 개념 정의를 "관계의 목적과 본질"에 비추어 이해하는 것이 더 바람직하다. 예를 들면 황의 1987년 연구에 의하면 꽌시의 구조적 본질에 따라 세 가지로 구분하였다.** 첫째, 사회적 영향력(Socio-affective)으로서의 꽌시 개념은 가족 혹은

* Y. Bian. "Guan Xi and the allocation of urban jobs in China," *The China Quarterly*, vol. 140. pp. 971-999. 1994.

** K.K. Hwang, "Face and favor: The Chinese power game," *American Journal of Sociology*, vol. 92, pp. 944-974. 1987.

가족과 같이 친밀한 관계를 뜻하는 개념으로 사랑이나 소속감에 대한 필요성을 충족시켜주는 감정의 교환이 주로 이루어지는 관계를 말한다. 둘째, 도구(Instrumental)로서의 꽌시 개념은 (소비자와 판매자의 관계처럼) 재화교환의 시장 속에서의 관계를 뜻하는데 이러한 개념의 꽌시가 가지고 있는 특성은 물질적 만족을 위한 상호 호혜의 관계라고 할 수 있다. 마지막으로 혼합형(Mixed)의 꽌시가 있는데 이는 '감정의 친밀감'과 '물질적 혜택'이 동시에 존재하는 관계로서 흔히 직장동료, 동문, 같은 지역출신 친구들 간의 관계를 말한다.

세 가지 형태의 꽌시에 대한 개념을 요약해 보면 꽌시의 본질적/기능적 측면을 동시에 고려하여 '가족', '후원자' 그리고 '사업상 동반자'와의 관계 등 세 가지 관계설정을 상정하고 있다. '가족 간 꽌시'는 유교적 가치관에 의해 형성된 것으로 감정적이고, 상호 호혜를 바탕으로 한 물질적 교환이 필수조건은 아닌 상태로서 친밀감/소속감이라는 감정의 교환을 중시하는 관계를 말한다. 반면에 '후원자와의 꽌시'는 현대 사회-경제적 환경에 따른 부산물로서 주로 효용성의 극대화에 목적을 두고 부탁/청탁이 자유롭게 오고가는 관계를 말한다. 질적인 면에서만 볼 경우 '가족 간 꽌시'가 더욱 강한 유대감을 갖게 되고 훨씬 안정적이며 지속력이 강한 관계인 반면 '후원자와의 꽌시'는 상대적으로 지속력이 떨어지고 불안정한 상태에서 일회성 관계를 전락할 요소가 많은 관계를 말한다.*

하지만 현실 중국사회를 살펴보면 위의 세 가지 타입의 꽌시 개념이 명확히 구분되기란 쉽지 않을뿐더러 훨씬 더 복잡한 관계가 꽌시 개념

* Y. Fan. "Questioning guan xi: definition, classification and implications," *International Business Review*. vol. 11. pp. 543-561. 2002.

자체에 내재하고 있다는 것이다. 예를 들면 둘 사이의 관계가 위의 세 가지 타입 중 하나에서 시작했을 지라도 시간이 흐름에 따라 다른 타입으로 전환되기도 하고 또는 둘 사이의 관계 자체가 하나 이상의 관계설정이 혼재되어 시작되기도 한다는 것이다. 이러한 복잡성에도 불구하고 세 가지 타입으로 분류하여 이해하고자 하는 것은 꽌시에 대한 연구방법론상 도움이 되는 측면이 많다. 특히 오랜 시간 동안 논쟁거리였던 꽌시 개념에 대한 두 가지 논쟁이슈들을 이해하는데 큰 도움이 되고 있다. 첫째로 꽌시가 좀처럼 변화하지 않는 유교적 사회구조의 한 단면인지 아니면 중국 정치 경제의 기능적 측면인지에 대한 논쟁이다.* 분명한 것은 첫 번째 논쟁의 답은 세 타입의 꽌시 중 어느 타입의 꽌시에 대한 것인지에 따라 달라 지게 된다. '가족 간 꽌시'는 유교적 문화의 유산물이고 '후원자'와 '사업상 동반자'와의 꽌시는 현대 중국 정치, 경제 상황의 부산물로서 보는 것이 타당하다. 두 번째 논쟁거리는 중국 사회에 있어 꽌시의 중요성이 지속될 것인지 아니면 차차 소멸할 것인지에 관한 논쟁이다.** '가족간 꽌시'는 비교적 오랜 시간 동안 변화하지 않는 사회 구조적 측면을 가지고 있고, 나머지 두 타입의 꽌시는 머지않은 미래에 그 중요성이나 기능적 측면이 크게 변화할 것이라고 주장할 수 있다.

요약하면 꽌시 문화는 중국인의 고유한 삶의 한 방식으로 이해할 필요가 있고 정치 · 경제적으로 급격하게 변화하는 과정에서 쉽게 사

* A.B. Kipins. *Producing guan xi: Sentiment, self, and subculture in a North China village.* Duke University Press. 1997.

** J. T. G. Arias. "A relationship marketing approach to guan xi," *European Journal of Marketing.* vol. 32. pp. 145-156. 1998.

라지게 되리라고 생각하기 힘든 면이 있다. 오히려 중국경제의 발전 속도가 그 규모의 팽창과 함께 빨라지게 되는 상황에선 꽌시 문화가 전체 중국사회에서 부정적인 영향(부패)을 지속적으로 미치게 될 것이라고 생각할 수 있다. 이러한 예측은 '특수한 (사회) 구조적 환경과 꽌시 네트워크가 어떻게 상호작용하가'를* 살펴보는 과정에서 예측의 적실성을 알 수 있다.

3. 꽌시 네트워크와 지대 추구(Rent-seeking)

다양한 형태의 사회적 상호작용 속에서 존재하는 중국인의 꽌시는 끊임없는 사회적 교환 작용을 의미하는데 여기에서 말하는 사회적 교환 작용은 "사회적 상호교환 과정에 활발하면서도 지속적/반복적으로 참여함으로서 특정 개인의 꽌시 네트워크가 지속적으로 재정립되는데 영향을 주는 모든 종류의 관계성"**을 포함하고 있는 교환 과정을 말한다. 합리성 이론의 기본적 가정에 비추어 볼 때 중국인의 꽌시는 '종결없는 게임'(no end-game)의 상황 속에서 발생되는 모든 상호 교환 작용이라고 볼 수 있다. 종결없는 게임의 상황이란 꽌시 네트워크 속에 포함되어 있는 한 개인이 인적네트워크 속에서 자신에게 주어지는 모든 의무적 일들을 반드시 실행해야 되는 상황을 말하는데 그 바탕

* J. Wu. "State Policy and Guanxi Network Adaptation in China: Local Bureaurcratic Rent-Seeking," *Issues & Studies*. vol. 37. no. 1. pp. 20~48. 2001

** Y. Yan. "The culture of guanxi in a North Village," *The China Journal*. no. 35. pp. 1~25. 1996.

에는 주어진 일들을 도외시 하거나 방관하는 행위는 반드시 (인적네트워크 내부의 규칙에 의거하여) 발각되어 처벌된다는 꽌시 네트워크의 특성이 사회적 상호교환과정의 원칙으로 작동하는 것을 말한다.* 꽌시 네트워크의 특성은 미래에 발생할 수도 있는 아직 알지 못하는 상호교환과정의 필요성 때문에 네트워크 자체가 오래 지속될 수 있고 이를 바탕으로 인적 네트워크가 더욱 공고히 할 수 있다는 점이다.

상호 교환 작용과 관련해 볼 때, 중국인에게 있어서 꽌시란 서구세계의 시장 원리가 아닌 '조공 경제'(gift economy)** 원리에 바탕을 두고 있다. 시장의 원리는 상품과 구매대금이 서로 교환될 때 상호교환이 완성되는 것에 반해, 조공 관계에서 보면 주어진 공물(선물)이 수혜자에게 받아들여지기 전까지는 상호교환이 완성되었다고 할 수 없다. 예를 들면 한 개인은 자신의 친구에게 미래에 부탁할 일이 있을 것을 대비하여 선물을 줄 수는 있지만, 현재 시점에서는 미래에 어떤 부탁을 할 지 모르고 만약 현재의 선물이 더 큰 가치가 있다고 판단될 경우 되돌려 줄 수 있는지, 마지막으로 미래의 어느 시점에 도움을 줘야 하는지 결정내리기 힘든 상황이 많으므로 조공 관계를 기초로 하는 꽌시에 있어서 상호 교환 작용은 복잡하면서도 오랜 시간 동안 교환이 성사되지 않는 상황이 대부분이다. 따라서 꽌시를 확대/심화시키는 활동은 미래를 위한 주관적 판단에 따르는 규모가 아주 큰 (인적네트워크에 대한) 투자라고 할 수 있다. 주관적 판단에 의한 개인의 투자행태를 시장경제논리에서 보면 일종의 '지대추구'(rent-seeking) 행위로 볼 수 있

* A. Smart. "Gifts, Bribes, and Guanxi: A Reconsideration of Boudieu's social capital," *Cultural Anthropology*. vol. 8. no. 3. pp. 388~408. 1993.

** M. Mauss. *The Gift*. New York: Norton. 1967.

는 데, 이는 서구의 경제논리에서는 '부패'의 전형적인 모습으로 인식되는 경향이 있다.

지대추구 행태와 관련하여 많은 경제학자들은 구 소련연방의 중앙집권적 계획경제체제가 중앙정부의 지대할당(rent-distribution) 형태와 개별 사업자들의 지대추구(rent-seeking) 형태와 결합되어 전형적인 부패구조를 형성하였다고 주장하고 있다.* 지대추구 시스템이 주요 작동 원리인 사회의 특징을 보면 광범위하면서도 독점체제를 옹호하는 각종 정부의 규제 정책들 시행, 무분별하게 남발하는 특권, 로비행태에 막대한 자금 투자, 국가적 차원의 복지정책 부실, 각종 사회적 문제들과 계층간 불균형 심화 등이다.

중국경제는 1978년 이후 확대 시행된 경제개방정책의 영향으로 지대추구 행위들이 시작되었다. 등소평의 지방자치권한 강화정책으로 많은 지방의 행정 관료들이 수많은 지대추구 행위에 직접 가담하기 시작했다. 이 당시 지방 정부의 관료들은 각종 투자 사업에 대한 입찰권, 세제 감면 정책, 그리고 다양한 수준의 개인적 청탁을 받을 수 있을 정도로 그 권한이 강하였고 이는 지대추구 시스템 구축에 직접적 원인이 되었다. 중국경제가 발전하고 지방의 권한이 강화되면 될수록 지대추구 행위는 비례하여 증가하였다. 지방정부 관료들이 물적 재산권의 통제권한이 강화됨에 따라 경제 지대확보를 위해 개별 사업자나 이해 당사자들 사이에 갈등의 구조가 형성되었고 갈등 구조는 다시 지대추구 시스템의 확대로 이어졌다.

* G.M. Anderson and P. J. Boetike. "Perestroika and Public Choice: The Economies of Autocratic Succession in Rent-Seeking Society," *Public Choice*. vol. 75. no 1. pp. 101~118. 1993.

4. 지대 추구를 위한 도구로서의 꽌시 네트워크

중국인의 꽌시 문화는 경제개방 초기의 시장경제체제에 부패 구조의 모태가 된 지대추구 행위와 다음의 두 가지 측면에서 적합한 것을 알 수 있다. 첫째, 공급의 측면에서 보면 정부의 규제권한을 가진 정부 관료들은 한편으로 청탁 의뢰인들에게는 특정 사업에 대해 '자유재량권(discretionary decision)'을 부여하고 다른 한편으로 정부의 시책 사업에 대한 정보공유를 제어함으로써 정책결정 과정에서 지대추구를 가능하도록 하였다. 이러한 지대추구가 효과적으로 성공하기 위해선 꽌시 네트워크 속에서 축적되어온 개인적 신뢰가 특히 중요한데 그 이유는 지대할당자로서 정부 관료도 상호교환과정으로서의 꽌시 네트워크의 일원임으로 지대 추구자에 대한 신뢰도에 민감할 수밖에 없다. 즉, 꽌시 네트워크는 이러한 지대할당과 추구가 성사되는 과정에서 강력한 조력자의 역할을 하게 되는 것이다. 둘째, 수요자 측면에서 보면 중국의 무분별한 지대추구 행태가 인위적으로 조작된 정책의 시행, 이에 따른 고비용 문제가 심각한 수준이다.

이러한 상황에선 사업가들은 권한이 집중된 높은 지위의 정부관료들과 접촉을 시도/유지 시키려고 노력할 것이고 관계유지에 소요되는 비용이 순이익보다 적을 경우엔 꽌시 네트워크는 계속 그 역할을 할 것이다. 경제 꽌시는 흔히 경제 네트워크와 혼동되는 경우가 있다. 경제 꽌시와 경제네트워크 사이의 존재하는 근본적인 차이는 경제 꽌시에서 중요한 인적구성원은 서방세계와 달리 공급자나 수요자들이 아니라 강한 권력을 가진 정부 관료 집단이다. 오래 동안 법이 아니라 '사람에 의한 전통적 통치[人治]'가 이루어졌던 사회에서는, 정부 관료와 좋은 꽌시를 가지고 있느냐에 사업의 성패가 달려있다고 해도 과언이 아니다.

경제인(사업가)와 정부 관료와의 특수한 꽌시 관계를 중국인들 사이에선 '타락한 꽌시' 혹은 '钱权交易'이라고 부른다.* 꽌시 문화에 의해 '돈'과 '권력'이 묶일 수 있게 되었고 결국엔 부패로 이어지게 된 것이다.

돈 ⇦ 꽌시 ⇨ 권력 ⋯▸⋯▸⋯▸ 부패

실제로 중국내에서는 꽌시라는 단어 자체를 '연고주의', '뇌물', '사기' 등 부패구조나 부정한 행위를 나타내는 단어들과 동일시하는 경향이 강하다.** 경제영역과 정치영역을 연결하여 발생하는 부패구조는 어느 국가나 사회집단에서도 항상 존재하는 문제이다. 하지만 중국의 꽌시는 이러한 부패구조를 형성시키고 활성화시키는데 아주 좋은 문화적 토양을 제공하고 있는 것이다.

본 논문에서는 중국인의 꽌시 문화와 정부 관료의 부패/부정행위에 대한 인식구조를 최근의 여론조사 데이터를 가지고 분석하여 기존의 담론 수준의 논의에 그쳤던 꽌시와 부패와의 관계를 고찰하고자 하여 다음의 두 가설을 설정하였다. 첫 번째 가설은 문화혁명 후 급격한 사회 · 경제 발전 과정에서 경제 발전의 혜택을 주로 누리면서 의식의 서구화에 노출된 세대와 발전의 혜택 보다는 발전의 원동력을 제공하였

* Y. Fan. "Questioning guanxi: definition, classification and implications," *International Business Review*. vol. 11. pp. 543-561. 2002.

** M. M. Yang. *Gifts, favors, banquets: The art of social relationship in China*. Ithaca, NY: Cornell University Press. 1994.

던, 즉 경제 발전의 주체 세력으로 중국의 전통의식이 더 강한 세대간의 "꽌시"에 대한 인식 수준에 차이가 있는지를 검정하기 위한 가설이다. 두 번째 가설은 세대나 소득수준의 구분없이 꽌시에 대한 인식이 강한 계층(사회활동에서 꽌시를 더욱 자주 활용하면서 꽌시 문화에 밀접하게 젖어있는 계층)과 그렇지 않은 계층사이에 정부의 부패 수준을 어떻게 평가하고 있는지를 검정하기 위한 가설이다.

[가설1] 현대 중국내에서 경제 발전의 혜택을 누리며 성장한 세대일수록 꽌시 문화에 대한 인식이 적은관계로 활용수준이 기성세대 보다 낮을 것이다.

[가설2] 현대 중국내에서 꽌시 문화를 잘 활용하는 계층일수록 그렇지 못한 계층보다 정부 관료의 부정부패가 더욱 만연한 것으로 인식하는 경향이 있다.

[가설3] 현대 중국내에서 꽌시 문화의 활용수준이 높은 계층일수록 그렇지 못한 계층보다 삶의 만족도가 더 높아지는 경향이 있다.

[가설 3]은 [가설 2]를 뒷받침하기 위해서 검정하는 것으로 중국내에서 꽌시 문화가 개인/가족의 삶에 영향을 미치지 않을 정도로 미비하다면 [가설 2]에서 정부 관료의 부정부패에 대한 부정적 인식은 다른 사회적 구조에 의해서 영향을 받는다고 볼수 있다. [가설 3]이 통계분석에 의해 유의미한 것으로 판명되고 [가설 2]의 정부 관료 부패에 대한 인식수준과 반비례하는 수치를 보여준다면 중국 내 꽌시 문화가

더 이상 개인/가족/사회집단 내에서 큰 비중을 차지하지 않는다고 볼 수 있다. 하지만 정부 관료 부패에 대한 비판의 강도와 삶의 만족도가 동시에 증가하는 것을 보인다면, 중국내 꽌시 문화가 아직도 개인뿐만 아니라 전체 사회구성원들에게 깊게 자리잡고 있고 실제 생활에서 꽌시를 활용하여 물질적/비물질적 혜택(혹은 이익)을 느끼고 있다는 것으로 추론 할 수 있다.

5. 가설검정을 위한 설문조사 데이터(Asianbarometer, 2009)

본 연구에서는「아시안 바로미터 2008」설문데이터를 기본 분석 자료로 활용하였다.* 'Asianbarometer'는 아시아지역의 거버넌스, 민주주의, 정치적 가치, 대중 의식 등을 과학적으로 여론조사를 실시하여 데이터를 구축하는 국제적 공조기관이다. 아시아지역의 13개 국가와 5개 동남아시아 지역의 국가에 대한 여론조사를 매년 실시하고 있으며, 본 연구에서는 2008년 중국인의 사회의식 조사 데이터를 활용하였다.

'아시안바로미터(Asianbarometer) 2008'은 2007년 12월부터 2008년 6월까지 대만과 티벳자치구 지역을 제외한 중국 본토 거주민 중 만18세 이상의 성인남녀 5,402명을 대상으로 실시한 여론조사 데이터로서 실제 여론조사에 참여한 응답자는 6,971명이었다. '다단계층화표본추출법(Stratified multistaged area sampling)'을 사용하여 표본추출을 실시하였고, 문항은 총 199문항이다. 총 응답자 6,971명 중 77.5%가 여론

* 웹사이트 접속 2011년 12월, http://www.asianbarometer.org 아시안 바로미터 프로그램 본부는 국립대만대학교 인문사회과학관 소속 정치연구소에 있음.

조사 전체 문항에 답하여 주었고 중국 전체 인구 중 지역별(동부=33%, 중부=43%, 서부=24%)* 인구비례에 따른 표본 추출을 하였다. 동부지역은 상해, 산동, 천진, 북경, 강소, 절강, 복건, 광동, 요녕성을 포함한 지역이고, 중부지역은 해남, 섬서, 길림, 안휘, 강서, 하북, 하남, 호북, 호남, 흑룡강, 광서성이고, 서부지역은 내몽고, 사천, 청해, 중경, 귀주, 운남, 신강, 영하성 지역을 포함하였다. 지역별 인구비례에 따라 표본을 분할 한 후 다시 기본적 인구통계학적 분류에 따라 '층화표본추출'을 하였고, 기본적으로 '도시의 인구비율', '연령', '산업화 정도', "교육수준"의 편차에 따라 표본의 수를 비례 추출하였다. 설문조사는 조사자가 직접 대상자를 찾아가 face-to-face 인터뷰를 실시하였다. 설문을 위한 인터뷰는 기본적으로 중국어로 진행되었고, 군중들의 실제적인 꽌시에 대한 인식 및 사회적 영향력에 대한 의미를 찾아내고자 199문항 중 본 연구에 필요한 문항을 이론적 근거에 의거하여 추출하여 분석하였다.

현대 중국인들 개개인의 꽌시 활용 정도를 측정하기 위하여 다음의 세 질문을 응답자들에게 하였고 요인분석** 후 공통요인으로 변수를 일원화하여 회귀분석의 종속변수로 설정한 후 가설검정을 위한 통계분석을 하였다.

* 데이터 근거: "국가 인구조사 위원회"의 『2000 국가 물적 분배에 따른 인구조사』, 중국 통계국 발간, 2003년 3월.

** 요인분석이란 주어진 변수에 내재하는 요인들을 찾아내어 자료정리와 요약을 주된 목적으로 하는 다변량 분석이다. 대체로 많은 변수들 간의 상관관계를 분석하여 이들의 근원적인 차원으로 변수들을 설명하려고 시도한다. 요인분석의 가장 주된 목적은 수많은 원변수들이 포함하고 있는 정보의 손실을 최소화하면서 원변수들을 요약하여 새롭게 합성된 요인의 적은 집합으로 줄이는 것이다.

질문1) 평균적으로 볼 때, 당신은 일주일에 보통 몇 명의 사람들과 만나거나 접촉을 합니까?

(1) 0~4인 이하 (2) 5~9인 이하 (3) 10~19인 이하

(4) 20~49인 이하 (5) 50인 이상

(8) 잘 모르겠다 (9) 무응답

질문2) 어떤 사람들은 자신들의 직업, 혹은 공동체(집단) 내의 위치 때문에 다른 사람들에게 중요한 사안에 대한 결정에 영향을 미쳐달라고 부탁을 받기도 합니다. 당신은 다른 사람들에게 얼마나 자주 이러한 부탁을 받고 있습니까?

(1) 받아본 적 없다 (2) 아주 가끔 (3) 가끔 (4) 자주

(8) 잘 모르겠다 (9) 무응답

질문3) 질문2와 관련하여 당신은 중요한 사안에 대한 결정에 영향을 행사하기 위해 부탁을 할 수 있는 사람이 얼마나 있습니까?

(1) 전혀 없다 (2) 한두 명 정도 (3) 서너 명 이상 ~ 열 명 이하

(4) 열 명 이상 ~ 아주 많이 있다

(8) 잘 모르겠다(9) 무응답

위의 세 질문항의 데이터를 요인분석을 통한 차원감소 방법을 사용하여 하나의 변수로 환원하였고, 이 새로운 변수를 '꽌시 문화 활용수준'으로 종속변수로 사용하였다. 종속변수의 모수정규분포 가정 검정과 분포도는 〈그림 1〉과 같이 정규분포임을 알 수 있고 선형회귀분석 사용이 적합함을 보여주고 있다.

〈그림1〉 "꽌시 문화 활용 수준" 히스토그램

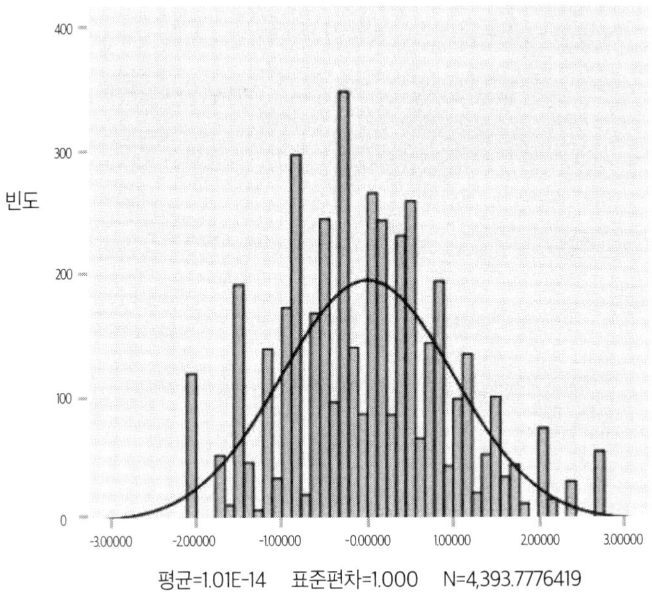

평균=1.01E-14 표준편차=1.000 N=4,393.7776419

6. 데이터 분석 및 결과 해석

가설검정을 위한 종속변수 '꽌시 문화 활용수준'과 통제변수들(연령, 소득수준, 교육수준, 성별)과 독립변수들(부패문화에 대한 인식수준과 사회생활 만족수준) 간의 관계를 살펴보기 위해 본 연구는 선형회귀분석 통계 방법을 사용하였고 분석 결과는 〈표 1〉와 같다.

"꽌시 문화 활용수준"을 설명하는 〈표 1〉의 모형 적합도 (R)은 0.220이고 자유도 6에 의한 양측검정 (F=43.067)의 유의확률이 0.01보다 작으므로 독립변수들의 설명 모형이 적합한 것으로 분석되었다. 또한 모형1에서 독립변수들간의 간섭효과문제 (Multi-Collinearity problem)를 테스트한 VIF 테스트 결과 독립 변수들 간에 상호 간섭에 의한 모형의

〈표 1〉 중국인의 꽌시문화 활용수준에 대한 회귀 분석 결과

계수							
모형 [종속변수: 꽌시문화활용수준(↑)]	비표준화계수		표준화계수	t	유의확률	Collinearity Statistics	
	B	표준오차	베타			Tolerance	VIF
(상수)	0.108	0.087		1.250	0.211		
성별(1=남성/2=여성)	0.136	0.026	0.073	5.315	0.000	0.986	10.15
연령(↑)	0.008	0.001	0.146	10.509	0.000	0.964	1.038
교육수준(↑)	0.001	0.001	0.017	1.197	0.231	0.950	1.053
가계평균월소득(↑)	0.000	0.001	0.004	0.267	0.789	0.995	1.005
사회만족도(↑)	0.070	0.007	0.134	9.695	0.000	0.976	1.025
정부관료 부패에 대한 비판의식(↑)	0.039	0.020	0.028	2.010	0.044	0.985	1.015
모형적합도(R)	R제곱	표준화 R제곱	제곱합	자유도	평균제곱	F	유의확률
0.22	0.048	0.047	212.18	6	35.363	43.067	0

부적합성이 거의 없는 것으로 나타났다.

[가설1](현대 중국내에서 경제 발전의 혜택을 누리며 성장한 세대일수록 꽌시 문화에 대한 인식이 적은 관계로 활용수준이 기성세대 보다 낮을 것이다.)과 관련하여 모형1의 독립변수 중 '연령'과 종속변수와의 관계를 보면 베타값이 양수(0.008)이고 유의확률이 0.01보다 작으므로 "연령이 높아질수록 꽌시 문화의 활용수준도 비례하여 높아지는 것"으로 분석되었는데 이는 [가설 1]의 가정이 사실임을 보여주고 있다. 이러한 분석에 기초하여 향후 21세기 중국사회 내에서 꽌시 문화의 존립을 추측하여 볼 때 경제 발전과정에서 사회적 고통을 공유한 세대는 점점 사라질

것이고 경제 발전 결과물의 혜택을 주로 누리며 서구사회에 더 개방되어져가는 시대에 살게 될 젊은 계층에게서는 꽌시 문화가 어울리지 않는 옷으로 취급될 확률이 높을 것이다. 즉 꽌시 문화는 중국이 더욱 경제적으로 발전하고 사회적 개방이 가속화될수록 그 영향력은 중국 사회 내에서 차차 약해질 것으로 보인다.

[가설 2](현대 중국내에서 꽌시 문화를 잘 활용하는 계층일수록 그렇지 못한 계층보다 정부 관료의 부정부패가 더욱 만연한 것으로 인식하는 경향이 있다.)와 관련한 데이터 분석 결과 꽌시 문화의 활용수준이 높아질수록 오히려 정부 관료들의 부패에 대하여 신랄한 비판의식을 가지고 있는 것으로 분석되었다.(독립변수 "정부관료 부패에 대한 비판의식"의 베타 값=0.039로 정비례 관계를 나타내고 유의확률이 0.05보다 작으므로 95% 신뢰수준에서 대립가설을 기각할 수 있다.) 다시 말해, 꽌시 문화의 활용을 잘하여서 (정부 관료와 부패의 고리-지대추구) 정당하지 않은 관계 속에서 사업상 혹은 다른 비물질적인 혜택을 많이 받은 중국인들이 정부 관료의 부패 문제에 대해 더욱 실감하고 있기 때문에 비판도 더욱 신랄하게 하는 경향이 생긴 것으로 추론되어 진다.

마지막으로 [가설 3](현대 중국내에서 꽌시 문화의 활용수준이 높은 계층일수록 그렇지 못한 계층보다 삶의 만족도가 더 높아지는 경향이 있다.)과 관련한 선형회귀분석 결과는 독립변수 '삶의 만족도'와 종속변수 '꽌시 문화의 활용수준' 사이에 정비례한 관계가 있는 것으로 나타났고(베타 값=0.070, 유의확률이 0.01보다 작으므로 99% 신뢰수준에서 대립가설 기각할 수 있음) 이에 대한 통계적 유의확률을 보면 두 변수 사이의 정비례관계는 존재하는 것을 알 수 있다. 인간의 합리적 판단 경향을 볼 때(Rational choice theory-개인의 이익 극대화가 행위 결정에 가장 중요한 기준임) 꽌시 문화를 잘 활용하여 개인의 이익을 극대화 시킬 수 있는 사람일수록 개인의 주관적 판단에 의한 삶의 만족도는 당연히 높아지는 경향이 있다는 것은 보여주고 있다.

[가설 2]와 [가설 3] 모두 통계분석 결과 정비례의 관계가 종속변수와 있고 이에 대한 통계적 유의확률은 모두 유의미한 것으로 나타난 것을 볼 때, 현대 중국사회에는 아직도 꽌시 문화가 존재하며 정부 및 정부 관료들의 부정부패에 직접적으로 영향을 미치고 있음을 알 수 있다. 또한 꽌시 문화가 중국 고유의 전통적인 의식구조 속에 자리 잡아 왔음을 꽌시 문화 활용 수준이 높은 사람들이 이로 인해 발생되는 부패구조를 신랄히 비판하는 동시에 개인의 삶의 만족도를 높이는 데에는 방법론적인 정당성을 잃어버리는 사고 및 행동 양식을 보여줌으로써 꽌시 문화의 사회적으로 존재함을 알 수 있다.

현대 중국사회에서 꽌시 문화는 점점 사라져가는 낡은 유행의 옷이 되는 과정 속에 있지만 아직 까지는 중국 사회 · 경제 발전 과정에 지대한 영향을 미치고 일반 중국인들의 행동 양식을 결정짓는 중요한 변수임을 알 수 있다.

7. 결론

중국하면 '꽌시(关系)'를 떠올릴 만큼 사회 전반에 걸쳐 수많은 꽌시가 작용하고 있음은 주지의 사실로서 꽌시는 중국인의 심리와 행위양식을 이해하는 키워드로 인식되어져 왔다. 물론 관계를 중시하는 경향은 중국은 물론 한국과 일본 등 동아시아 국가뿐만 아니라 형태는 다르지만 다양한 형태로 세계 곳곳에도 발견할 수 있다. 하지만 서론에서 언급한 바와 같이 전통적으로 오랜 시간 동안 인치(人治)를 구가해 온 중국에서는 분명 다른 지역 국가와는 다른 형태로 존재하여 왔으며 특히 개혁개방 이후 급속한 경제 발전 속에서도 그 전통을 존속시켜 왔다는 것이다. 분명 중국의 오랜 전통으로서 긍정적 측면을 중국적 특징으로 인정되어 지지만 글로벌 스탠더드의 적용이라는 측면에서 분명 정경유착과 같은 부패의 부작용이 지속적으로 노정되고 있다. 급격한 경제 성장과 같은 사회 현상 속에서 전통의 단면으로서 꽌시에 대한 현재 중국인이 인식을 규명하고자 했던 본 고는 다음과 같은 결론을 도출할 수 있었다. 첫째, 현대 중국사회의 구조적 문제로 대두되고 있는 부패구조와 관련하여서 꽌시가 어떠한 관계를 맺고 있는가에 대한 통계분석 결과 꽌시를 사회생활에서 잘 활용하는 사람들일 수록 중국내 부패구조 존재에 대한 확신을 보여 주었고 더 나아가 신랄한 비판을 할 정도로 본인의 꽌시 활용에 대한 역설적인 존재인식을 보여 주었다. 둘째, 비록 꽌시의 활용에 의한 정부 관료와의 부정당한 관계 속에서 부패구조에 대한 역설적인 비판을 하는 중국인들일 수록 개인의 삶의 만족도는 그렇지 않은 (꽌시에 의한 혜택을 누리지 못하는 중국인들) 계층보다 훨씬 높은 경향을 보여주고 있다. 이는 부패구조에 대한 비판은 높지만 실리를 추구하는 중국인들의 특성상 꽌시에 의한 경제적 · 사회적 직 · 간접적인 이익추구를 포기하지는 않고 있음을 나타내 주고 있다. 마지막으로 이러한 꽌시 문화가 향후 21세기에 더욱 발전하고자 하는 중국사회에서 그 존재가 계속 남아 있을 것인가와 관련하여서는 통계분석 결과 젊은 계층의 꽌시에 대한 활용 의지 및 행동 욕구가 기성세대와 비교하여 현저히 낮음을 보여주고 있는바 중국의 고유한 꽌시 문화는 시대가 흘러감과 동시에 점차 소멸의 길을 걸을 것으로 예측된다. 중요한 점은 현재의 중국사회에서는 꽌시의 존재가 실존하고 있고 그에 대한 사회적 영향은 아직도 크다는 것을 본 연구에서 밝히었다.

3장

중국 민족성은 '민족주의' 인가? '애국주의'인가

— 현대 중국인의 '애국주의'와 '민족주의' 인식에 대한 계량 분석적 고찰

1. 서론

'서양 문명이 어떻게 15세기 이후 지난 500년간 중국을 비롯한 타문명을 역전하며 세계를 지배할 수 있었는가'에 대한 원인은 물론, 서양 문명의 지배가 세계에 끼친 영향, 그리고 서양 문명의 황혼에 이르기까지를 예견하며 세계사뿐 아니라 현대의 정치경제까지 설명하고 있는 니얼 퍼거슨(Niall Ferquson)의『시빌라이제이션』을 보면, "서양은 치열한 경쟁이 발전을 낳았는데 정치에서는 근대 민족국가를, 경제에서는 자본주의를 발판으로 하였다"고 하여 정치적으로는 '민족국가', 경제적으로는 '자본주의'를 서구 경쟁력의 원천으로 제시하고 있다. 이 점은 세계사에 조그마한 관심을 가진 사람이라면 그다지 의문의 대상이 되지 않는다. 그런데 서양은 이러한 자기 발전의 동력을 타문명권에도 근대화(Modernization)라는 이름으로 강요함으로써 근대로의 전환기를 맞게 되었다.

동아시아 지역의 근대 전환기란 동아시아 각 나라가 전통시대의 국제관계에서 벗어나 근대 세계체제의 일원으로 옮겨갔던 시기로서, 화이론(華夷論)적 세계관에 기초한 동아시아의 전통적 국제관계는 서구 자본주의 세계체제에 포섭됨으로써 해체되고 종래의 국제관계를 규정하던 관념과 제도는 붕괴되었으며, 그에 대신하여 새로운 관념과 제도가 동아시아 각 나라의 상호관계를 규정하는 역사적 상황을 겪어야 했다.

바로 근대 전환기에 많은 서구적 가치와 관념들이 동아시아에 유입되고 변용되었는데 그 중 가장 주목되는 것이 바로 '민족(民族)'으로 번역되어졌던 'Nation' 개념이다. 오늘날 동아시아 한중일 삼국은 지역협력을 추구하면서도 근대 이후의 얼룩진 역사로 인해 여의치 않은 상황에 처해 있다. 다시 말하면 현존하는 동아시아 3국의 갈등은 근대 '네이션'을 형성하면서 제국주의(일본), 반식민지(중국), 식민지(한국)라는 상이한 길을 걸었던 동아시아 3국의 근현대사 경험과 밀접한 관련을 갖고 있다. 동아시아에서 '네이션' 개념이 형성되는 데에는 동아시아지역 내의 긴장과 상호 작용이 동아시아와 서구의 그것들 못지않게 중요했다. 서구로부터 유입되어 회자하던 '민족' 개념과 용어가 유행했던 시점이 중국과 일본의 '개항'과 '개국' 시점으로부터가 아니라, 한중일 3국의 긴장관계가 첨예화되고 있던 청일전쟁~러일전쟁 시기였다는 점에서 동아시아 3국은 '네이션' 개념을 수용하면서 각국의 문화적 · 정치적 토양 위에서 변용시켰다고 할 수 있다. 결국 새로운 시대환경, 즉 근대라는 환경 속에서 한중일 3국은 자국의 상황에 맞추어 '민족'을 이해하고 받아들였으며, 이렇게 유입 · 변용된 '민족' 개념은 오늘날에도 여전히 동아시아 3국 각국이 처한 시대 환경에 맞추어 인식되며 사용되고 있다.

그런데 이와 같은 역사상황—외생적 근대화—속에서 유입된 '동아시아에서의 Nation', 즉 '민족(民族)' 개념이 불과 1세기를 조금 지난 오늘날 전혀 새롭게 세계 특히 서구 사회에서 인식되어지고 있다는 것이다.

1980년부터 시작된 개혁개방의 결과에 따른 중국의 정치적 · 경제적 위상의 급부상은 전 세계인의 관심을 불러 일으켰고 이러한 관심은 1990년 들면서 미국을 비롯한 서구 국가들로부터 제2의 황화론(黃禍論)이라고 불리워지는 '중국위협론' 논쟁까지 야기시켜 현재에도 진행중에 있다. 오늘날 중국에서의 민족 문제는 개혁개방으로 고도의 경제성장을 이룩하면서 나타난 부산물로도 볼 수 있는데 성장 이면에 한편으로는 다양한 사회적 갈등과 문제점, 예컨대 빈부격차의 확대, 부정부패의 만연, 실업의 급증 등 각종 사회문제가 야기되었다. 뿐만 아니라 이러한 경제적 발전은 한족과 소수민족 사이의 경제적 격차를 증대시켜 이로 인한 변강(邊疆) 문제를 초래함으로써 중국 변경지대에 거주하고 있는 소수민족들 사이에 '인종 민족주의(ethnic nationalism)'를 고양시키게 되었다. 이러한 현상은 현대화의 궁극적 지향점인 부국강병과 국가통합을 지향하고 있던 중국 당정 입장에서는 위기감을 느끼지 않을 수 없게 되었다. 이를 극복하기 위해 중국 당정은 사회주의 이데올로기 못지않은 새로운 이데올로기의 필요성을 느꼈고 이러한 요구에 부합해서 제기되었던 것이 '중화민족의 위대한 부흥'이었다.

이런 점에서 1990년대 중국 민족주의의 발전은 전통적 중화주의의 부활이라기보다는 그에 대한 지양과 극복도 동시에 담고 있다는 점에서 새로운 민족주의의 출현이라고 볼 수도 있다.* 다민족 국가인 중국이 채택한 민족주의는 주지하다시피 인종과 민족을 초월하는 '통일적 다민족 국가론', 즉 '중화민족(中華民族)'이라는 상상의 공동체로서 '다원(多元)'으로서의 56개 민족과 '일체(一體)'로서의 '중화민족'이라는 중층구조를 형성하고 있다는 것이다.

한편 이상과 같은 민족주의(民族主義) 담론의 출현과 함께 거의 유사한 목적으로 제기된 의식이 바로 '애국주의(愛國主義)'이다. 현대 중국에서 그 등장과 지향점에서 거의 동의어로 인식되어지고 있는 '민족주의'와 '애국주의'의 개념을 나누어 정리해 보면, 먼저 '애국주의'는 해당 국가의 현실상황을 있는 그대로 사랑하는 것으로 주로 외래 침략에 저항하면서 현재의 조국을 보위하는 의미를 지닌다. 이와는 달리 '민족주의'는 조국이 아직 도달하지 못한 이상적인 목표를 향해 힘을 기울이는 것이다. 민족주의와 애국주의의 관계를 보면 '민족주의'가 주로 「있었던(as it was)」 또는 「있어야만 했던(as it should be)」 것을 사

* 기존 중국 민족주의 선택에 대한 제 주장을 정리해 보면 다음과 같다. 첫째, 중국 민족주의는 공산(사회)주의 이데올로기 붕괴 이후 중국이 지배의 정당성을 유지하기 위해 의도적으로 민족주의를 조작했다는 주장. (Etrica S. Downs and Philip C. Saunders, 1998/1999, "Legitimacy and the Limits of Nationalism: China and the Diayu Islands," *International Security*, Vol. 23, no. 3, pp. 114~146. Zhao Suisheng, 1998, "A State-led Nationalism: The Patriotic Education Campaign in Post Tiananmen China," *Communist and Post-Communist Studies*, Vol. 31, no. 3, pp. 287~302. Zhao Suisheng, 1997, "China's Intellectuals' Quest for National Greatness and Nationalistic Writings in the 1990s," *The China Quarterly* Vol. 152, pp. 725~745.) 둘째, 구소련의 몰락 이후 의사(quasi) 공산주의를 버리고 원래의 정체성인 순수 민족주의 정당으로 개조하기 시작했다는 주장.(Xu Wu, *Chinese Cyber Nationalism: Evolution, Characteristics, and Implication* (N. Y, Lexington, 2007) p. 123. 셋째, 만병통치약(panacea)의 민족주의로 전화하면서 공산주의나 자본주의도 아닌 제3의 길로 모색하고 있다는 주장. (이희옥 2007, 155 재인용)

랑하는 것과는 달리 '애국주의'는 조국을「있는 그대로(as it is)」사랑하는 것이며, 태도의 차원에서 보면 애국주의가 승리지향적인 반면에 민족주의는 보다 상처받고 굴욕이 가져온 유산과 관련되어 있다. 이런 점을 고려하여 중국에서는 '애국민족주의'로 규정하고 있다.

한편 이렇듯 중국 내에서 '애국민족주의'로 인식되어지고 있는 중화민족의 자부심은 지난 몇 년간 미국 등 서구사회에서 'Great China Emerging(대중국의 발현)'이라는 제목으로 뉴스의 주제가 되어 다분히 민족주의에 비중을 둔 '중국위협론'으로 비쳐져 왔다. 실제 2008년 베이징올림픽에서 2009년 건국 60주년 기념대회 사이에 중국에서 열렸던 많은 행사의 내용이 서구 사회의 관점으로 보면 '대중국의 발현'이 허구만은 아니라고 해도 과언은 아니다. 그리고 이러한 '대중국의 발현'이 소위 중국을 연구하거나 관계하는 많은 사람들로 하여금 앞으로 중국이 국제질서 형성에 직접적으로 힘을 행사하려는 의도가 있는 것은 아닌지에 대한 관심을 더욱 증가시키고 있는 현실이다.*

* 현재 중국의 애국주의를 바라보는 국내 연구자들의 시각은 대략 세 가지로 나눌 수 있다. 하나는 중국의 애국주의는 중국의 국력이 강성해짐에 따라 잃어버렸던 강국의 꿈이 부활하여 나타난 새로운 중화주의라는 이른바 '신중화주의론'이다. 주로 다수의 한국의 중국연구자와 한국사 연구자들이 이와 같은 입장을 취하고 있다. 두 번째로 신중화주의적 경향을 보일 뿐만 아니라 동시에 패권주의를 추구하고 있다는 주장도 상당한 동조자를 지니고 있다. 중국의 동북공정 추진 이후 등장한 이른바 '중화패권주의론'은 주로 주류 언론들이 사용하고 있다. 마지막 하나는 중국이라는 사회주의 국가가 자본주의 시스템을 받아들이면서 애국주의를 수용하고 있는 것이기에 다른 국가의 그것에 비해 낯설고, 또 중국이 태생적으로 가지고 있는 힘 때문에 주변국에 위협적으로 비칠 수는 있지만, 중국의 애국주의는 아직은 민족주의라고 보는 시각이다. 아직은 중국의 애국주의가 대부분의 근대국민국가가 내보이고 있는 민족주의의 특성 이상의 경향을 내보이고 있지 않기 때문이다. 동아시아에서 미국 중심의 패권질서가 강고한 상황에서 식민지 국가들의 민족주의가 지니는 저항적 특성의 효용성에 관심을 가지고 있는 일부 연구자들이 이 논법에 동의를 하고 있다. 김희교, 2006,「중국 애국주의의 실체: 신중화주의, 중화패권주의, 민족주의」,『역사비평』제75호(역사비평사), pp. 305~306.

중국의 급속한 경제 발전과 군사력의 증강은 중국을 바라보는 많은 선진국들뿐만 아니라 동북아 지역의 주변 국가들에게도 잠재적인 위협요소에서 현실적인 위협요소로 인식되고 있는 것이 사실이고 보면, 이러한 일련의 중국내 변화들이 중국의 '애국주의' 혹은 '민족주의' 고취에 따른 의도적인 변화인지 아니면 '중국위협론'을 제기하여 중국을 잠재적인 적으로 간주하려는 미국을 비롯한 서방세계의 서구식 민족주의(Nationalism) 혹은 애국주의(Patriotism) 해석에 기반한 오해에서 비롯된 것인지에 대하여 학자들 간에 존재해 온 큰 논쟁거리 중에 하나이다.

이와 관련하여 본 연구는 중국의 '민족주의'와 '애국주의'의 개념을 동일시하고, 향후 국제사회에서 패권주의로 나아가기 위한 의식적 기반으로 바라보고 있는 서방 세계 국가들의 인식 패턴이 과연 '현재의 중국 국민'들 의식 속에 내재되어 있는 '민족주의/애국주의' 개념과 같은 것으로 보아도 문제점이 없는지에 대한 의구심에서 시작되었다. 본 연구는 기존의 많은 연구들이 중국의 정책 자료 등과 같은 문헌에 대한 해석적 방법론에 치우쳐 있음을 인지하고 이러한 접근 방법의 한계에서 올 수밖에 없는 불균형적 연구결과에 대한 과학적이고 시스템적인 검정을 일차 목적으로 설정하였다.

본 연구에서 중국인의 '애국주의'와 '민족주의' 의식수준을 측정하기 위해 기본 분석 자료로 '아시안 바로미터(Asianbarometer) 2008'(http://www.asianbarometer.org.) 설문데이터를 활용하였다. 이러한 과학적 방법으로 분석한 연구결과를 통해 기대할 수 있는 바는 서구식 애국주의와 민족주의 개념이 실제 중국인의 의식 성향과 다른 점이 무엇이고 그러한 차이가 현재의 국제정치적 역학 관계에서 어떻게 작용하고 있는가를 밝히는 데 일조하는 것이다.

2. '애국주의'와 '민족주의'의 계량화를 위한 이론적 배경

먼저 '애국주의'를 측정하기 위해 본 연구에서 사용한 선행 연구는 Rita Luhtanen과 Jennifer Crocker* 그리고 Rick Kosternman와 Seymour Feshbach**의 '집합적 자아심취(Collective Self-esteem, CSE)' 모델이다. 이 모델에 의하면 '애국주의(Patriotism)'를 "개인의 자국(모국)에 대한 사랑이다"라고 정의하였고 본 논문에서는 세 가지 질문을 가지고 설문조사 응답자들의 애국주의를 측정하였다.

첫 번째 질문은 "당신은 중국 국민으로서 얼마나 자부심을 가지고 있습니까?"이고, 두 번째 질문은 "당신은 만일 중국 정부가 불합리하고 잘못된 정책을 집행하였을지라도 중국 국민으로서 국가에 대한 충성은 변하지 말아야 한다는 주장에 어느 정도 동의하십니까?"이다. 그리고 세 번째 질문은 "당신은 만약 기회가 된다면 중국 이외의 국가에 가서 거주할 의사가 어느 정도 입니까?"였다.

위의 세 가지 질문을 통하여 중국인의 애국주의를 측정하였고 통계적 요인분석을 통하여 '중국인의 애국주의 변수'를 도출해내었다. 요인 분석의 결과는 〈표 1-1〉에서 보듯이 두 번째와 세 번째 질문의 변수 함량이 높은 것으로 나타났다.

〈표 1〉 '애국주의' 계량화를 위한 요인분석 결과 적용 대상 설문지 문항 중 선행연구에서 통해 정의된 민족주의와 애국주의를 측정하기

* Rita Luhtanen and Jennifer Crocker, 1992, "A collective self-esteem scale: Self-evaluation of one's social identity." *Personality and Social Psychology Bulletin*, Vol. 18. pp. 302~318.

** Rick Kosternman and Seymour Feshbach, 1989, "Towards a measure of patriotic and nationalistic attitudes." *Political Psychology*. Vol. 10, No. 2.

〈표 1〉 '애국주의' 계량화를 위한 요인분석 결과*

설명된 총분산						
* 성분	초기 고유값			회전 제곱합 적재값		
	전 체	%분산	%누적	전 체	%분산	%누적
1	1.144	38.138	38.138	1.144	38.138	38.138
2	0.983	32.776	70.914			
3	0.873	29.086	100.000			

-요인 추출 방법: 주성분 분석
-초기 고유값 1.0 미만은 통계학적 방법론상 유의하지 않은 것으로 판단.
-성분 1, 2, 3의 구분은 질문항 3가지의 적재 가중치를 통계프로그램에서 달리 적용하여 계산을 분류임.(예를 들면 각 질문항에 대한 분산 가중치를 달리하여 통계프로그램이 최적의 가중치 배분을 추출한 것임.)

〈표 1-1〉「1 성분」

성 분 행 렬	
	성 분
	1
질문항 1	0.490
질문항 2	0.732
질문항 3	0.606

위하여 설정한 개념 정의를 가장 잘 표현하고 있다는 질문 문항 3개를 추출하였다. 세 개 질문을 대상으로 SPSS 프로그램을 이용하여 요인분석을 하였다. 분석결과 각 문항의 가중치를 달리하여 도출한 조합이 「1 성분 행렬」로서 아래 〈표 1-1〉은 「1 성분」의 문항별 구성 조합을 표시하고 있다. 즉 두 번째 질문이 중국인의 애국주의를 가장 잘 표현하고 있다고 볼 수 있다. 다만 첫 번째 질문과 세 번째 질문도 그 가중치가 0이 아닌 관계로 SPSS에서는 각각의 질문항 가중치를 달리하여 분석하였고 민족주의 변수를 추출하였다.

〈표 1〉에서 보면 '애국주의' 요인 분석 결과 「1성분」 점수의 전체 초기

〈표 2〉 '민족주의' 계량화를 위한 요인분석 결과*

설명된 총분산						
* 성분	초기 고유값			회전 제곱합 적재값		
	전 체	%분산	%누적	전 체	%분산	%누적
1	1.357	45.240	45.240	1.357	45.240	45.240
2	0.981	32.696	77.936			
3	0.662	22.064	100.000			

--요인 추출 방법: 주성분 분석
-초기 고유값 1.0 미만은 통계학적 방법론상 유의하지 않은 것으로 판단.
-성분 1, 2, 3의 구분은 질문항 3가지의 적재 가중치를 통계프로그램에서 달리 적용하여 계산을 분류임.(예를 들면 각 질문항에 대한 분산 가중치를 달리하여 통계프로그램이 최적의 가중치 배분을 추출한 것임.)

〈표 2-1〉「1 성분」 행렬

성 분 행 렬	
	성 분
	1
질문항 1	0.306
질문항 2	0.810
질문항 3	0.780

고유값이 1.144이므로 통계적 유의값에 속하면서 행렬값은 〈표 1-1〉에서 볼 때 두 번째 질문항("당신은 만일 중국 정부가 불합리하고 잘못된 정책을 집행하였을 지라도 중국 국민으로서 국가에 대한 충성은 변하지 말아야 한다는 주장에 어느 정도 동의하십니까?")이 중국인의 애국주의를 가장 잘 설명하는 요인임을 알 수 있다. 〈표 1-1〉에서 보듯이 '질문항 2'의 로딩값이 0.732로 가장 높음을 알 수 있다. 〈표 1-1〉의 성분 행렬을 기준으로 하여 중국인의 애국주의 수준을 SPSS프로그램을 사용하여 추출한 후 변수화 하였다. 즉 두 번째 질문이 '중국인의 애국주의'를 가장 잘 표현하고 있음을 알 수 있는데 두 번째 질문항을 통해 표현된 중국인의

애국주의는 다분히 유교적 忠의 개념으로 전통적 공동체로서 국가에 대한 충성 의식이 내재되어 있다고 볼 수 있는데 이는 서양인의 보편적 원칙 즉 정치적으로 건전한 국가 자체에 대한 사랑 개념으로서의 애국주의 인식과는 차이가 있음에 주목할 필요가 있다.

한편 민족주의도 Kosterman과 Feshbach(1989)의 선행 연구에서 "민족주의란 단순히 자국(모국)에 대한 사랑(애국주의)을 넘어선 개념으로 다른 국가와 비교하여 자국(모국)이 우월하다는 강한 믿음"이라고 정의를 되었다. 이러한 민족주의 개념을 바탕으로 중국인의 민족주의 수준을 측정하기 위하여 다음의 세 가지 질문을 설문조사에 사용하였다.

첫 번째 질문은 "중국이 어려운 상황에 처했을 때 중국 정부가 그러한 상황을 해결하기 위해 위법적인 방법을 사용하는 것에 대하여 어느 정도 동의하십니까?"이고, 두 번째 질문은 "중국 정부는 중국이 다른 선진국들의 생활 패턴과 유사하게 되는 것을 막아야할 의무가 있다는 점에 대해 어느 정도 동의하십니까?"이고, 세 번째 질문은 "중국은 다른 국가와의 교역 의존도를 점차 줄이면서 더욱 자급자족(self-sufficient)이 가능한 국가가 되어야 한다는 것에 대하여 어느 정도 동의하십니까?"이다. 위 세 가지 질문을 애국주의 개념에서와 같이 요인분석한 결과는 〈표 2〉와 같다.

〈표 2〉에서 보면 '민족주의' 요인분석 결과 「1성분점수」의 전체 초기 고유값이 1.357로서 통계적으로 유의(有意)하며 「1성분」 행렬값은 〈표 2-1〉에서 보면 두 번째 질문항("중국 정부는 중국이 다른 선진국들의 생활 패턴과 유사하게 되는 것을 막아야할 의무가 있다는 점에 대해 어느 정도 동의하십니까?")이 중국인의 민족주의를 가장 잘 설명하는 요인임을 나타내고 있다. 〈표 2-1〉의 성분 행렬을 기준으로 하여 중국인의 민족주의

수준을 SPSS프로그램을 사용하여 추출한 후 변수화 하였다.

이 결과 역시 중국인의 민족주의 의식이 서구와는 차이가 있음을 볼 수 있는데, 서구에서 정의하고 있는 민족주의 개념이 다분히 배타적이면서 타민족에 대한 우월감을 표현한 공격적 민족주의인데 비해 질문항 2를 통해 표현된 중국인의 민족주의 의식은 자기 방어적이며 문화 보수적인 성향이 강하다는 것을 보여주고 있다고 하겠다.

3. 애국주의와 민족주의 분석을 위한 가설 설정

1) 세대별 분석

본 연구에서는 먼저 중국인의 애국주의와 민족주의와 수준이 중화인민공화국 수립 이후 주요 사회 변동 요인을 기준으로 세대 간 차이가 보일 것으로 예측하였다. 기존 문혁에 대한 평가를 보면 중국의 공식 역사는 문화대혁명의 시기를 잃어버린 10년 대란의 시기로 규정하였고, 모든 문제는 정리되었으며 새로운 시대에 돌입하는 것으로 설명하고 있다. 또한 문화대혁명 이후 중국 사회는 사회 세력들 사이의 절충적인 타협이 단위 체제라는 형태로 남아 독특한 의존관계를 형성하였으며, 그 또한 개혁개방과 더불어 서서히 해체되어 가고 있음을 밝히고 있다.* 이러한 연구에서 유추할 수 있듯이, 문화대혁명과 개혁개방이라는 역사적 변곡점이 일반 중국인의 의식 사유 방식에 많은 영향을

* 백승욱, 『문화대혁명—중국현대사의 트라우마』(서울: 살림출판사, 2007), p. 87.

주었다는 것은 부정하기 힘든 사실이다. 본 연구에서는 이러한 역사적 중요 사건들을 기점으로 세대 간 의식수준의 차를 검증하고자 다음과 같이 세대를 구분하였다. 첫째 그룹은 문화대혁명 경험 세대로서 문혁 당시 홍위병에 참가한 연령 이상으로 문혁 당시 피해자이자 가해자로서 문혁을 경험한 세대로 설정하였다. 실제 연령을 현재 나이로 산출해 볼 때 문혁이 시작되었던 1966년에 홍위병 참가 연령으로 추정되는 1953년생 이전 출생자를 첫 번째 그룹으로 하고(52세 이상),* 두 번째 그룹은 문혁이 종료되고 개혁개방이 진행 중에 정규 교육을 받았으며 현재 중국의 경제 개발 과정에서 가장 중심적 활동하고 있는 연령 세대로 보았다.(42~51세) 세 번째와 네 번째 그룹은 시장경제 체제의 수혜 세대로서는 공통점을 가지고 있으나 1990년 사회주의 붕괴와 더불어 미국 및 서방국가에서 '중국위협론'이 제기되기 시작한 시기를 기준으로 다시 구분하였다.

중국의 민족주의와 관련한 선행연구에 의하면 1949년~1972년 반제(反帝, 미국 제국주의 반대)와 1959~1989년 소련 수정주의 방지를 추진하면서 제3세계의 독립자주를 옹호하는 민족주의를 고취하고자 하였던 바 이에 대한 영향으로 문혁을 경험한 세대는 민족주의/애국주의의 수준이 공통적으로 문혁 이후 세대보다 높을 것으로 유추할 수 있다.** 요시자와 세이치로는 애국주의와 민족주의가 근대 이후 중국을 비롯한 식민지 경험을 가진 대부분의 국가에서 나타났던 식민지 저항 운동의 의식적 기반으로 작용한 강한 애국주의와 민족주의는 문혁

* 홍위병은 1966년 5월 29일 清華大學 부속중학교에서 맨 처음 결성되었으며 이후 전국 각지의 초등중학 및 고등중학으로 확대되었고 8월 들어서는 대학으로도 확대되었다. 백승욱(2007), p. 41.

** 김소중, 2006, "중국 민족주의 상황과 전망," 『한국동북아논총』 제38집, p. 90.

〈표 3〉 '애국주의'와 '민족주의'의 세대 간 인식편차

다중비교			
세대차		애국주의(↑)	민족주의(↑)
1그룹(52세 이상)	평균	0.0836316	0.1037798
	표본수	1975	1975
	표준편차	0.94735306	0.78127264
2그룹(42~51세)	평균	0.0402410	-0.0554104
	표본수	1096	1096
	표준편차	0.98129531	0.89223630
3그룹(24~41세)	평균	-0.0806021	-0.0658753
	표본수	1696	1696
	표준편차	1.04558940	0.97163177
4그룹(18~23세)	평균	-0.2191345	-0.0982600
	표본수	331	331
	표준편차	0.94368272	1.05862099

이전 세대의 보편적 인식으로 볼 수 있다고 주장하였는데* 이러한 선행연구의 결과에 유추하여 세대 간 차이에 따른 민족주의/애국주의 수준 차이에 관한 가설을 다음과 같이 설정하였다.

[가설 1.] 문혁을 경험한 세대는 애국주의/민족주의가 혁명 이후 세대보다 높다.

[가설 1]을 검정하기 위하여 〈표 1-1〉과 〈표 2-1〉의 성분행렬을 근거로 하여 생성된 애국주의/민족주의 변수 간 세대별 평균 비교를 한 결과, 〈표 3〉의 다중비교 결과가 도출되었다.

* 요시자와 세이치로 저 · 정지호 역, 『애국주의의 형성』(서울: 논형출판사, 2006), p. 8.

〈표 3-1〉 세대 간 차이에 대한 일원배치의 분산 분석 결과

일원배치의 분산분석표

			제곱합	자유도	평균제곱	F	유의확률
민족주의(↑) 세대차	집단-간	(조합됨)	35.196	3	11.732	14.767	0.000
		선형 항	29.347	1	29.347	36.941	0.000
		선형 항 대비	5.848	2	2.924	3.681	0.025
	집단-내		4046.896	5094	0.794		
	합계		4082.091	5097			
애국주의(↑) 세대차	집단-간	(조합됨)	42.510	3	14.170	14.514	0.000
		선형 항	40.232	1	40.232	41.209	0.000
		선형 항 대비	2.278	2	1.139	1.167	0.312
	집단-내		4973.269	5094	0.976		
	합계		5015.779	5097			

〈표 3〉에서 문화대혁명 경험세대(1그룹)의 경우 애국주의와 민족주의가 대상 세대 중 가장 높은 평균값을 보이고 있는 반면 개혁개방 후 시장경제체제의 혜택을 누리고 있는 3/4그룹의 경우는 애국주의와 민족주의 모두 가장 낮은 평균값을 보이고 있다. 이러한 결과는 [가설 1]을 뒷받침하는 결과로 볼 수 있다. 〈표 3-1〉의 세대 간 차이에 대한 일원배치의 분산 분석 결과에 의하면 [가설 1]이 통계적으로 유의함을 보여주고 있다.

한편 문화대혁명 직후세대(2그룹)의 경우 민족주의와 애국주의가 상반된 인식을 보이고 있는데 즉 애국주의는 높고 민족주의는 낮은 값을 나타내고 있다. 이는 현재 중국 사회의 중심 세대라고 할 수 있는 2그룹이 정치체제와 경제체제에 대하여 사유 상에서 상반된 괴리 현상이 내재되어 있는 것으로 추론할 수 있다. 다시 말해 경제 발전에 따른

혜택을 직접적으로 누리면서 중국이라는 자국에 대한 자부심과 긍지 즉 애국주의는 높게 나타난 반면 중국이 타국 / 타민족보다 우월하거나 우월해져야 된다는 비교 우위의식 즉 민족주의는 이후 시장경제체제 수혜 세대와 비슷한 의식을 가지고 있는 것으로 나타났다.

이점은 중국인의 애국주의/민족주의 의식을 설명하는데 있어서 미국 및 서방 국가들의 시각이 편향되어 있음을 시사하고 있고 따라서 본 연구는 서론에 언급한 바와 같이 중국인의 애국주의/민족주의를 성별, 교육 수준별, 공산당원 및 비당원 신분별, 정책선호도(경제 발전/정치발전) 별 차이가 있을 것으로 가정하고 분석하였다.

2) 사회구조적 분석

중국인의 애국주의/민족주의를 설명하는 독립변수로서 본 연구에서는 첫째, 성별 차이와 관련하여 전통적 남성 중심주의적 사회 의식으로 볼 때 남성이 여성보다 애국주의/민족주의 수준이 높을 것으로 가정하였다. Eisinga & Scheepers*와 Smith**의 성별 차이에 따른 개인의 애국주의/민족주의 성향에 대한 선행연구에서 보면, 애국주의/민족주의의 성향이 성별 차이에 따라 큰 차이는 아니지만 일정정도 차이를 보여주고 있다고 밝혀진바 있고 구체적으로 보면 남성이 여성보다

* Eisinga, R., & Scheepers, P., *Etnocentrisme in Nederland. Theoretiche en empirische modellen* (Nijmegen, Netherlands: ITS, 1989).

** Smith, A. W., 1985, "Cohorts, education, and the evolution of tolerance." *Social Science Research*, Vol. 14.

애국주의/민족주의 성향이 높은 것으로 나타났다.

둘째, 교육 수준과 관련하여 교육 수준이 높을수록 인터넷 등 다양한 매체를 통하여 다른 국가에 대한 정보 습득이 용이함으로 인류 공동체에 보편적 가치가 교육 수준이 낮은 계층보다 높아서 애국주의/민족주의 의식은 오히려 낮게 나타날 것으로 가정하였다. Coenders & Scheepers*의 선행연구에서 밝혀진 바에 의하면 높은 교육수준을 가진 국민들은 상대적으로 낮은 교육수준을 가진 국민들보다 타국가/타민족에 대한 배타성이 적은 것으로 나타났고 이는 낮은 수준의 애국주의/민족주의 성향을 가진 것으로 해석할 수 있다. 교육수준과 민족주의 의식과 관련한 미국 사례연구에 의하면 교육수준이 높은 국민들이 인종 통합(적은 수준의 배타성 및 민족주의 의식)에 더욱 적극적인 성향을 보이는 것으로 나타났다.**

셋째, 사회적 신분(공산당원/비당원)과 관련하여서는 공산당원이 국가 정책에 직접적으로 영향을 미칠 수 있는 신분이므로 당연히 자국에 대한 애국심과 자국민에 대한 민족의식이 높을 것으로 가정하였다. 사회적 신분과 관련한 Coenders & Scheepers***의 연구에서 보면, 사회적으로 높은 사회계층의 국민들이 낮은 사회계층의 국민들보다 적은 정도의 배타성 및 애국심을 보이는 것으로 나타났다. 하지만 중국의 경우 공산당원이라는 신분은 사회적으로 높은 계층에 속하여 있지만 일반적으로 민주주의가 발달한 다당제 체제하의 정치체제가 아닌 공

* Coenders, M., & Scheepers, P., 2003, "The Effects of Education on Nationalism and Ethnic Exclusionism: An International Comparison." *Political Psychology*. Vol. 24, No. 2.

** Greeley, A. M., & Sheatsley, P. B., 1971, "Attitudes toward racial integration." *Scientific American*, Vol. 225, No. 6.

*** Coenders, M., & Scheepers, P.(2003)

〈표 4〉 애국주의/민족주의 단순 회귀 분석결과

	계수					
모형 1 [종속변수 : 애국주의(↑)]		비표준화계수		표준화계수	t	유의확률
		B	표준오차	베타		
1	(상수)	0.783	0.356		2.202	0.028
	연령(↑)	0.009	0.002	0.142	6.140	0.000
	교육수준(↑)	-0.003	0.001	-0.058	-2.533	0.011
	성별(1=남성/2=여성)	0.008	0.049	0.004	0.172	0.864
	공산당원 여부 (당원=1, 비당원=2)	-0.676	0.169	-0.092	-4.000	0.000
	정책선호도 (경제 발전↓, 정치발전/민주주의↑)	0.026	0.030	0.020	0.874	0.382
		제곱합	자유도	평균제곱	F	유의확률
		64.838	5	12.968	11.961	.000[a]
모형 2 [종속변수 : 민족주의(↑)]		비표준화계수		표준화계수	t	유의확률
		B	표준오차	베타		
2	(상수)	0.199	0.289		0.688	0.491
	연령(↑)	0.004	0.001	0.079	3.385	0.001
	교육수준(↑)	-0.002	0.001	-0.054	-2.327	0.020
	성별(1=남성/2=여성)	0.103	0.040	0.060	2.604	0.009
	공산당원 여부 (당원=1, 비당원=2)	-0.337	0.137	-0.056	-2.455	0.014
	정책선호도 (경제 발전↓, 정치발전/민주주의↑)	0.099	0.025	0.092	4.020	0.000
		제곱합	자유도	평균제곱	F	유의확률
		30.746	5	6.149	8.574	0.000[b]

산당 일당 주도의 사회체제이므로 공산당원의 국가(공산당)에 대한 애국주의는 높은 것으로 여겨지며 타민족/타국가에 대한 배타성 보다는 우월감이 높을 것으로 추정할 수 있다.

마지막으로 본 연구의 중심 가설인 중국인의 애국주의와 민족주의는 서로 다른 양상을 보일 것이라는 점을 검증할 수 있는 가장 중요한 변수로 개인의 정책선호도 (경제 발전 우선/정치 & 민주주의 발전 우선)를 분석하였다. 이러한 정책선호도 변수와 관련하여서 볼 때 만일 미국 및 서방국가들의 중국위협론과 같은 논리가 맞다면 애국주의와 민족주의는 다른 선호도로 나타나야 할 것이다. 반면에 개인의 정책 선호도가 민족주의와 애국주의의 차이에도 불구하고 동일하게 나타난다면 '중국위협론'과 같은 논리는 설득력이 없다고 볼 수 있다. 이러한 가정을 기초로 하여 본 연구에서는 아래의 가설을 설정하였다.

[가설 2] 중국인의 애국주의/민족주의 의식은 남성이 여성보다 높다.

[가설 3] 중국인의 애국주의/민족주의 의식은 교육수준이 높은 계층이 교육수준이 낮은 계층 보다 낮다.

[가설 4] 중국인의 애국주의/민족주의 의식은 공산당원이 비당원보다 높다.

[가설 5] 중국인의 애국주의/민족주의 의식이 높을수록 경제 발전보다 정치발전을 선호한다.

4. 가설 검정을 위한 설문조사 데이터

서론에서 언급하였듯이 중국인의 '민족주의'와 '애국주의' 의식수준을 측정하기 위해 본 연구에서는 「Asianbarometer 2008」 설문데이터를 기본 분석 자료로 활용하였다.* 아시안바로미터는 아시아지역의 거버넌스, 민주주의, 정치적 가치, 대중 의식등을 과학적으로 여론조사를 실시하여 데이터를 구축하는 국제적 공조기관이다. 아시아지역의 13개 국가와 5개 동남아시아 지역의 국가에 대한 여론조사를 매년 실시하고 있으며, 본 연구에서는 2008년 중국인의 사회의식 조사 데이터를 활용하였다.

「Asianbarometer 2008」은 2007년 12월부터 2008년 6월까지 대만과 티벳자치구 지역을 제외한 중국 본토 거주민 중 만18세 이상의 성인남녀 5,402명을 대상으로 실시한 여론조사 데이터로서 실제 여론조사에 참여한 응답자는 6,971명이었다. '다단계층화표본추출법(Stratified multistaged area sampling)'을 사용하여 표본추출을 실시하였고, 문항은 총 199문항이다. 총 응답자 6,971명 중 77.5%가 여론조사 전체 문항에 답하여 주었고 중국 전체 인구 중 지역별(동부=33%, 중부=43%, 서부=24%)** 인구 비례에 따른 표본 추출을 하였다.*** 동부지역은

* 웹사이트 접속 2011년 12월, http://www.asianbarometer.org 아시안 바로미터 프로그램 본부는 국립대만대학교 인문사회과학관 소속 정치연구소에 있음.

** 데이터 근거: "국가 인구조사 위원회"의 『2000 국가 물적 분배에 따른 인구조사』, 중국 통계국 발간, 2003년 3월.

*** 설문지의 주제는 총 14개로 구성되어 있는데 그 구체적인 항목을 보면 1. 경제평가(Economic Evaluations), 2. 정부 기구 등에 대한 신뢰(Trust in institutions), 3. 사회자본(Social Capital), 4. 선거참여(Political Participation), 5. 정치관심도(Electoral Mobilization), 6. 정치성향 및 정치인지도(Psychological Involvement and Partisanship), 7. 전통주의(Traditionalism), 8. 민주주의에 대한 인지와 가치(Democratic Legitimacy and Preference for Democracy), 9. 정치의 효용성(Efficacy, Citizen Empowerment, System Responsiveness), 10. 권위와 민주의 가치(Democratic vs. Authoritarian Values), 11. 사회분석(Cleavage), 12. 민주질서의 신뢰정도(Belief in Procedural Norms of Democracy), 13. 경제적 배경(Social-Economic Background Variables), 14. 설문 기록(Interview Record) 등으로 구성되어 있음. (http://www.asianbarometer.org/newenglish/surveys/SurveyTopics.htm)

상해, 산동, 천진, 북경, 강소, 절강, 복건, 광동, 요녕성을 포함한 지역이고, 중부지역은 해남, 섬서, 길림, 안휘, 강서, 하북, 하남, 호북, 호남, 흑룡강, 광서성이고, 서부지역은 내몽고, 사천, 청해, 중경, 귀주, 운남, 신강, 영하성 지역을 포함하였다. 지역별 인구 비례에 따라 표본을 분할 한 후 다시 기본적 인구통계학적 분류에 따라 "층화표본추출"을 하였고, 기본적으로 "도시의 인구비율", "연령", "산업화 정도", "교육수준"의 편차에 따라 표본의 수를 비례 추출하였다. 설문조사는 조사자가 직접 대상자를 찾아가 face-to-face 인터뷰를 실시하였다. 설문을 위한 인터뷰는 기본적으로 중국어로 진행되었고, 군중들의 실제적인 민족주의와 애국주의를 찾아내고자 199문항 중 본 연구에 필요한 문항을 선행연구 및 이론적 근거에 의거하여 추출하여 분석하였다.

5. 데이터 분석 결과

〈표 4〉 분석 결과에 의하면 [가설 2]와 관련하여 첫째 유의확률 0.864로 애국주의와 성별 차이와는 관련이 없는 것으로 나타난 반면 민족주의와 남성 간의 비례 관계를 보여주고 있다.(유의확률 0.009) 다시 말해 현대 중국의 남성들이 여성보다 민족주의 성향이 높은 것으로 나타났다. 애국주의 의식과 관련하여 성별의 차이가 없는 것으로 나타난 이유로 볼 수 있는 것은 본 연구의 '애국주의 개념' 설정에서 언급하였듯이 남성 및 여성 모두가 자국에 대한 사랑이라는 측면에서 동일한 성향을 가지고 있기 때문으로 볼 수 있다.

[가설 3] 교육수준과 관련하여서는 애국주의/민족주의 모두 상관관

계가 있는 것으로 나타났다.(애국주의 유의확률 0.011 / 민족주의 유의확률 0.020) 비표준화 계수 B 값이 애국주의/민족주의 모두 네가티브 값(애국주의 -0.003 / 민족주의 -0.002)을 보이는 것으로 보아 교육 수준이 높을수록 애국주의/민족주의 의식 수준이 낮다는 [가설 3]의 가정을 뒷받침하고 있다.

[가설 4] 사회적 신분으로서 공산당원 여부와 관련하여 애국주의/민족주의 모두 상관관계가 있는 것으로 나타났다.(애국주의 유의확률 0.000 / 민족주의 유의확률 0.014) 비표준화 계수 B 값이 애국주의/민족주의 모두 네거티브 값(애국주의 -0.676 / 민족주의 -0.337)을 보이는 것으로 보아 공산당원이 애국주의/민족주의 의식 수준이 비당원보다 높다는 [가설 4]의 가정을 뒷받침하고 있다.

[가설 5] 정책선호도와 관련하여 애국주의/민족주의 중 민족주의만이 상관관계가 있는 것으로 나타났다.(애국주의 유의확률 0.382 / 민족주의 유의확률 0.000) 민족주의 의식의 비표준화 계수 B 값은 0.099로 비례관계를 나타내고 있다. 이 결과로 볼 때 서방 세계의 '중국위협론(중국 민족주의 의식을 근거로 한 중국 패권주의)' 시각에서 보듯이 중국인의 민족주의는 타국과의 비교우월감을 나타내기 보다는 자국의 정치 발전에 중점을 둔 대내적 시각이라는 것을 알 수 있다. 정치 발전 중 특히 민주주의 발전에 더 큰 비중을 둔 시각으로서 국제정치 이론 중 '민주평화론'*에 비추어 볼 때 중국인의 민족주의 의식이 높아질수록 중국의 패권주의가 강해지는 것이 아니라 오히려 주변국가와의 평화적 관계 설정 가능성이 더욱 높아진다고 할 수 있다. 이러한 분석결과는 동북

* 민주주의 국가들 간의 전쟁 가능성은 비민주주의 국가들보다는 발발 가능성이 낮다고 주장하는 국제정치 이론임. (Democratic Peace Theory)

아 국가 간에서 논란이 되고 있는 영토문제와 동북공정과 같은 교과서 문제는 중국 국민들의 정서와는 상반된 논리라고 볼 수 있다.

또한 [가설 5]에서 잠정적으로 가정하였던 애국주의와 민족주의는 동일한 정책 선호도를 나타낼 것이라는 예측과 관련하여 비록 애국주의 비표준화 계수 유의 확률이 통계학적으로 채택가능한 수준이 아닐지라도 두 종속 변수의 B값들이 모두 +값을 보이는 것으로 보아 애국주의와 민족주의 성향이 높은 중국인들의 시각은 패권주의적 시각이라기보다는 평화주의적 시각으로 보는 것이 타당한 것이라는 것을 분석결과는 보여주고 있다.

6. 결론 및 시사점

1980년부터 시작된 중국의 개혁개방 결과에 따른 중국의 정치적 경제적 위상의 급부상은 전 세계인의 관심을 불러 일으켰고 이러한 관심은 1990년 들면서 미국을 비롯한 서구 국가들로부터 제2의 황화론(黃禍論)이라고 불리워지는 '중국위협론' 논쟁까지 야기시켜 현재에도 진행중에 있다. 서론에서 언급하였다 시피 2000년 들면서 중국이 보여준 많은 국내외 정책들은 분명 보기에 따라서는 구미 국가들의 의구심—팽창주의와 패권주의로의 행보—이 결코 기우가 아닐 수 있다는 인식도 가지게 된다. 실제 한반도 문제와 관련하여 동북공정과 관련한 역사문제는 같은 문화권으로서 비서구적 성향을 가지고 있는 한국 사람들로부터도 역사에 대한 편견의식을 가지게 하는 부작용도 보여주고 있다.

이러한 문제의식에서 출발하여 현재까지 중국인 애국주의/민족주의 인식과 관련한 서구뿐만 아니라 동북아 지역 국가에서 진행된 대부분의 연구 결과들이 담론적 논박 수준의 한계를 본 연구에서는 과학적 · 체계적인 방법을 사용하여 접근하고자 하였다.

본론의 분석결과를 총괄하여 볼 때 첫째 세대별 차이에 따른 중국인의 애국주의/민족주의 인식 차이는 문혁 경험 세대는 이후 세대와 애국주의와 민족주의 모두 높은 성향을 보여주었는데 이는 경제 발전이 애국주의와 민족주의 인식에 영향을 주었다는 점을 밝혀주고 있다. 둘째, 본 연구의 핵심 문제의식이었던 중국인 애국주의/민족주의 의식의 특수성을 밝히고자 한 것과 관련하여 새롭게 밝혀진 사실은 서구의 애국주의와 민족주의의 개념 논리를 중국에 그대로 적용하는 것은 문제가 있다는 사실이다. 즉 서구식 개념 논리를 따르게 되면, 중국 국민들 중 '애국주의'를 지향하는 사람들은 정치발전이 경제 발전보다는 우선되어야 하고, '민족주의'를 지향하는 사람들은 경제 발전이 정치 발전보다 우선되어야 한다. 왜냐하면 중국의 정치 경제적 현실을 놓고 볼 때 중국과 같은 다민족국가는 민주주의 발전과 같은 정치발전으로 인해 한족과 소수민족 사이의 경제적 불균형 등의 문제로 자칫 '인종 민족주의(ethnic nationalism)'로 변모되어 중국을 분열시킬 수도 있으며, 6 · 4 천안문 민주화 운동과 같은 사건들은 중국이 경제 강국으로 가는데 대단히 큰 걸림돌로 작용할 수 있기 때문이다. 그러므로 중국이 경제 강대국으로 발전하여 패권국가로 위치하기 위해서는 정치발전보다는 경제 발전에 집중되어야 하므로 민족주의 성향을 가진 사람은 정치발전보다는 경제 발전이 우선되어야 한다는 의식을 가지고 있어야 서양에서 제시하는 '민족주의'와 '애국주의' 개념 정의가 중국 패권주의 논리를 뒷받침할 수 있기 때문이다.

그런데 통계자료 분석 결과, 중국에서는 위와 같은 서구적 인식을 근거로 한 애국주의와 민족주의의 구분은 부적합하다는 결과를 보여주고 있다. 자료 분석에 의하면 중국인들 중 애국주의가 강한 사람과 민족주의 성향이 강한 사람 모두 경제 발전 보다는 정치발전을 선호하고 있는 것으로 나타났다. 특히 민족주의 성향이 강한 사람은 통계적 유의 확률 0.001의 수준에서 유의한 것으로 나타났다. 이러한 결과로 볼 때 첫째, 중국인에게 있어 정책선호도라는 측면에서 보면 애국주의와 민족주의 개념은 동일하게 인식되는 경향이 있고, 둘째 민족주의와 관련하여서는 서양의 민족주의 개념 중 타민족 또는 타국가에 대한 우월감/ 배타성과 같은 의식은 중국인의 민족주의 개념에는 포함되어 있지 않고 오히려 자국의 정치발전을 우선시함으로써 개인의 삶의 보편적 가치를 더욱 추구하는 개인주의 성향이 있음을 발견하게 되었다.

결론적으로 보면 본 연구에서는 서구식 민족주의 개념이 중국인의 민족주의 성향과는 상이하다는 것을 발견하였고 나아가 서구적 시각으로 본 중국인의 민족주의 성향은 그 의미가 현재의 국제 정치적 역학 관계에서 다분히 왜곡되어 있음을 알 수 있다. 이러한 연구결과는 향후 중국인의 애국주의/민족주의와 관련한 연구에 있어서 무엇보다도 중국인의 전통적 사회적 특수성을 고려한 새로운 개념 정의의 필요성을 조심스럽게 제시하고 있다.

참고문헌

辜鴻銘, 김창경 옮김, 『중국인의 정신』, 서울: 예담China, 2004.

辜鴻銘, 黃興濤 · 宋小慶 譯, 『中國人的精神』, 海南: 海南出版社, 2007.

김경국 · 최승현, 「「大中華論」의 비판적 고찰」, 『중국인문과학』 제32집, 2006.

김병호, 「전통가치관과 민족성」, 『사회발전연구』 제12권, 서울: 연세대 사회발전연구소, 1996.

김소중, 「중국 민족주의 상황과 전망」, 『한국동북아논총』 제38집, 2006.

김희교, 「중국 애국주의의 실체: 신중화주의, 중화패권주의, 민족주의」, 『역사비평』 제75호(역사비평사, 2006).

盧東善, 「中國文化의 價值體系와 民族性硏究 試論」, 『中國硏究』 14輯, 韓國外大 中國學硏究所, 1993.

杜晓丽 · 聂家华(2010), 「论关系网文化对政府官员腐败行为的影响及对策」, 『山东农业大学报』 44.

鄧天玉, 「鲁迅與史密斯論中國國民性之比較」, 『沙洋師範高等專科學校學報』 2003年 02期, 湖北沙洋: 沙洋師專人文系.

루쉰, 『루쉰全集』 第1 · 3 · 4 · 6卷, 北京: 人民出版社, 1981.

Lidia H Liu, 민정기 옮김, 『언어횡단적 실천』, 서울: 소명출판사, 2005.

李汉宗, 「论关系的本质-基于中美之间社会关系对求职途径影响的比较分析, 『甘肃行政院学报』 3, 2010.

方小教, 「鲁迅與陳獨秀"國民性"思想之比較」, 『安徽史学』 1990年 04期, 安徽: 安徽教育学院政教系.

백승욱, 『문화대혁명—중국현대사의 트라우마』, 서울: 살림출판사, 2007.

栢陽, 김영수 역, 『추악한 중국인』, 서울: 도서출판 창해, 2005.

沙蓮香,『中國民族性』(一)·(二), 北京: 中國人民大學出版社, 1988.

소노다 시게토, 박준식 역,『중국인 이렇게 생각하고 행동한다』, 서울: 다락원, 2002.

신승하·임상범·김태승,『20세기의 중국』, 서울: 서울대학교출판부, 1998.

Arthur H. Smith, 樂愛國·張華玉 譯,『中國人的性格』, 北京: 學苑出版社, 1998.

Arthur H. Smith, 민경삼 옮김,『중국인의 특성』, 서울: 경향미디어, 2006.

扬玉好,「審視中國民族性格的两种目光」,『烟台師範學院報』第17卷 第4期, 烟台: 烟台師範學院歷史與历社會學系. 2000.

余绪鹏,「腐败的外部条件研究-关系及根源」.『淮北职业技术学院报』5(2), 2006.

吳艷華·郭貞,「"國民性": 一個个持久性話題」,『山東社會科學』2003年 06期, 滄州: 河北滄州師範專科學校.

요시자와 세이치로 저·정지호 역,『애국주의의 형성』, 서울: 논형출판사, 2006.

俞祖華,「近代日本人對中國國民性的評說」,『烟台師範學院報』第19卷 1期, 烟台: 烟台師範學院歷史與历社會學系, 2002.

俞祖華·趙慧峰,「近代來華华西方人對中國國民性的評析」,『東岳論叢』第23卷 1期, 烟台: 烟台師範學院歷史與历社會學系, 2002.

윤휘탁,「中國의 愛國主義와 歷史教育」,『중국사연구』제18집, 2002.

이동률.「90년대 중국 애국주의 운동의 정치적 함의」,『중국학연구』제21권, 2001.

이정남,「天下에서 민족국가로: 중국의 근대민족주의의 형성 및 현재적 의의를 중심으로」,『중소연구』제30권 1호, 2006.

이창훈·유승훈(2006),「관시 활용도의 결정요인과 관계의 질 및 성과에 미치는 영향」,『국제경영리뷰』10(3).

이희옥,「중국민족주의 발전의 이데올로기적 함의: 1990년 이후를 중심으로」,『중국학연구』제47권, 2009.

張旭東·최자경(역),「민족학코너: 민족주의와 현대의 중국」,『민족연구』제6호, 2001.

鄭錫元,「中國 國民性 研究—'關係'(Guan-Xi)의 出現背景」.『中蘇研究』83, 1999.

鄭錫元.「中國 國民性研究—'關係(Guan-Xi)'와 家庭」.『中國語文學論集』29, 2005.

鄭錫元,「中國 國民性 研究—關係(Guan-Xi)의 出現背景」,『중소연구』 제23권 3호, 서울: 한양대 아태연구센타, 1999.

정하영,「중국의 '꽌시'문화에 대한 시론」,『중국학연구』27, 2004.

조경란. "중국 민족주의의 구조와 성격." 『시대와 철학』 제20권4호, 2009.

陈独秀,『陈独秀文章选编』上, 北京: 三聯書店, 1984.

陳崧,『五四前后東西文化問題論戰問问選』, 北京: 中國社会科学出版社, 1985.

최형식,「중국의 현대화와 민족주의」,『시대와 철학』 제18권 4호, 2007.

何娜娜 · 郭清艳,「走出关系经济"困局: 从关系到契约」,『中南财经政法大学研究生学报』3, 2010.

A. Smart. "Gifts, Bribes, and Guanxi: A Reconsideration of Boudieu's social capital," *Cultural Anthropology*. vol. 8. no. 3. pp. 388~408. 1993.

A.B. Kipins, *Producing guan xi: Sentiment, self, and subculture in a North China village*, Duke University Press, 1997.

Coenders, M., & Scheepers, P., "The Effects of Education on Nationalism and Ethnic Exclusionism: An International Comparison," *Political Psychology*,Vol. 24, No. 2. (2003).

E.W.K. Tsang, "Can guan xi be a source of sustained competitive advantage for doing business in China?," *Academy of Management Executive*, vol. 12, no. 2, pp. 64~73, 1998.

F.F. Gu., K. Hung., & D.K. Tse. "When does guan xi matter? Issues of capitalization and its dark sides," *Journal of Marketing*. vol. 72. no. 4. pp.

12~28. 2008.

G.M. Anderson and P. J. Boetike. "Perestroika and Public Choice: The Economies of Autocratic Succession in Rent-Seeking Society," *Public Choice* vol. 75. no 1. pp. 101~118. 1993.

Greeley, A. M., & Sheatsley, P. B. "Attitudes toward racial integration," *Scientific American* Vol. 225, No. 6, 1971.

Isinga, R., & Scheepers, P. "Etnocentrisme in Nederland," *Theoretiche en empirische modellen,* Nijmegen, Netherlands: ITS, 1989.

J. T. G. Arias. "A relationship marketing approach to guan xi," *European Journal of Marketing* vol. 32. pp. 145~156. 1998.

J. Wu. "State Policy and Guanxi Network Adaptation in China: Local Bureaurcratic Rent-Seeking," *Issues & Studies* vol. 37. no. 1. pp. 20~48. 2001

K.K. Hwang, "Face and favor: The Chinese power game," *American Journal of Sociology*, vol. 92, pp. 944~974. 1987.

LeVine, R. A., & Campbell, D. T. *Ethnocentrism: Theories of conflict, ethnic attitudes, and group behavior,* New York : Wiley, 1972.

M. M. Yang. *Gifts, favors, banquets: The art of social relationship in China*. Ithaca, NY: Cornell University Press. 1994.

M. Mauss. *The Gift.* New York: Norton. 1967.

M.M. Yang, *Gifts, Favors, and Banquets: The Art of Social Relationships in China*. Ithaca, NY: Cornell University Press, pp. 109~145, 1994.

M.W. Peng & Y.D. Luo, "Institutional transitions and strategic choices," *Academy of Management Review* vol. 28. no. 2. pp. 275~296. 2003.

M.W. Peng & Y.D. Luo, "Managerial ties and firm performance in transition economy: The nature of a micro-macro link," *Academy of Management Journal* vol. 43. no. 3. pp. 486~501. 2000.

Rick Kosternman and Seymour Feshbach, "Towards a measure of patriotic and nationalistic attitudes," *Political Psychology* Vol. 10, No. 2, 1989.

Rita Luhtanen and Jennifer Crocker, "A collective self-esteem scale: Self-evaluation of one's social identity," *Personality and Social Psychology Bulletin* Vol. 18, 1992.

Schuman, H., Steeh, C., Bobo, L., & Krysan, M. *Racial attitudes in America. Trends and interpretations* (rev.ed.), Cambridge MA: Harvard University Press, 1997.

Smith, A. W., "Cohorts, education, and the evolution of tolerance," *Social Science Research* Vol. 14, 1985.

Staub, E., "Blind versus constructive patriotism: Moving from embeddedness in the group to critical loyalty and action. In D. Bar-Tal & E. Staub (Eds.)," *Patriotism in the lives of individuals and nations*, Chicago: Nelson-Hall, 1997.

Y. Bian. "Guan Xi and the allocation of urban jobs in China," *The China Quarterly* vol. 140. pp. 971~999. 1994.

Y. Fan, "Questioning guanxi: definition, classification and implications," *International Business Review* vol. 11. pp. 543~561. 2002.

Y. Yan, "The culture of guanxi in a North Village," *The China Journal* no. 35. pp. 1~25. 1996.

http://www.asianbarometer.org